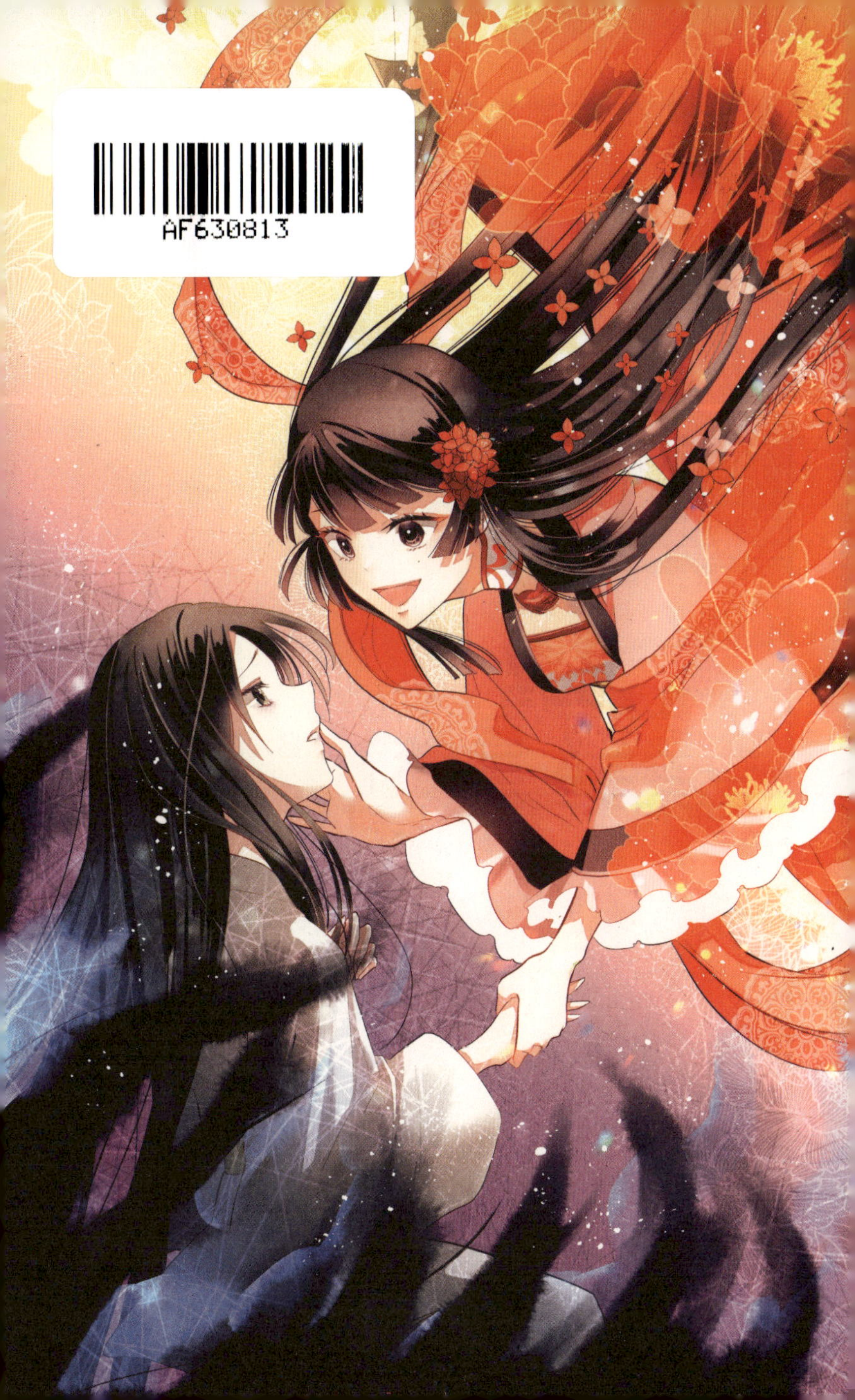

Inhaltsverzeichnis

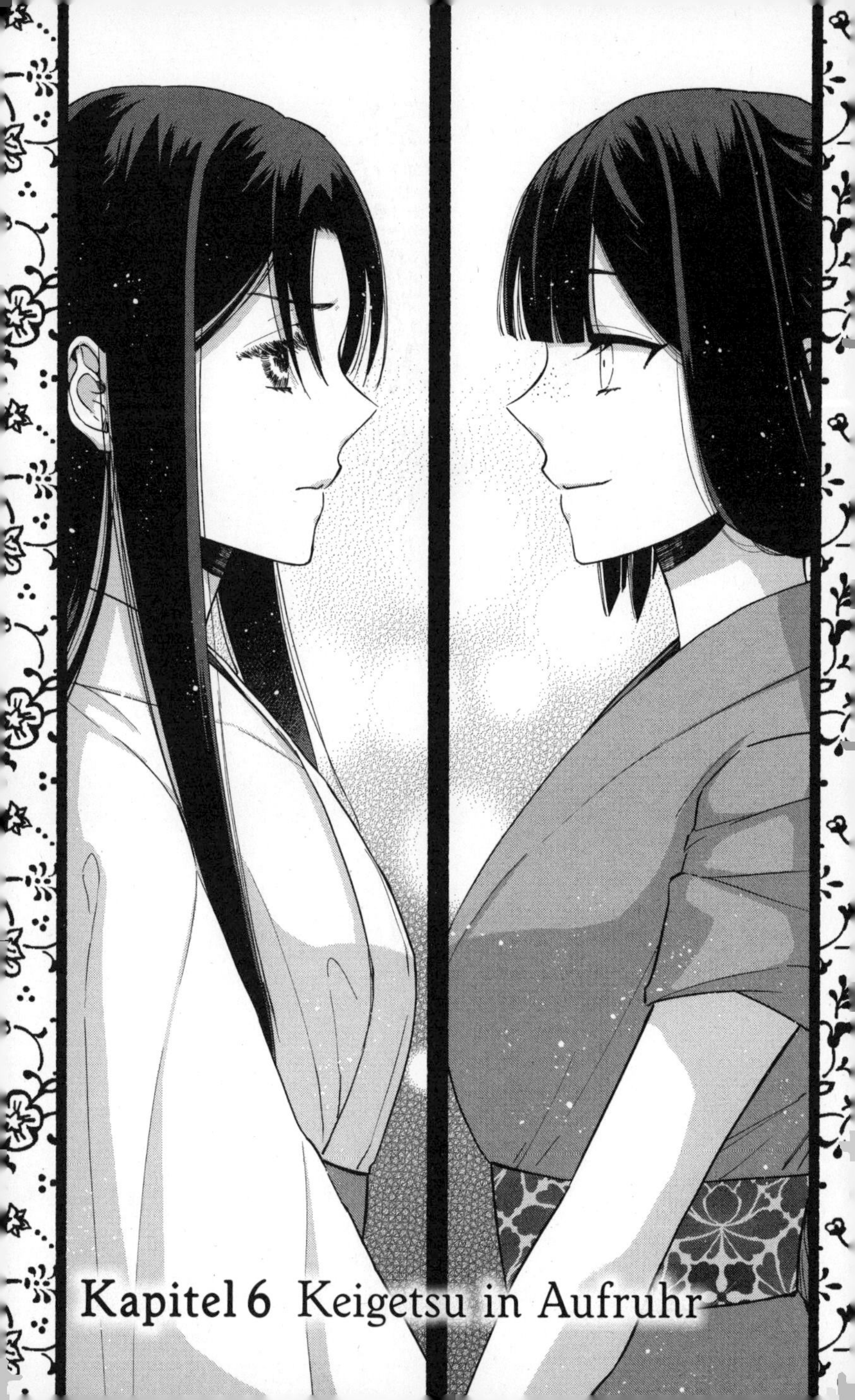

Kapitel 6 Keigetsu in Aufruhr

*sehr höfliche, geschlechtsunabhängige Anrede

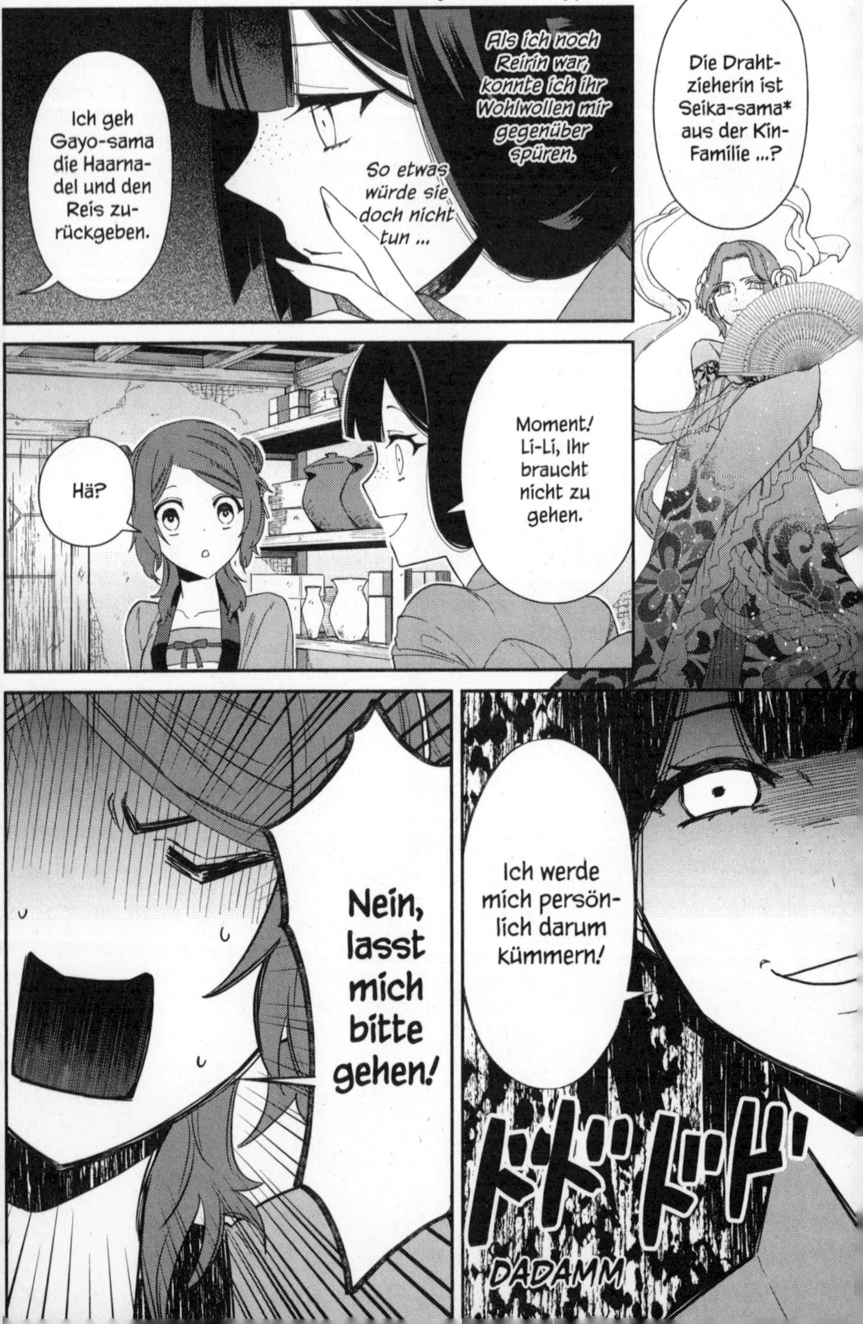

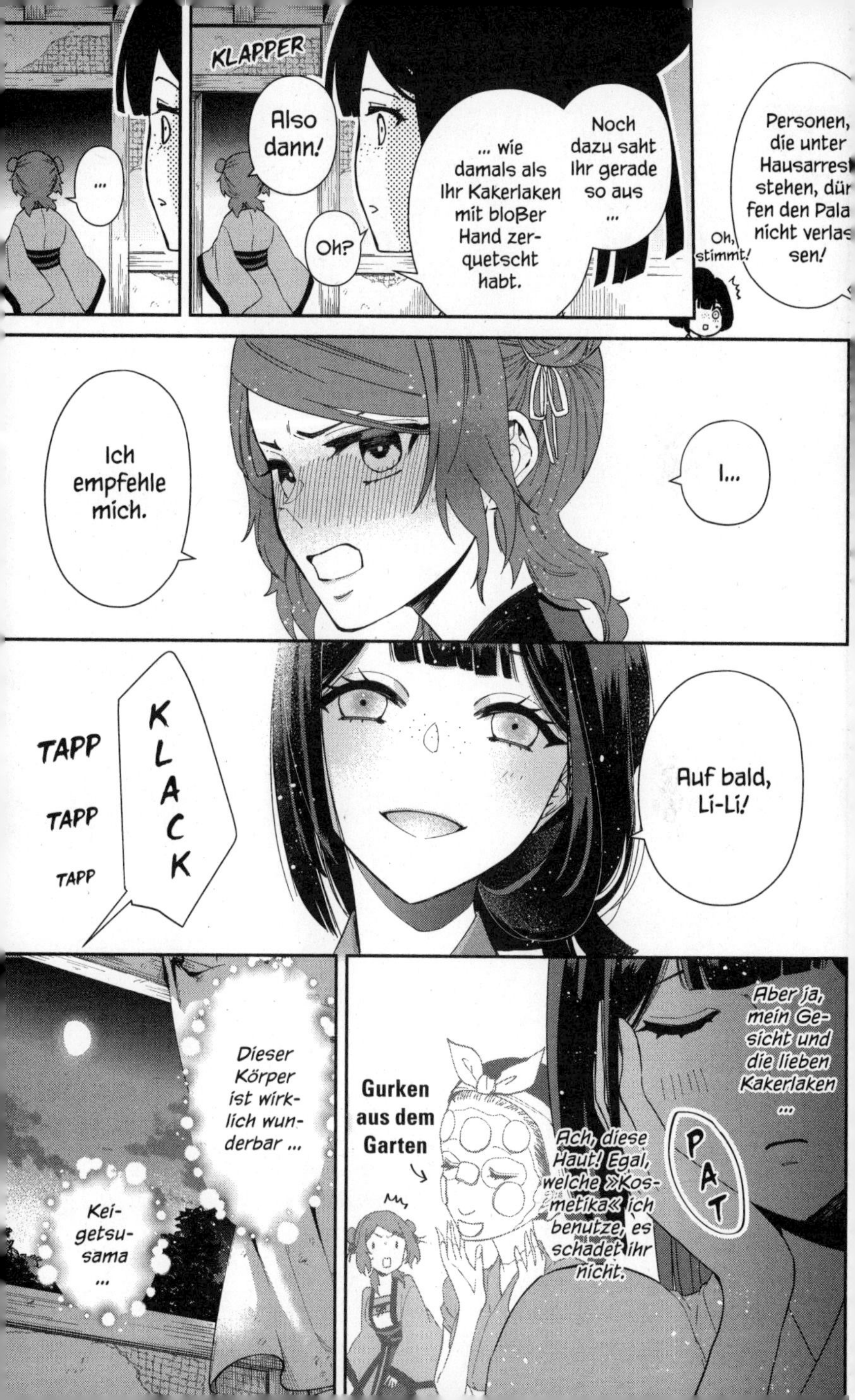
Personen, die unter Hausarres stehen, dürfen den Pala nicht verlassen!
Oh, stimmt!
Noch dazu saht Ihr gerade so aus ...
... wie damals als Ihr Kakerlaken mit bloßer Hand zerquetscht habt.
KLAPPER
Also dann!
Oh?
...
I...
Ich empfehle mich.
Auf bald, Li-Li!
KLACK
TAPP
TAPP
TAPP
Aber ja, mein Gesicht und die lieben Kakerlaken ...
PAT
Ach, diese Haut! Egal, welche »Kosmetika« ich benutze, es schadet ihr nicht.
Gurken aus dem Garten
Dieser Körper ist wirklich wunderbar ...
Keigetsu-sama ...

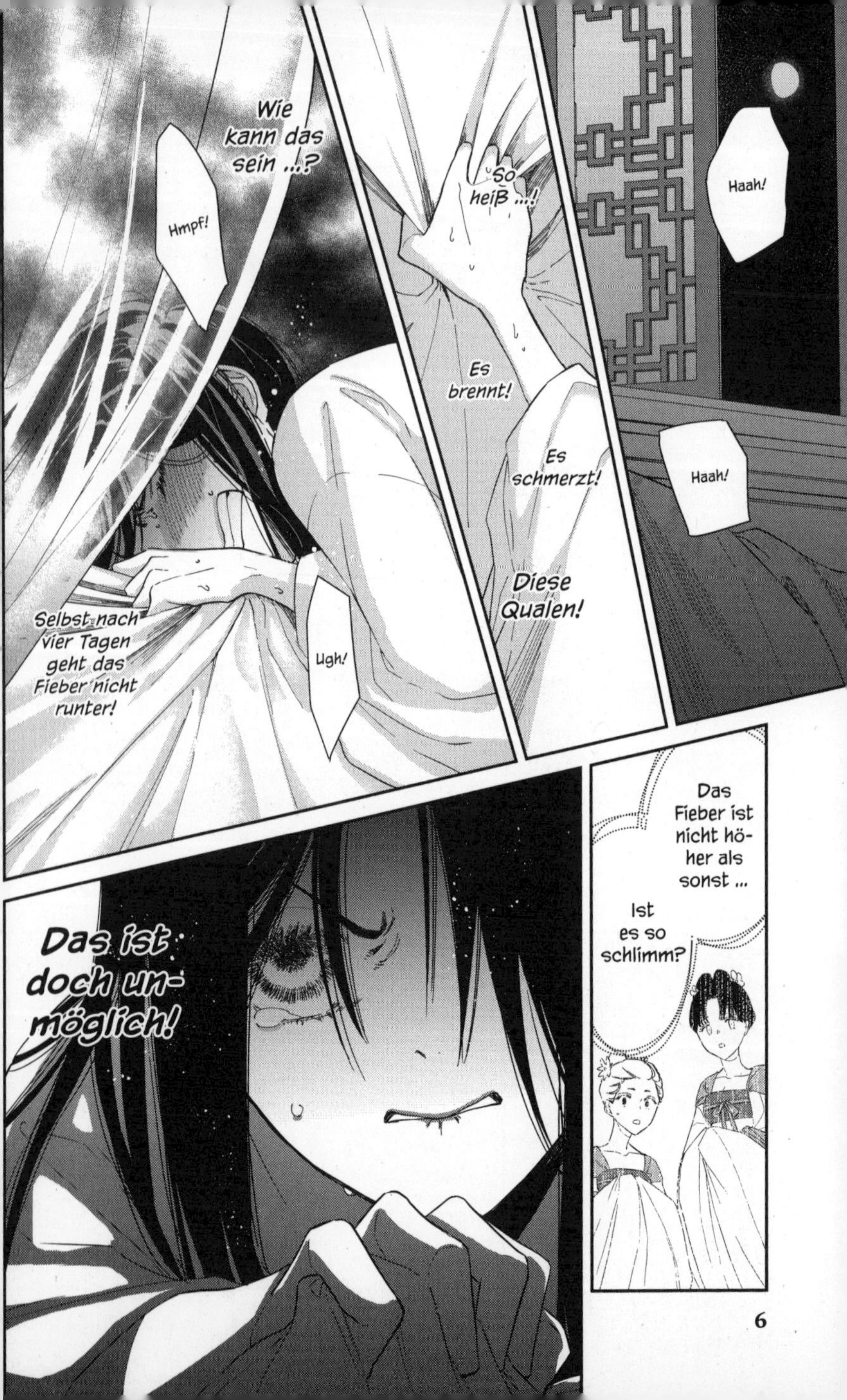
Haah!
Haah!
So heiß ...!
Es brennt!
Es schmerzt!
Diese Qualen!
Wie kann das sein ...?
Hmpf!
Ugh!
Selbst nach vier Tagen geht das Fieber nicht runter!
Das Fieber ist nicht höher als sonst ...
Ist es so schlimm?
Das ist doch unmöglich!

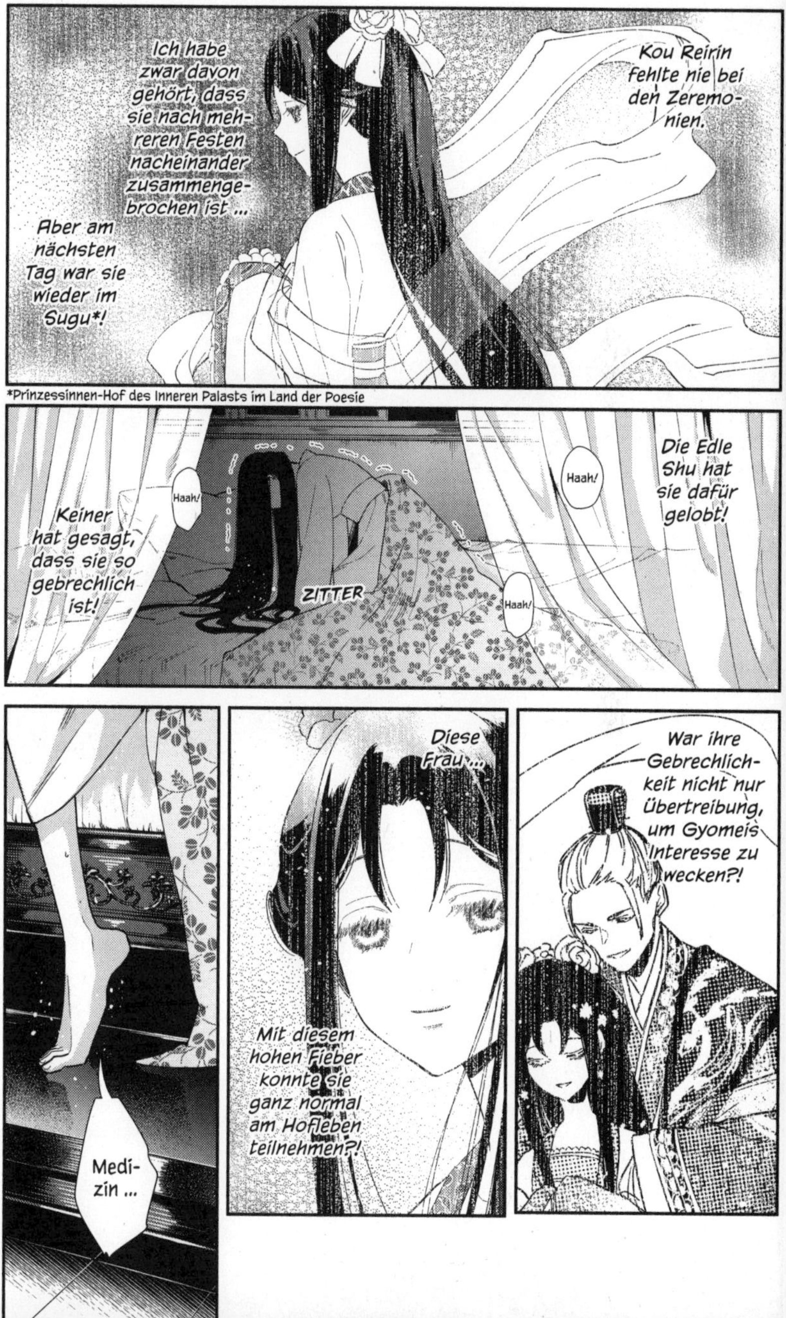

*Prinzessinnen-Hof des Inneren Palasts im Land der Poesie

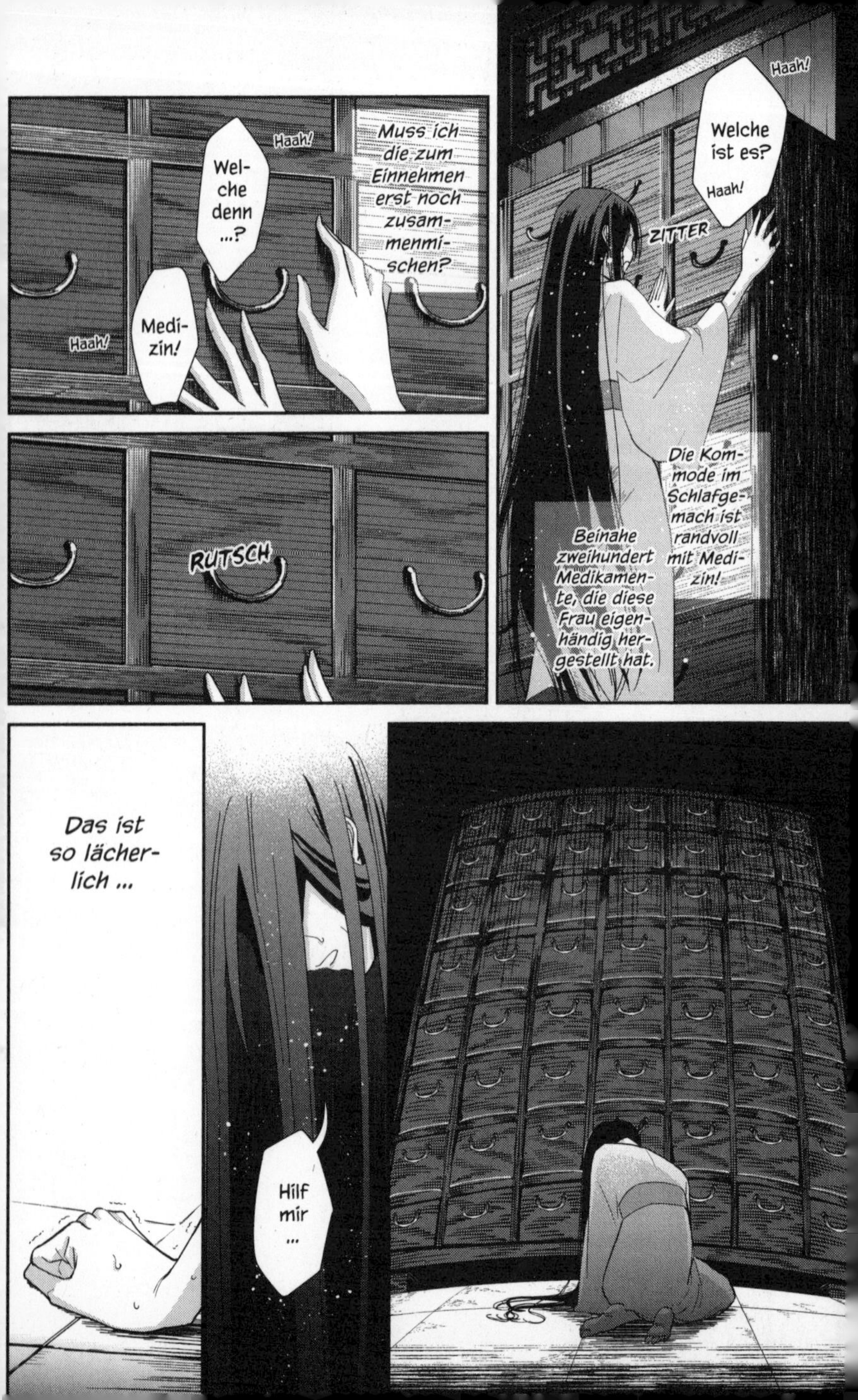
Haah!
Welche ist es?
Haah!
ZITTER
Die Kommode im Schlafgemach ist randvoll mit Medizin!
Beinahe zweihundert Medikamente, die diese Frau eigenhändig hergestellt hat.
Muss ich die zum Einnehmen erst noch zusammenmischen?
Haah!
Welche denn ...?
Medizin!
Haah!
RUTSCH
Hilf mir ...
Das ist so lächerlich ...

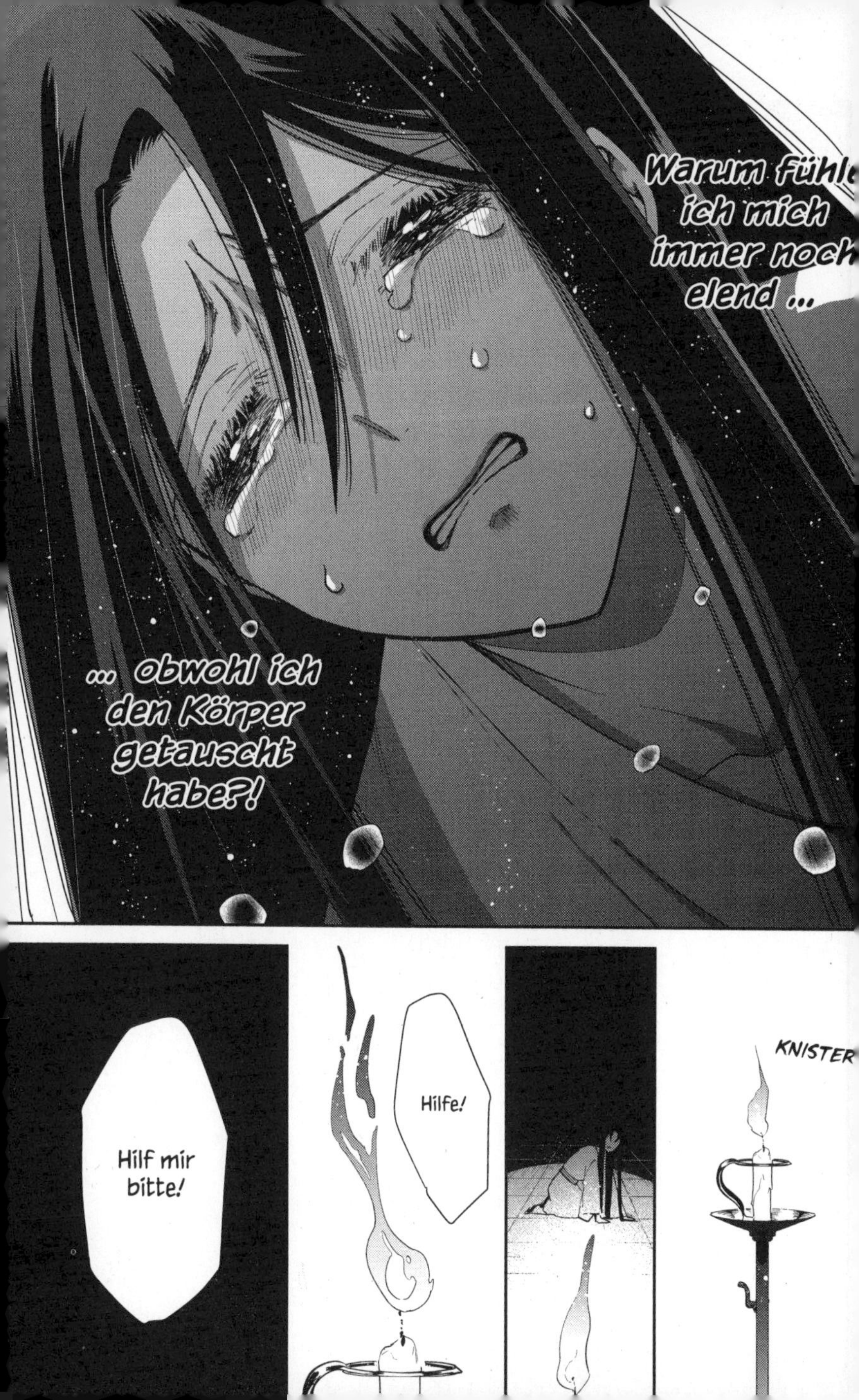
Warum fühle ich mich immer noch elend ...
... obwohl ich den Körper getauscht habe?!
Hilfe!
Hilf mir bitte!
KNISTER

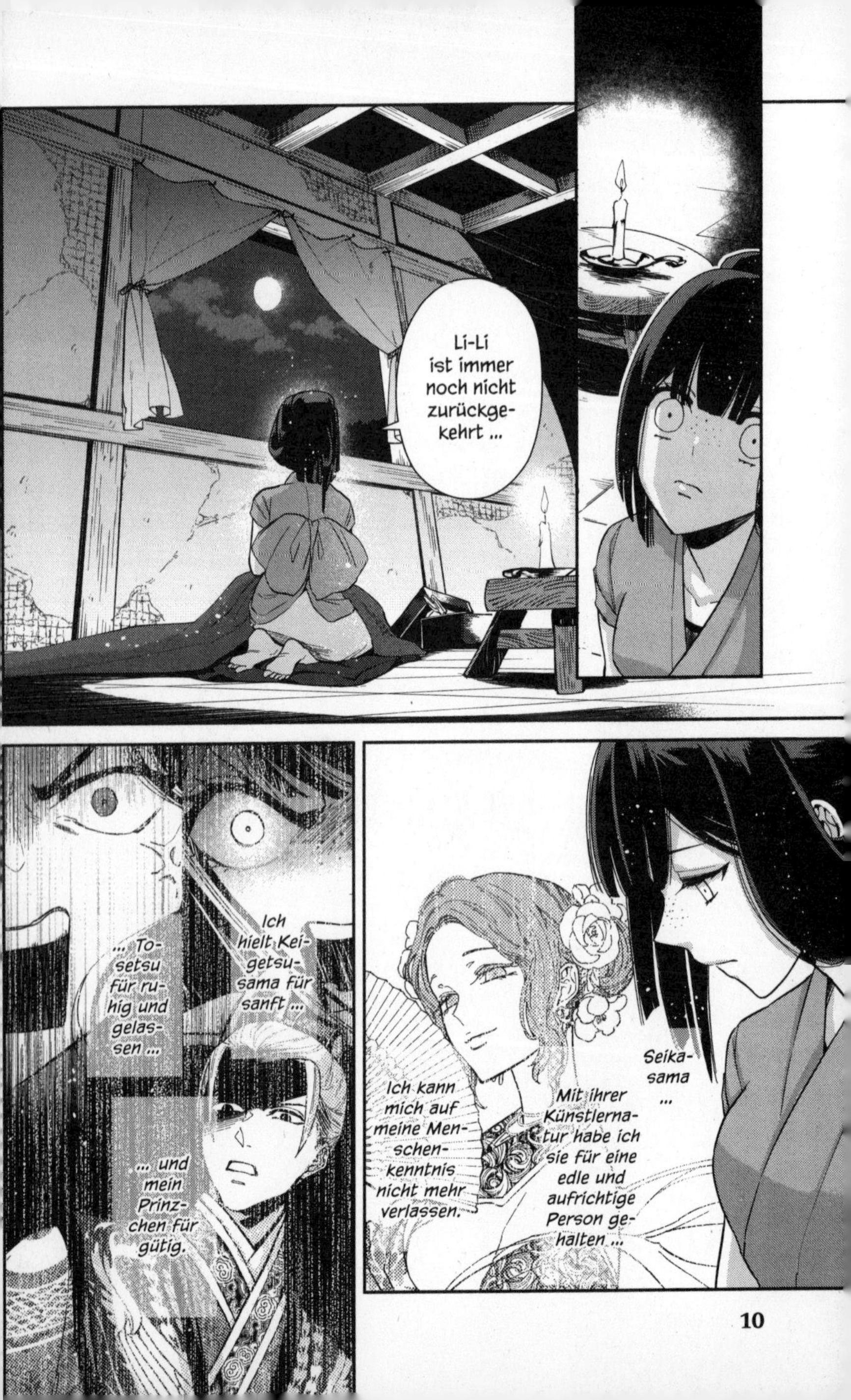
Li-Li ist immer noch nicht zurückge-kehrt ...
Seika-sama ...
Mit ihrer Künstlerna-tur habe ich sie für eine edle und aufrichtige Person ge-halten ...
Ich kann mich auf meine Men-schen-kenntnis nicht mehr verlassen.
Ich hielt Kei-getsu-sama für sanft ...
... To-setsu für ru-hig und gelas-sen ...
... und mein Prinz-chen für gütig.

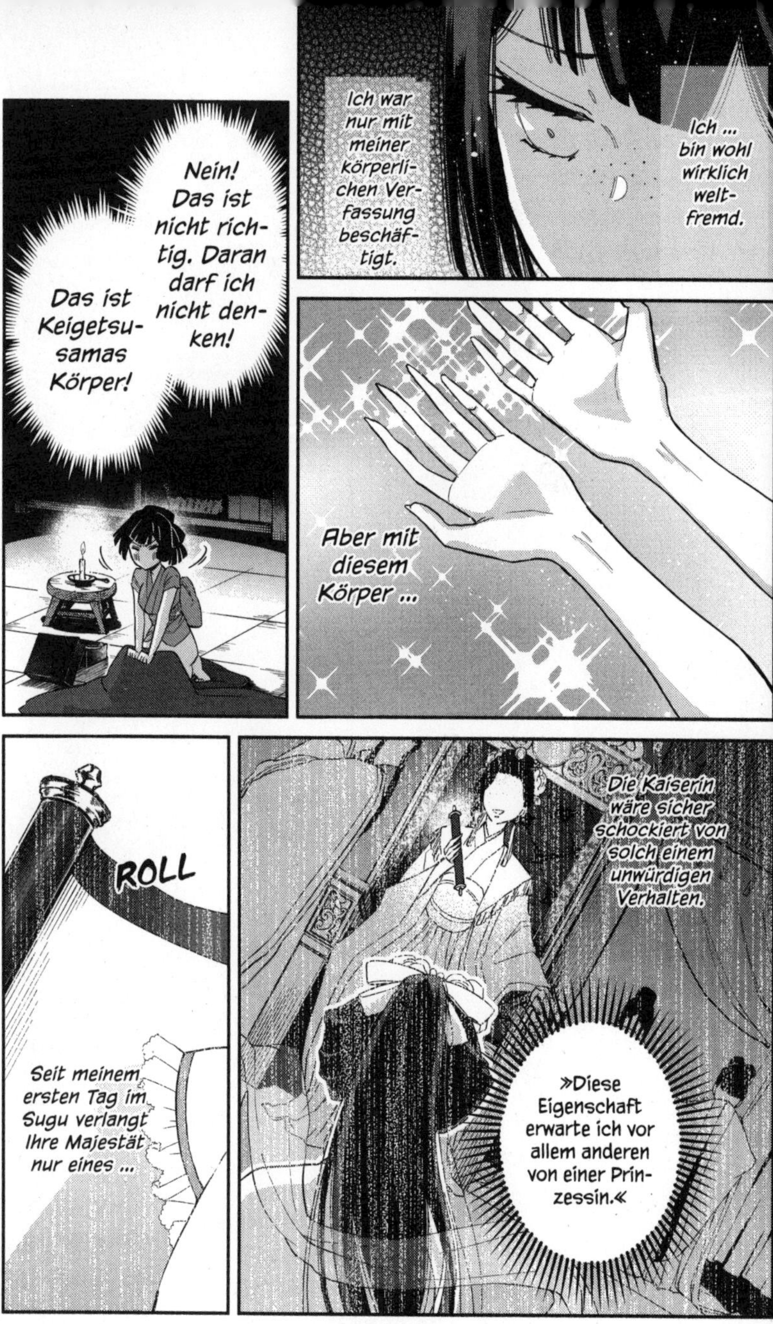

Ich ... bin wohl wirklich welt-fremd.
Ich war nur mit meiner körperli-chen Ver-fassung beschäf-tigt.
Aber mit diesem Körper ...
Nein! Das ist nicht rich-tig. Daran darf ich nicht den-ken!
Das ist Keigetsu-samas Körper!
Die Kaiserin wäre sicher schockiert von solch einem unwürdigen Verhalten.
ROLL
Seit meinem ersten Tag im Sugu verlangt Ihre Majestät nur eines ...
»Diese Eigenschaft erwarte ich vor allem anderen von einer Prin-zessin.«

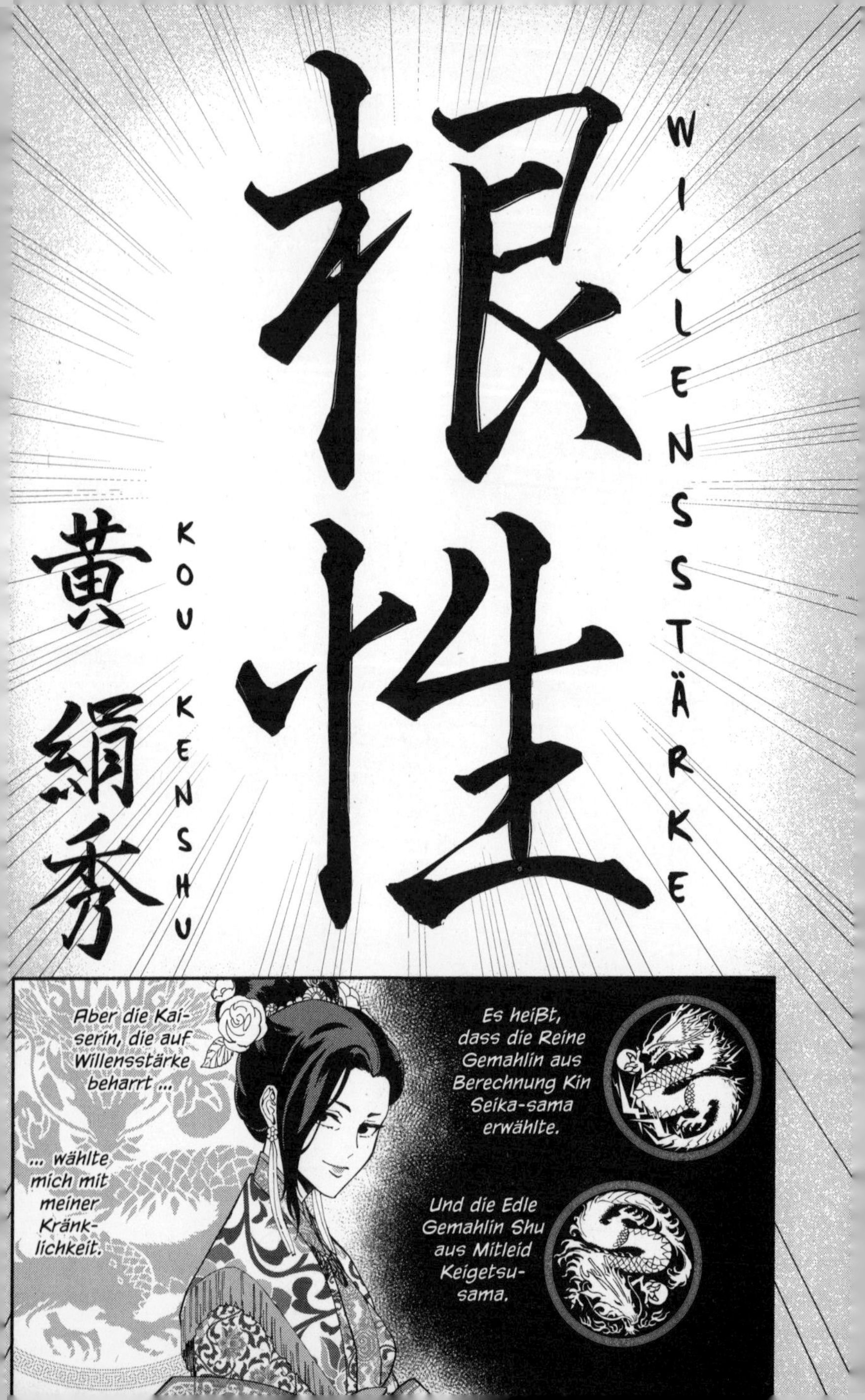

根性
WILLENSSTÄRKE
黄絹秀
KOU KENSHU
Es heißt, dass die Reine Gemahlin aus Berechnung Kin Seika-sama erwählte.
Und die Edle Gemahlin Shu aus Mitleid Keigetsu-sama.
Aber die Kaiserin, die auf Willensstärke beharrt ...
... wählte mich mit meiner Kränklichkeit.

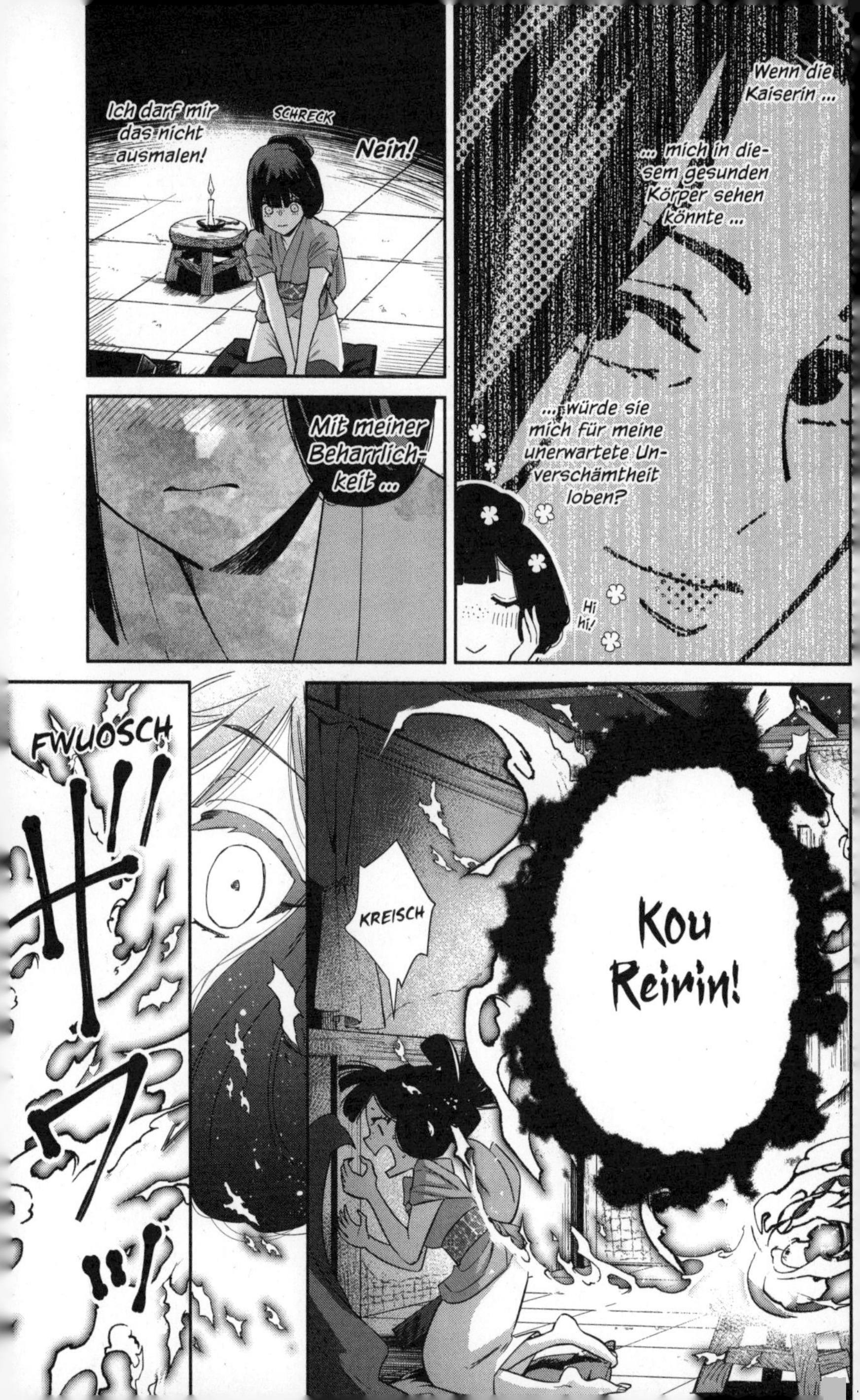

Wenn die Kaiserin ...
... mich in diesem gesunden Körper sehen könnte ...
... würde sie mich für meine unerwartete Unverschämtheit loben?
Hi hi!
SCHRECK
Nein!
Ich darf mir das nicht ausmalen!
Mit meiner Beharrlichkeit ...
Kou Reirin!
KREISCH
FWUOSCH

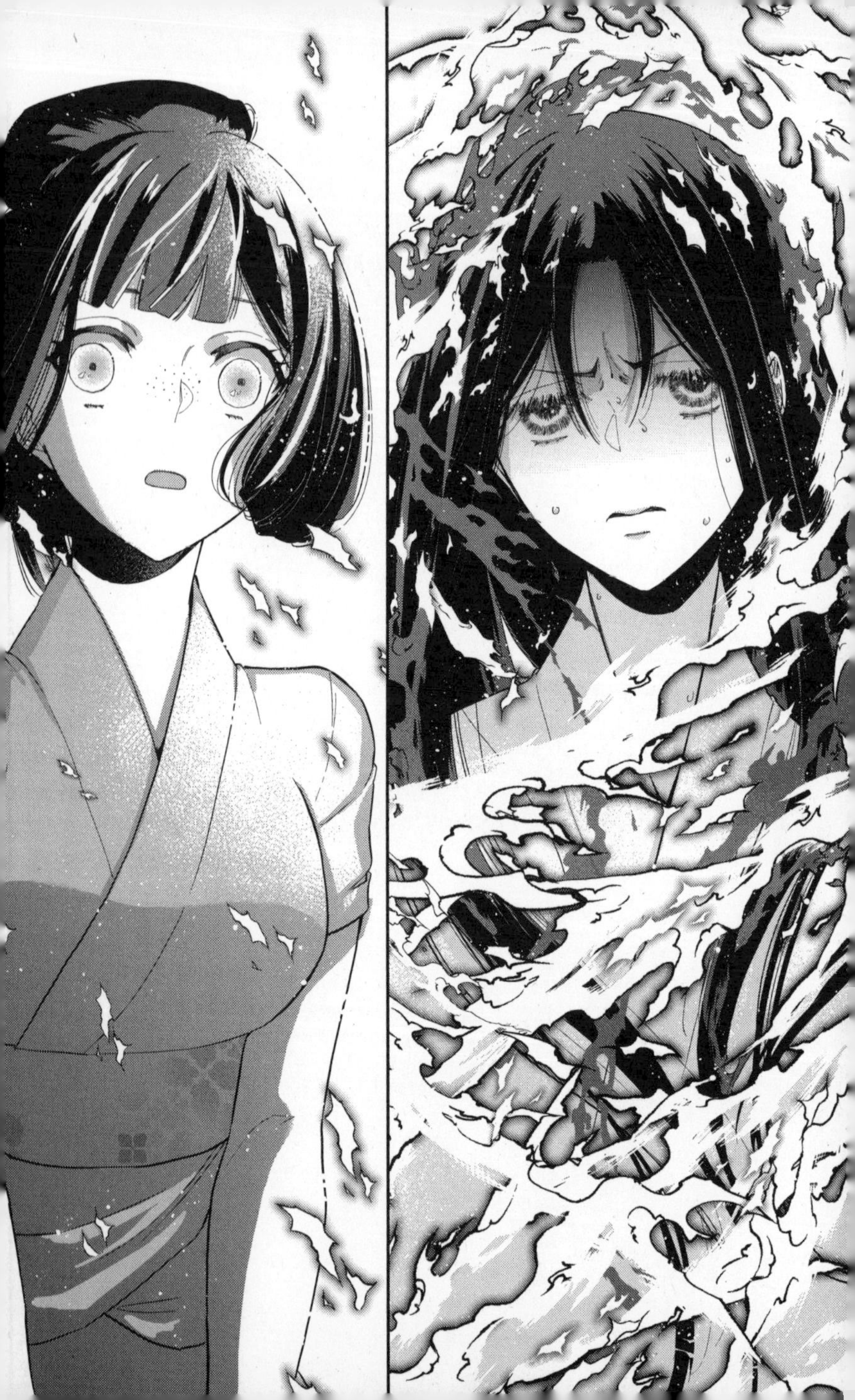

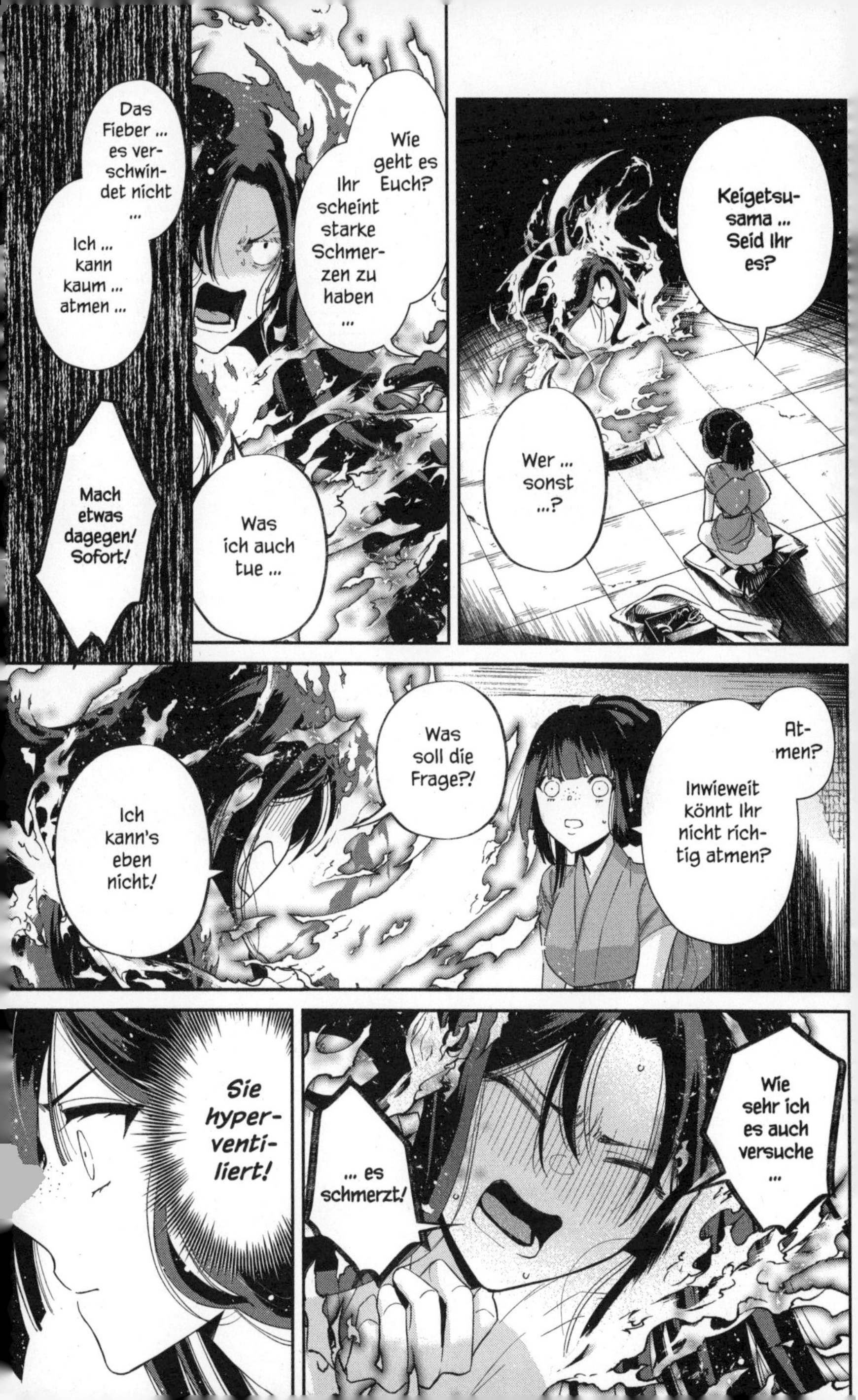
Keigetsu-sama ... Seid Ihr es?
Wer ... sonst ...?
Wie geht es Euch?
Ihr scheint starke Schmerzen zu haben ...
Was ich auch tue ...
Das Fieber ... es verschwindet nicht ...
Ich ... kann kaum ... atmen ...
Mach etwas dagegen! Sofort!
Atmen?
Inwieweit könnt Ihr nicht richtig atmen?
Was soll die Frage?!
Ich kann's eben nicht!
Wie sehr ich es auch versuche ...
... es schmerzt!
Sie hyperventiliert!

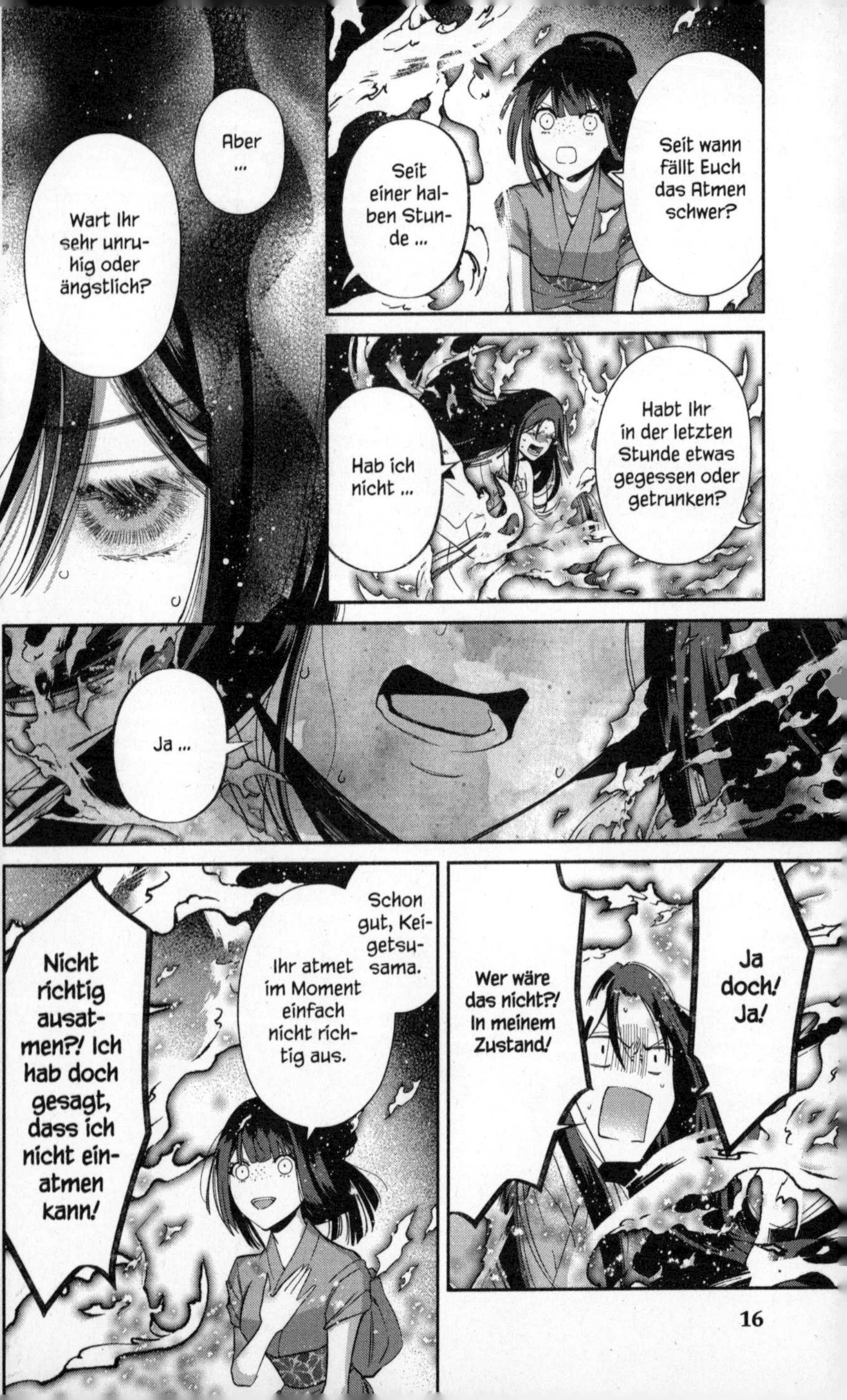
Seit wann fällt Euch das Atmen schwer?
Seit einer halben Stunde ...
Habt Ihr in der letzten Stunde etwas gegessen oder getrunken?
Hab ich nicht ...
Aber ...
Wart Ihr sehr unruhig oder ängstlich?
Ja ...
Ja doch! Ja!
Wer wäre das nicht?! In meinem Zustand!
Schon gut, Keigetsu-sama.
Ihr atmet im Moment einfach nicht richtig aus.
Nicht richtig ausatmen?! Ich hab doch gesagt, dass ich nicht einatmen kann!

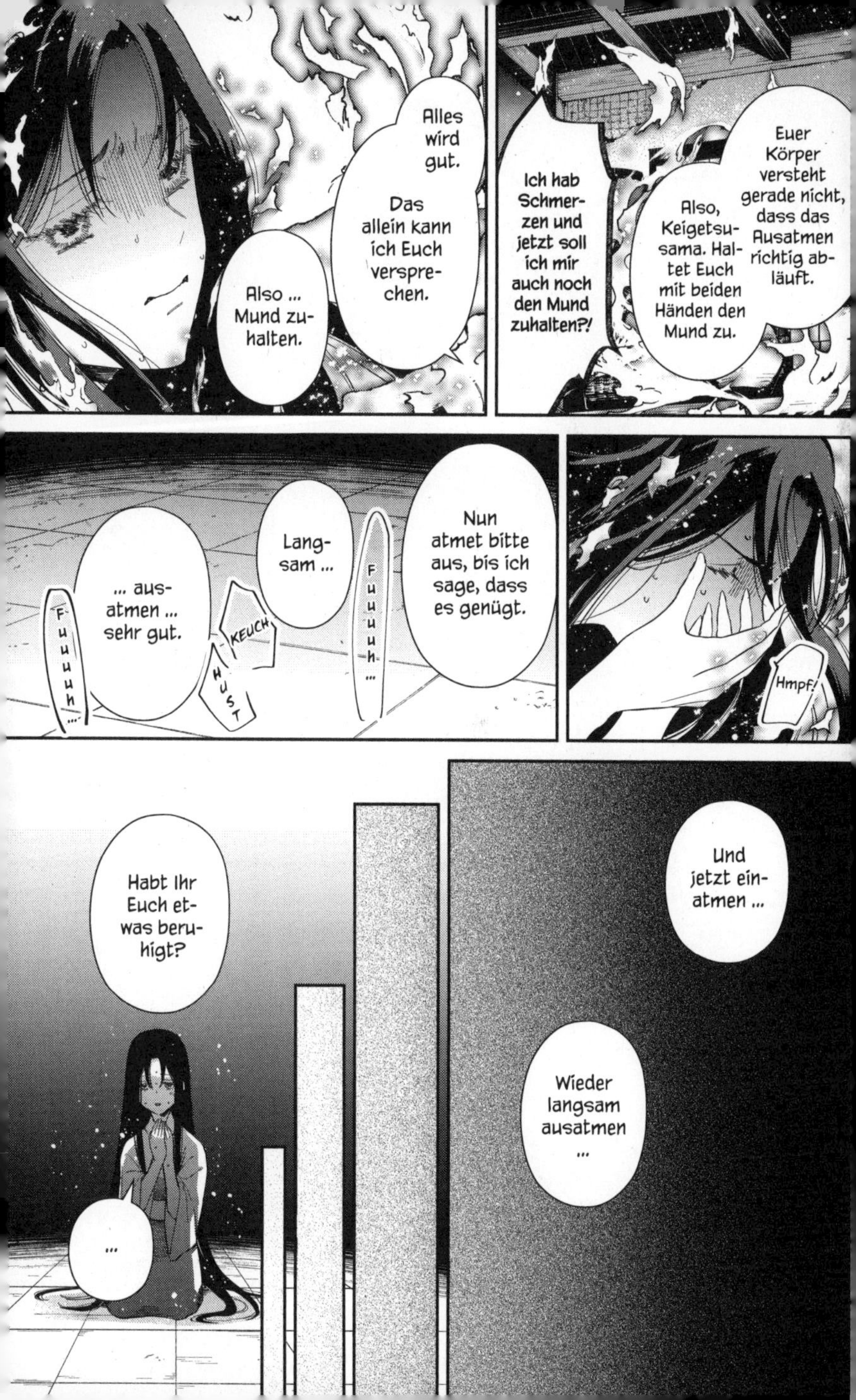

Euer Körper versteht gerade nicht, dass das Ausatmen richtig abläuft.
Also, Keigetsu-sama. Haltet Euch mit beiden Händen den Mund zu.
Ich hab Schmerzen und jetzt soll ich mir auch noch den Mund zuhalten?!
Alles wird gut.
Das allein kann ich Euch versprechen.
Also ... Mund zuhalten.
Hmpf!
Nun atmet bitte aus, bis ich sage, dass es genügt.
Fuuuuh ...
Langsam ...
KEUCH
HUST
... ausatmen ... sehr gut.
Fuuuuh ...
Und jetzt einatmen ...
Wieder langsam ausatmen ...
Habt Ihr Euch etwas beruhigt?
...

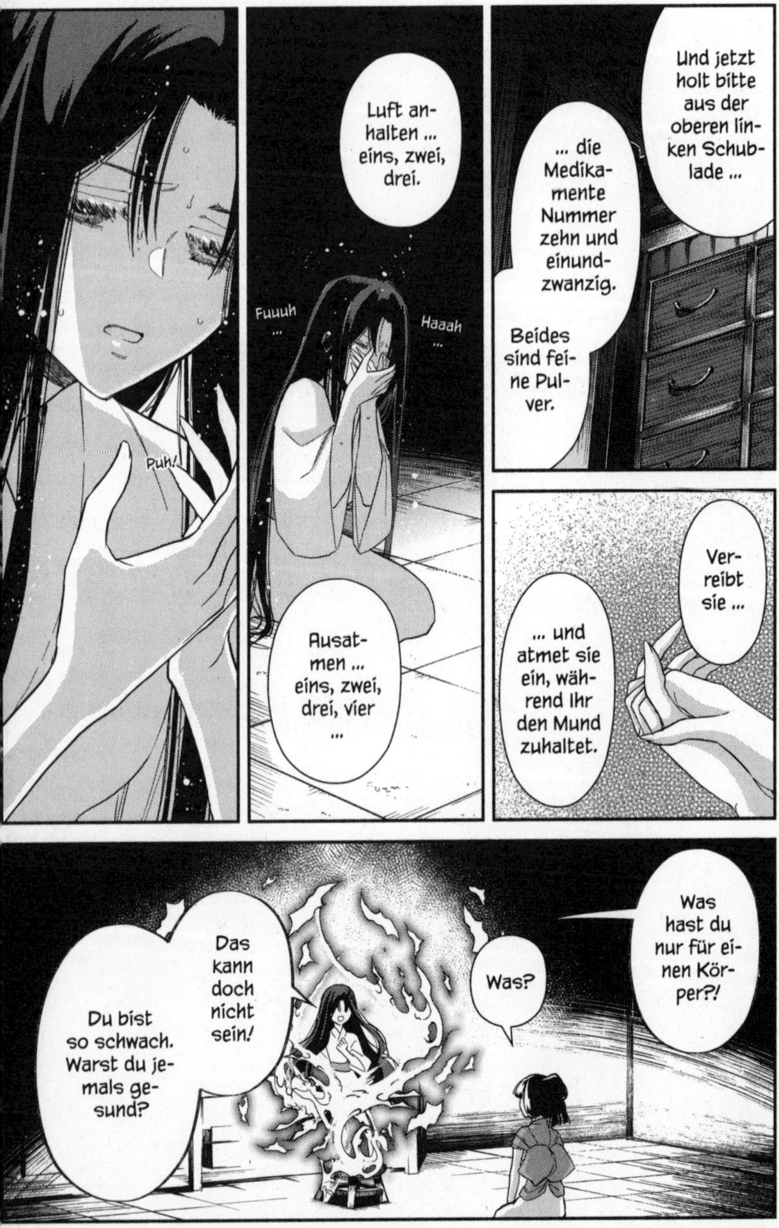

Und jetzt holt bitte aus der oberen linken Schublade ...
... die Medikamente Nummer zehn und einundzwanzig.
Beides sind feine Pulver.
Verreibt sie ...
... und atmet sie ein, während Ihr den Mund zuhaltet.
Luft anhalten ... eins, zwei, drei.
Haaah ...
Fuuuh ...
Ausatmen ... eins, zwei, drei, vier ...
Puh!
Was hast du nur für einen Körper?!
Was?
Das kann doch nicht sein!
Du bist so schwach. Warst du jemals gesund?

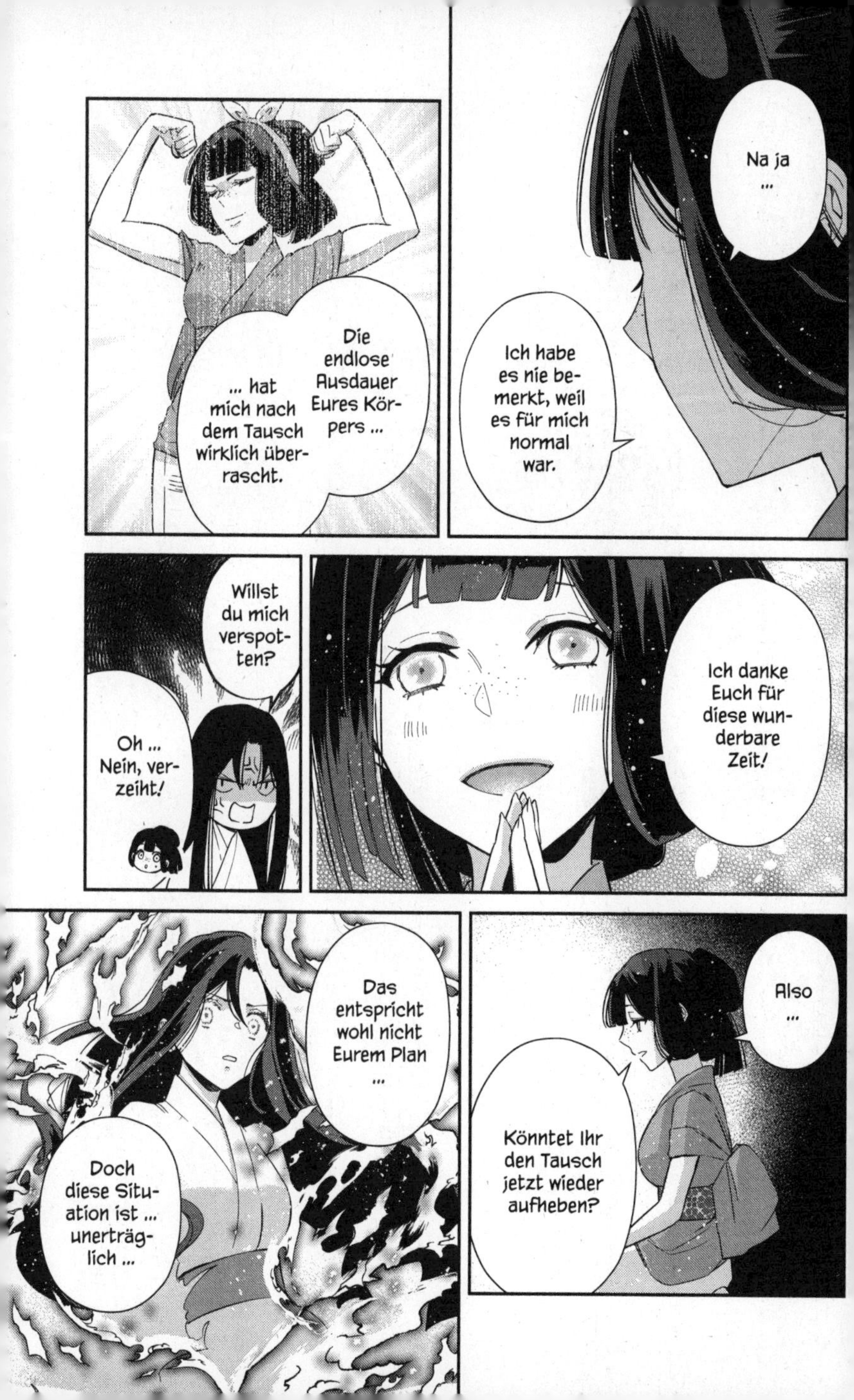
Na ja ...
Ich habe es nie bemerkt, weil es für mich normal war.
Die endlose Ausdauer Eures Körpers ...
... hat mich nach dem Tausch wirklich überrascht.
Ich danke Euch für diese wunderbare Zeit!
Willst du mich verspotten?
Oh ... Nein, verzeiht!
Also ...
Könntet Ihr den Tausch jetzt wieder aufheben?
Das entspricht wohl nicht Eurem Plan ...
Doch diese Situation ist ... unerträglich ...

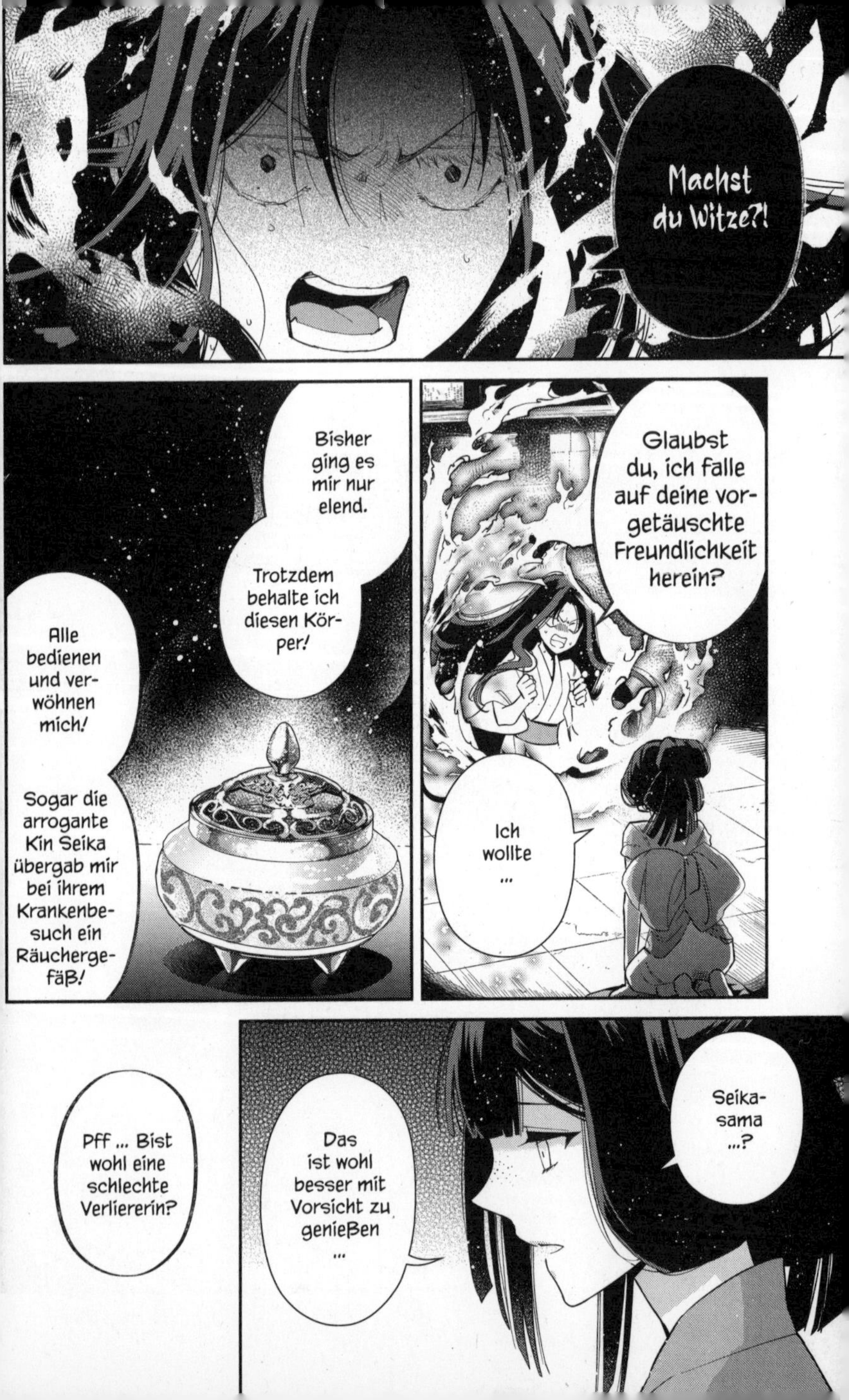
Machst du Witze?!
Glaubst du, ich falle auf deine vorgetäuschte Freundlichkeit herein?
Ich wollte ...
Bisher ging es mir nur elend.
Trotzdem behalte ich diesen Körper!
Alle bedienen und verwöhnen mich!
Sogar die arrogante Kin Seika übergab mir bei ihrem Krankenbesuch ein Räuchergefäß!
Seika-sama ...?
Das ist wohl besser mit Vorsicht zu genießen ...
Pff ... Bist wohl eine schlechte Verliererin?

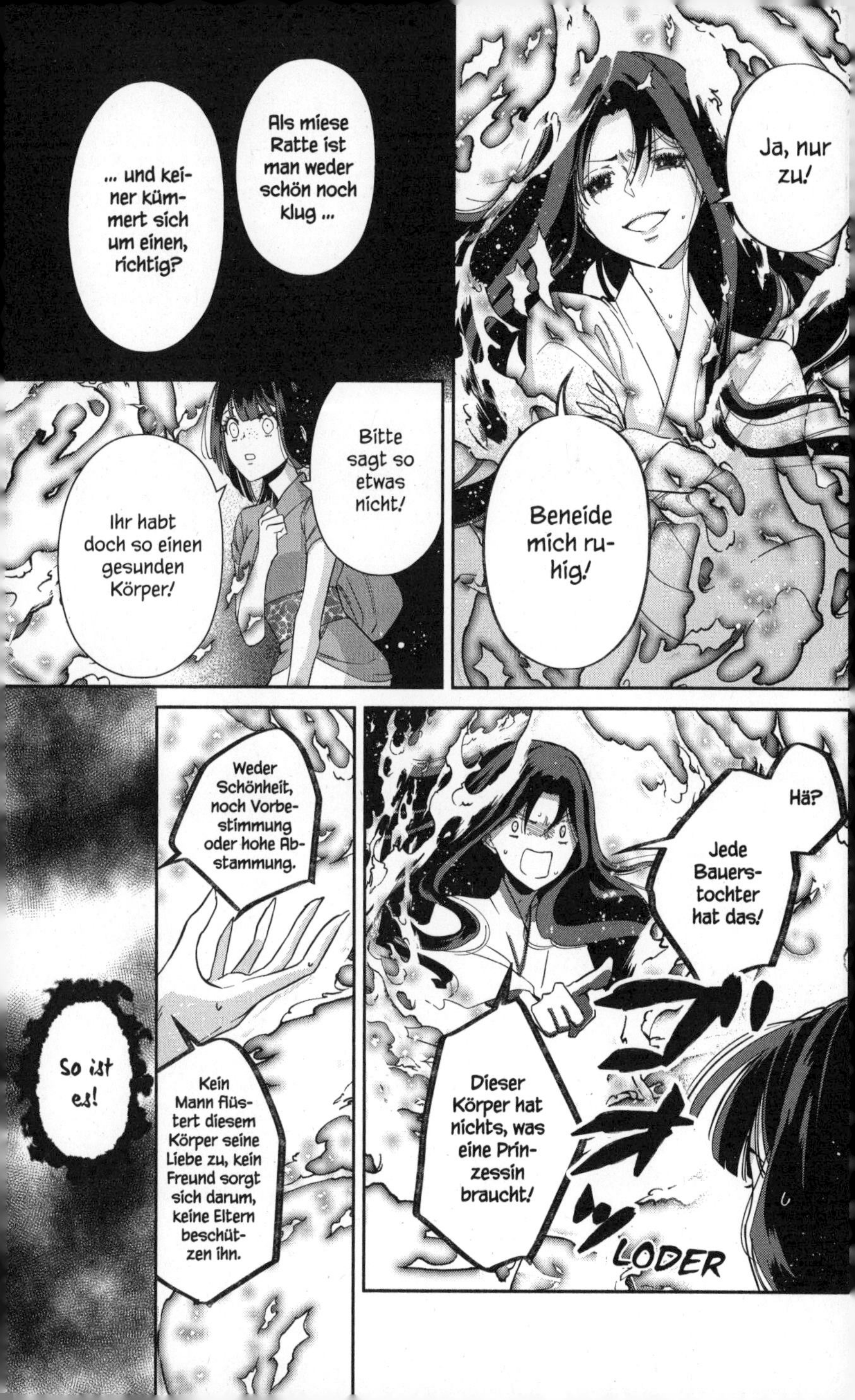
Ja, nur zu!
Als miese Ratte ist man weder schön noch klug ...
... und keiner kümmert sich um einen, richtig?
Beneide mich ruhig!
Bitte sagt so etwas nicht!
Ihr habt doch so einen gesunden Körper!
Hä?
Jede Bauerstochter hat das!
Dieser Körper hat nichts, was eine Prinzessin braucht!
LODER
Weder Schönheit, noch Vorbestimmung oder hohe Abstammung.
Kein Mann flüstert diesem Körper seine Liebe zu, kein Freund sorgt sich darum, keine Eltern beschützen ihn.
So ist es!

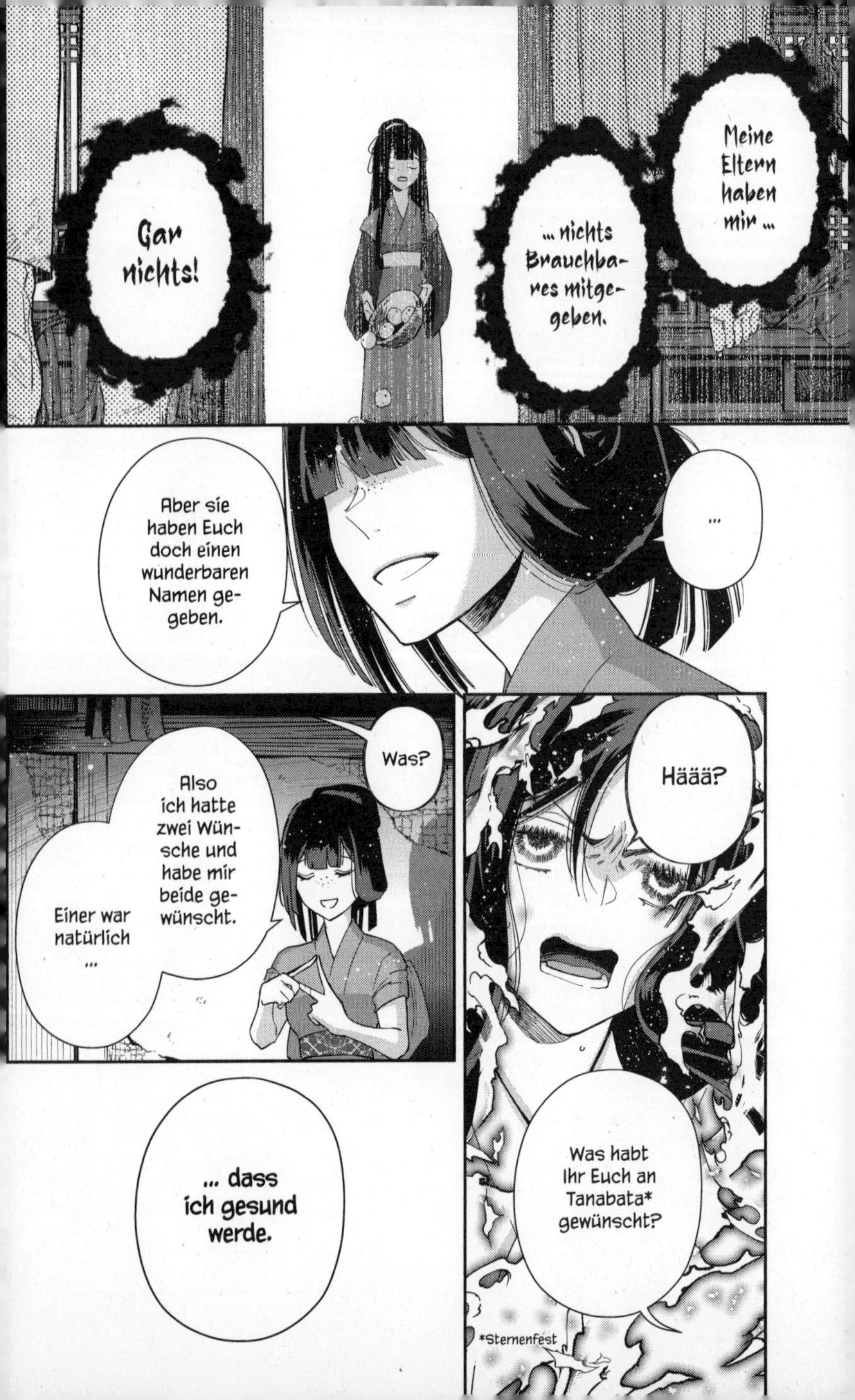
Meine Eltern haben mir ...
... nichts Brauchbares mitgegeben.
Gar nichts!
...
Aber sie haben Euch doch einen wunderbaren Namen gegeben.
Häää?
Was habt Ihr Euch an Tanabata* gewünscht?
*Sternenfest
Was?
Also ich hatte zwei Wünsche und habe mir beide gewünscht.
Einer war natürlich ...
... dass ich gesund werde.

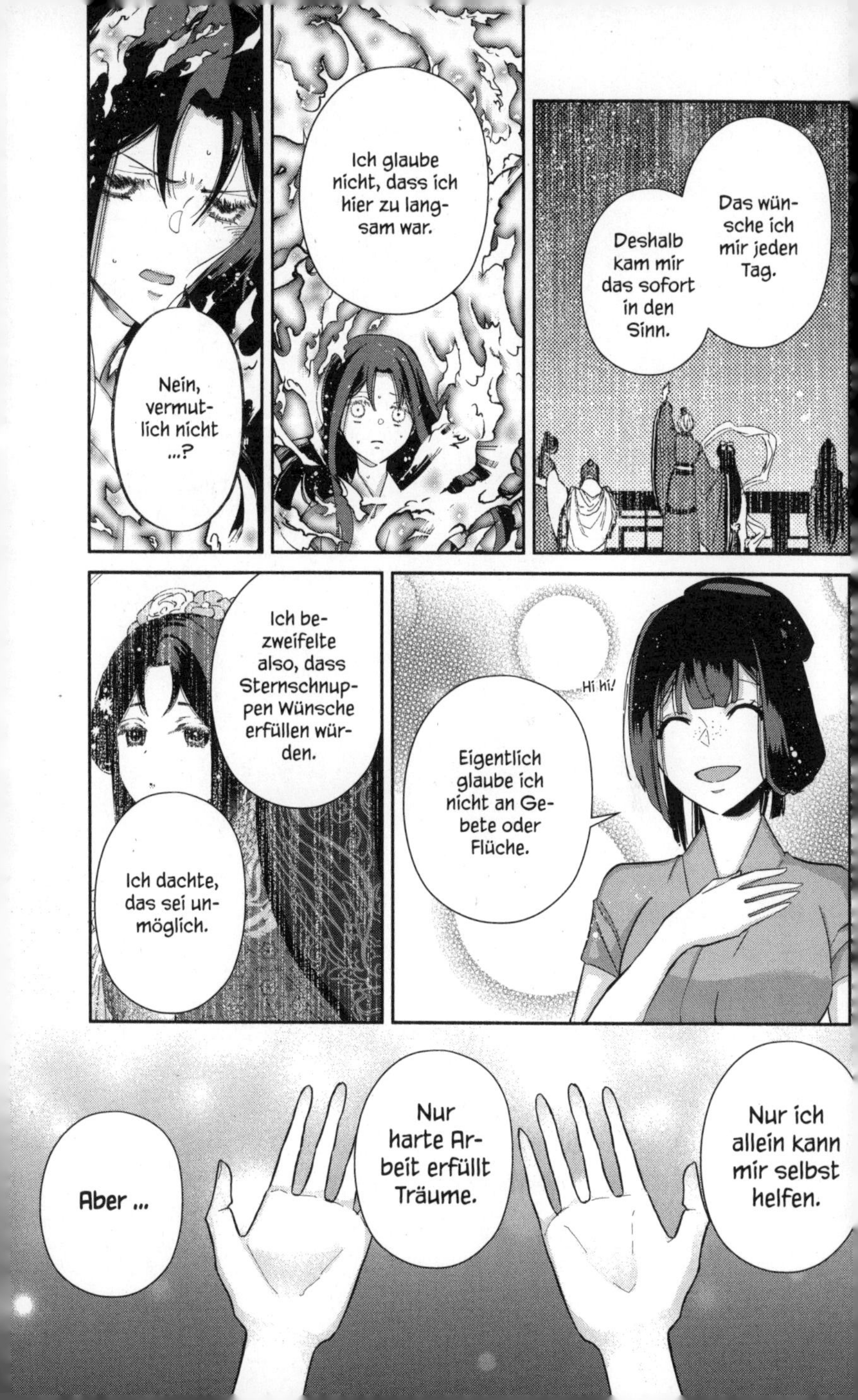
Das wünsche ich mir jeden Tag.
Deshalb kam mir das sofort in den Sinn.
Ich glaube nicht, dass ich hier zu langsam war.
Nein, vermutlich nicht ...?
Hi hi!
Eigentlich glaube ich nicht an Gebete oder Flüche.
Ich bezweifelte also, dass Sternschnuppen Wünsche erfüllen würden.
Ich dachte, das sei unmöglich.
Nur ich allein kann mir selbst helfen.
Nur harte Arbeit erfüllt Träume.
Aber ...

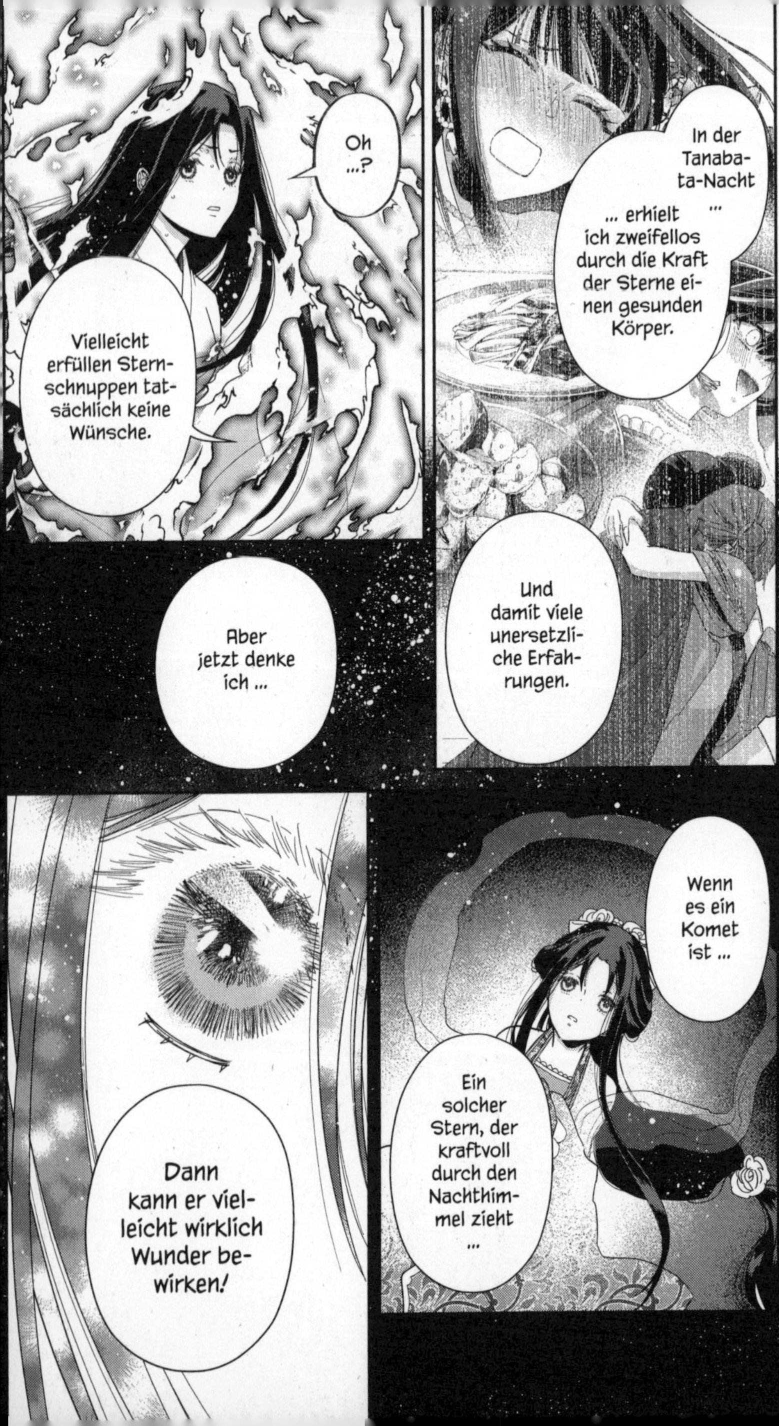
In der Tanabata-Nacht ...
... erhielt ich zweifellos durch die Kraft der Sterne einen gesunden Körper.
Und damit viele unersetzliche Erfahrungen.
Oh ...?
Vielleicht erfüllen Sternschnuppen tatsächlich keine Wünsche.
Aber jetzt denke ich ...
Wenn es ein Komet ist ...
Ein solcher Stern, der kraftvoll durch den Nachthimmel zieht ...
Dann kann er vielleicht wirklich Wunder bewirken!

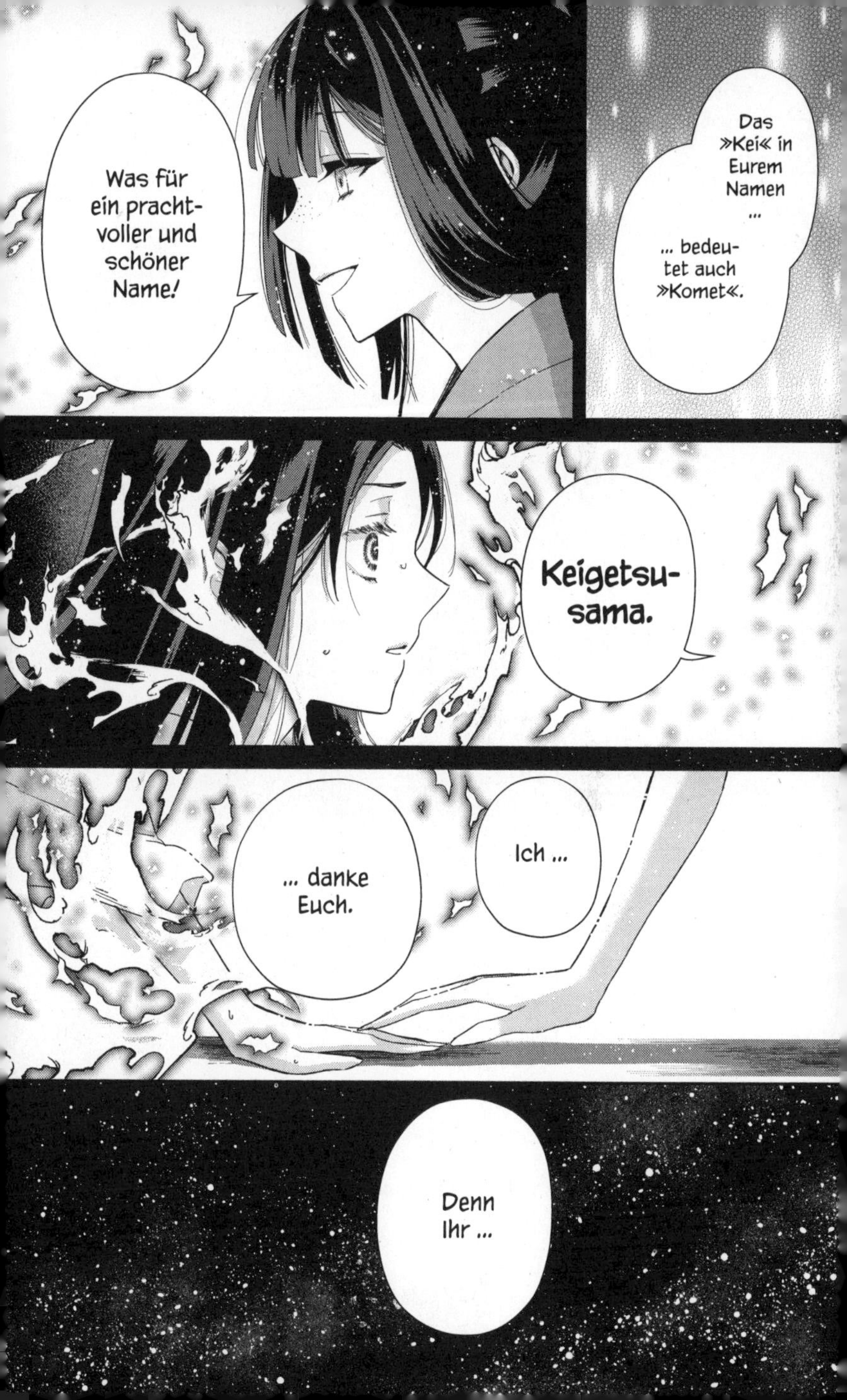
Das »Kei« in Eurem Namen ...
... bedeutet auch »Komet«.
Was für ein prachtvoller und schöner Name!
Keigetsu-sama.
Ich ...
... danke Euch.
Denn Ihr ...

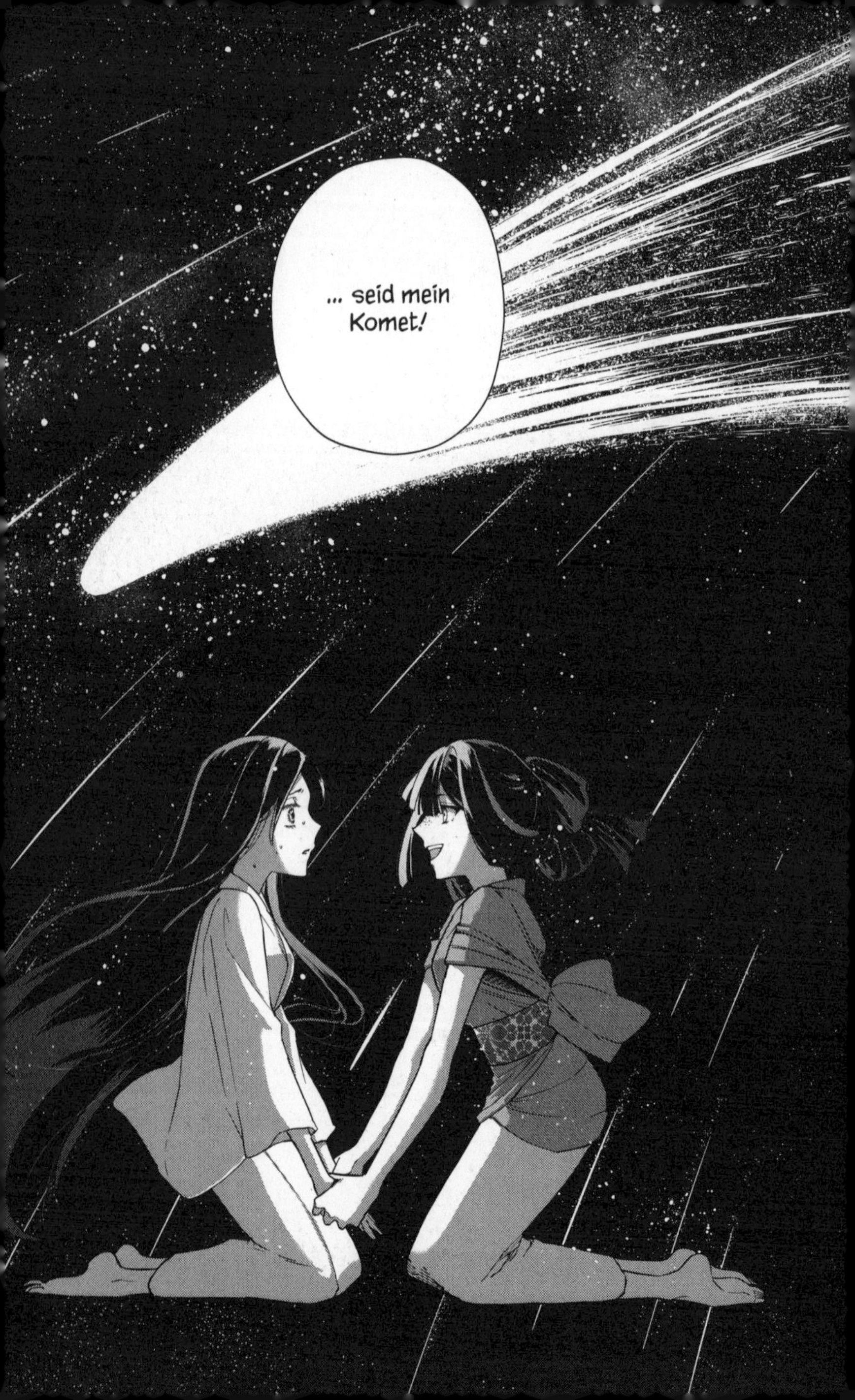
... seid mein Komet!

Though I am an Inept Villainess

根性

WILLENSSTÄRKE

黄 絹秀

KOU KENSHU

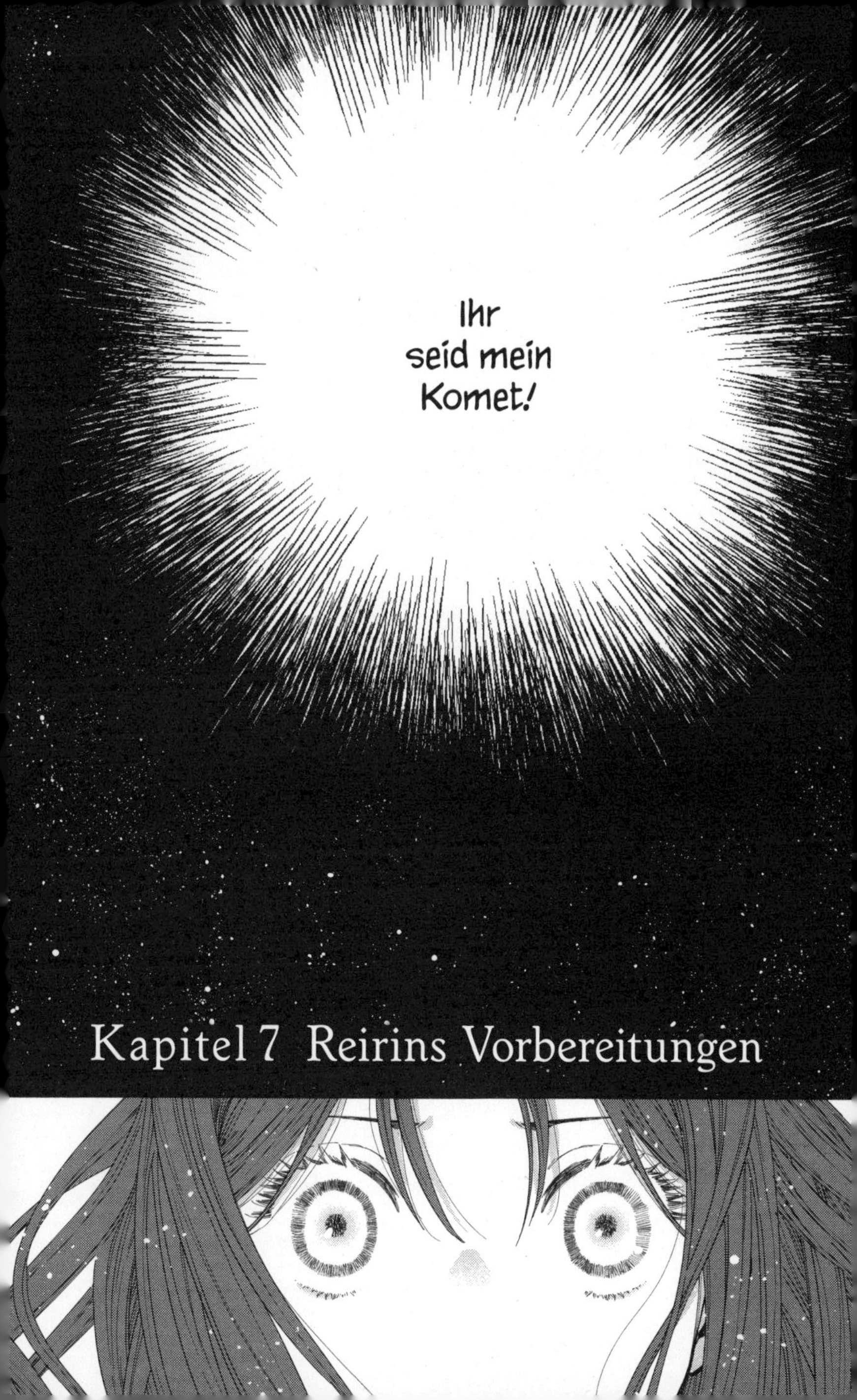

Kapitel 7 Reirins Vorbereitungen

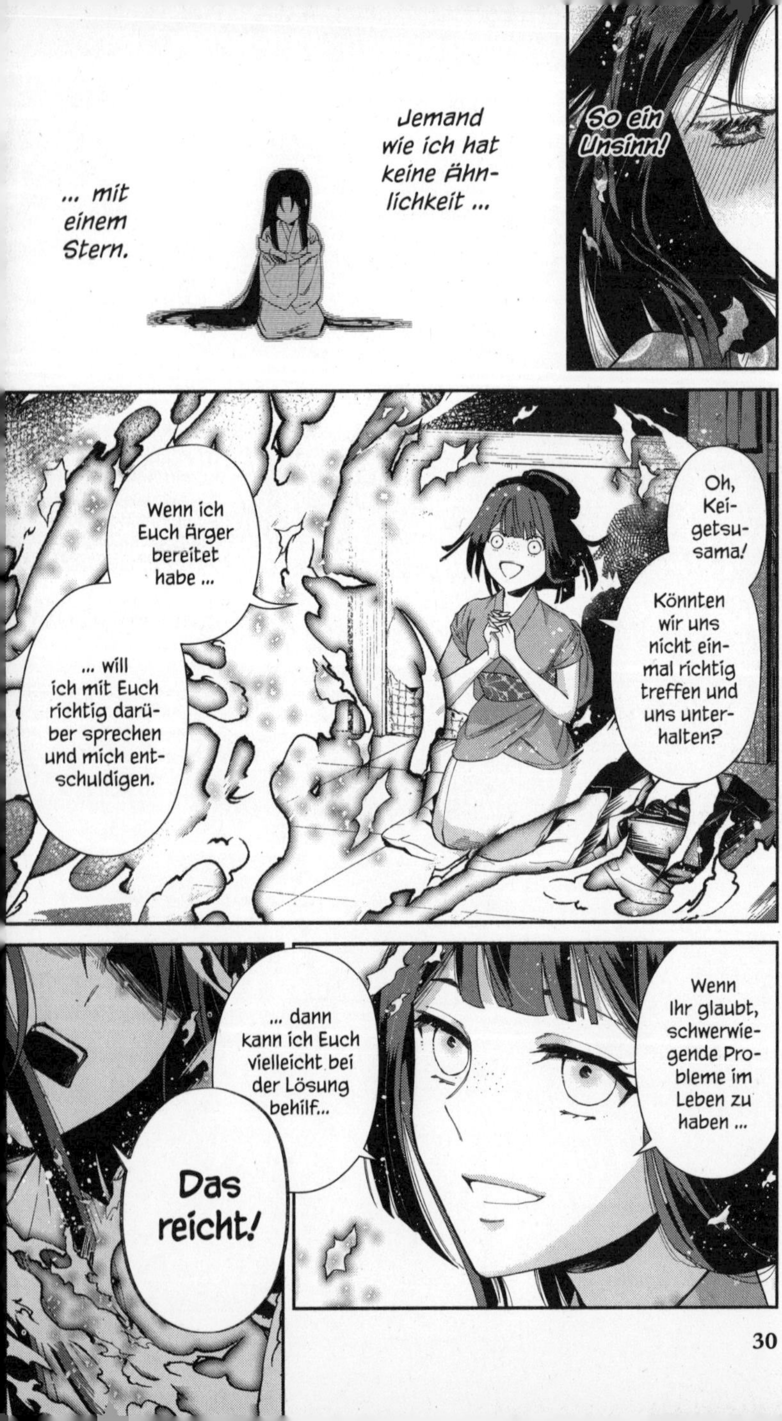

So ein Unsinn!
Jemand wie ich hat keine Ähnlichkeit ...
... mit einem Stern.
Oh, Keigetsu-sama!
Könnten wir uns nicht einmal richtig treffen und uns unterhalten?
Wenn ich Euch Ärger bereitet habe ...
... will ich mit Euch richtig darüber sprechen und mich entschuldigen.
Wenn Ihr glaubt, schwerwiegende Probleme im Leben zu haben ...
... dann kann ich Euch vielleicht bei der Lösung behilf...
Das reicht!

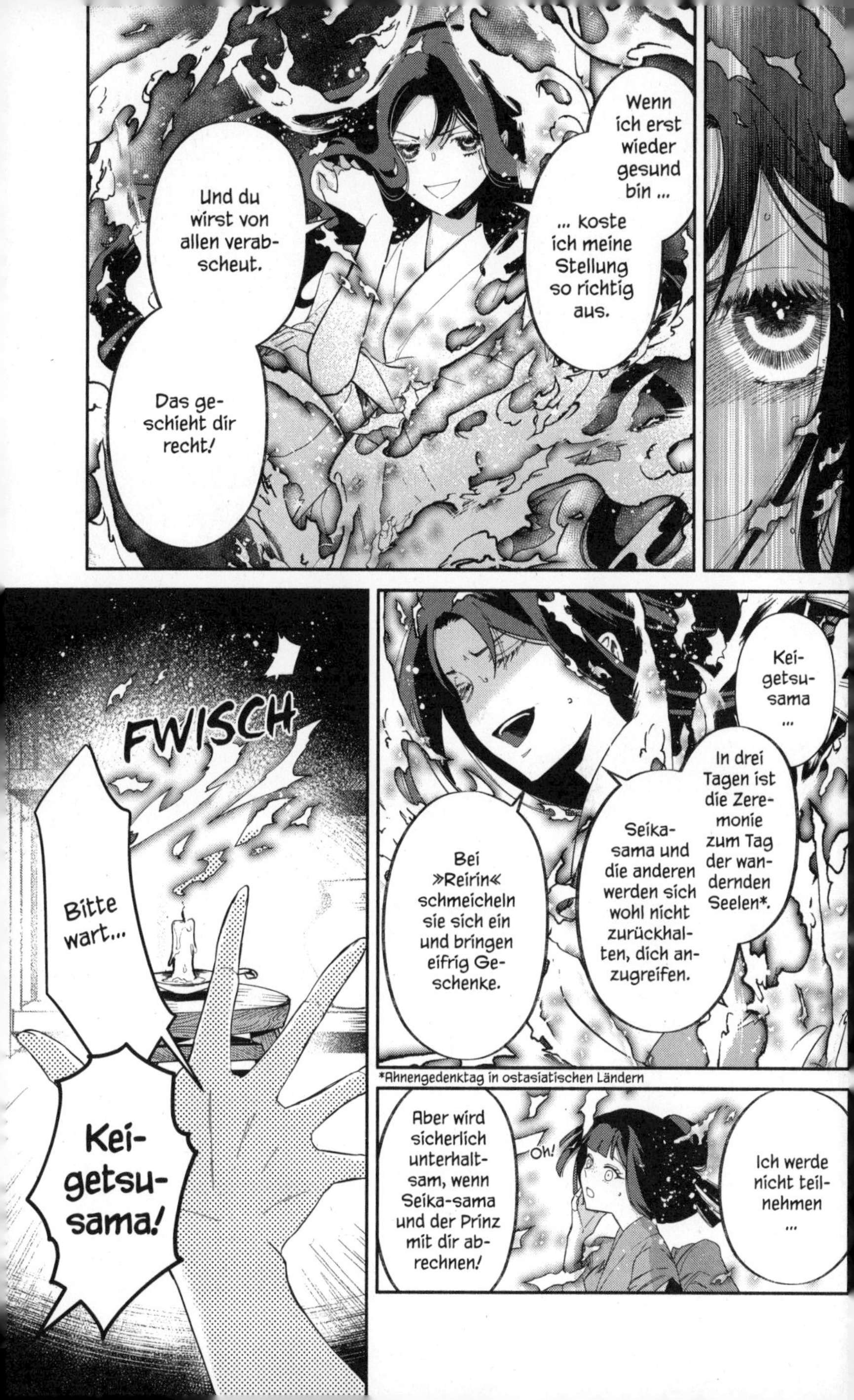

*Ahnengedenktag in ostasiatischen Ländern

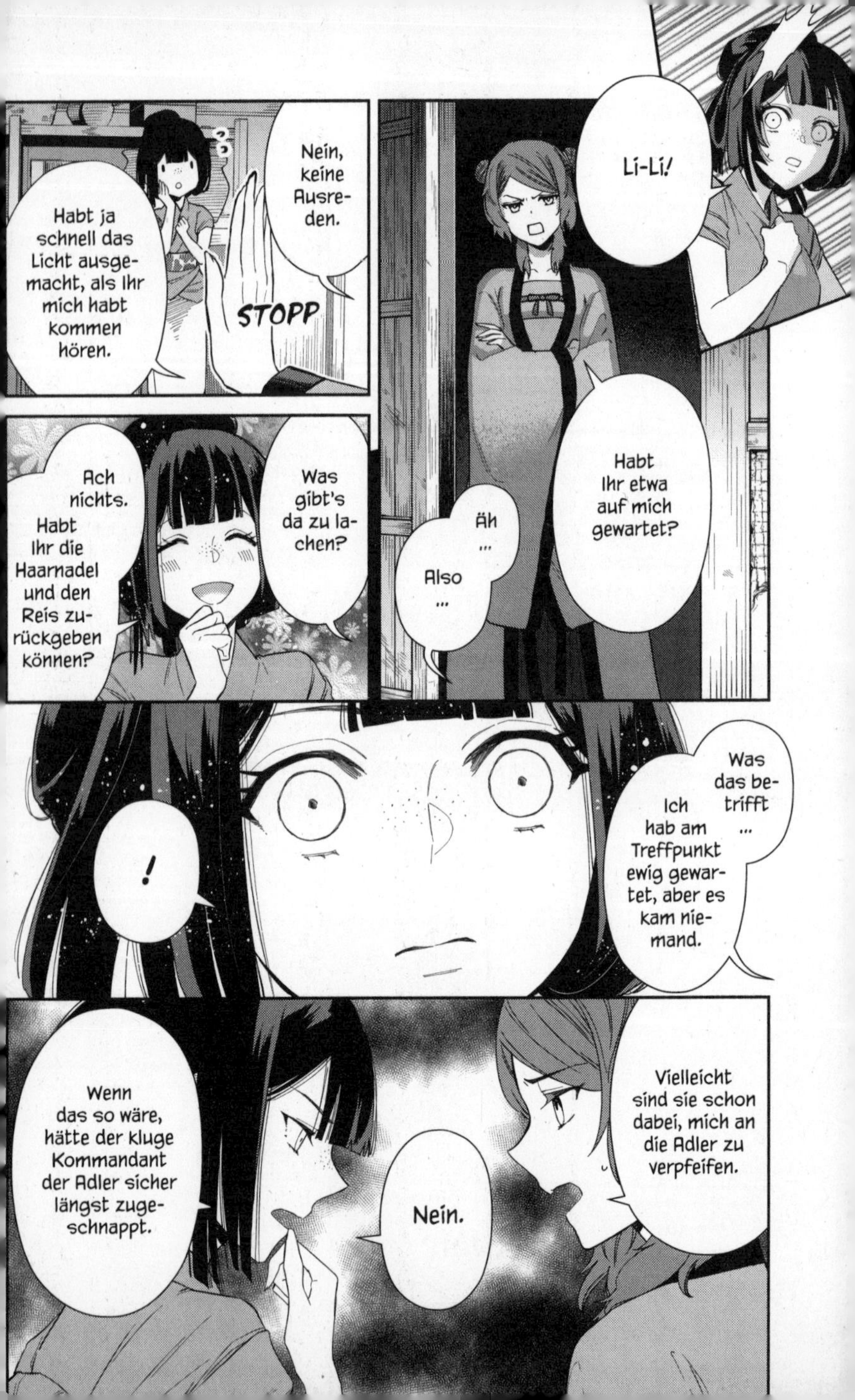

Li-Li!
Habt Ihr etwa auf mich gewartet?
Äh ... Also ...
Nein, keine Ausreden.
STOPP
Habt ja schnell das Licht ausgemacht, als Ihr mich habt kommen hören.
Was gibt's da zu lachen?
Ach nichts. Habt Ihr die Haarnadel und den Reis zurückgeben können?
Was das betrifft ...
Ich hab am Treffpunkt ewig gewartet, aber es kam niemand.
!
Vielleicht sind sie schon dabei, mich an die Adler zu verpfeifen.
Nein.
Wenn das so wäre, hätte der kluge Kommandant der Adler sicher längst zugeschnappt.

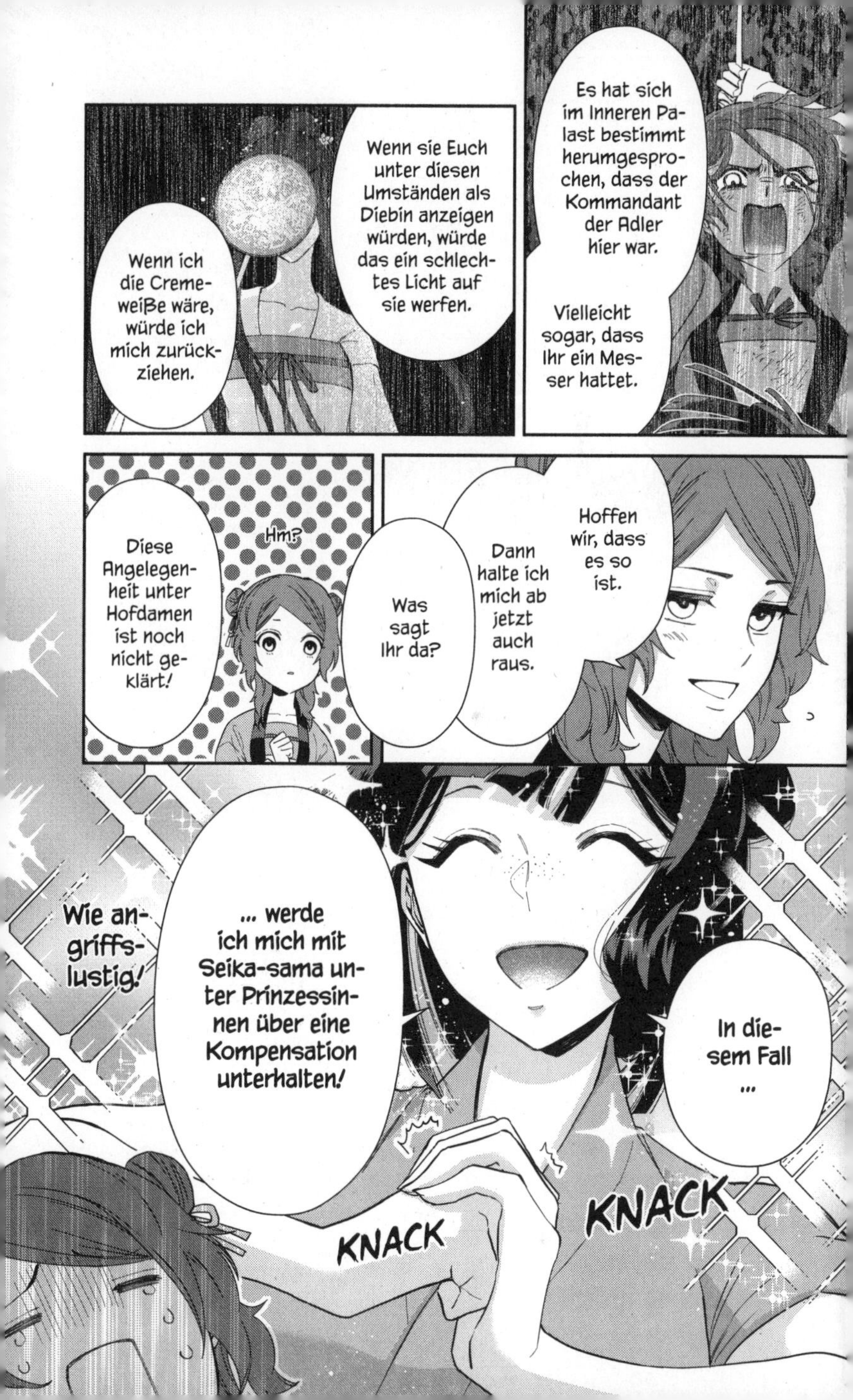
Es hat sich im Inneren Palast bestimmt herumgesprochen, dass der Kommandant der Adler hier war.
Vielleicht sogar, dass Ihr ein Messer hattet.
Wenn sie Euch unter diesen Umständen als Diebin anzeigen würden, würde das ein schlechtes Licht auf sie werfen.
Wenn ich die Cremeweiße wäre, würde ich mich zurückziehen.
Hoffen wir, dass es so ist.
Dann halte ich mich ab jetzt auch raus.
Was sagt Ihr da?
Hm?
Diese Angelegenheit unter Hofdamen ist noch nicht geklärt!
In diesem Fall ...
... werde ich mich mit Seika-sama unter Prinzessinnen über eine Kompensation unterhalten!
Wie angriffslustig!
KNACK
KNACK

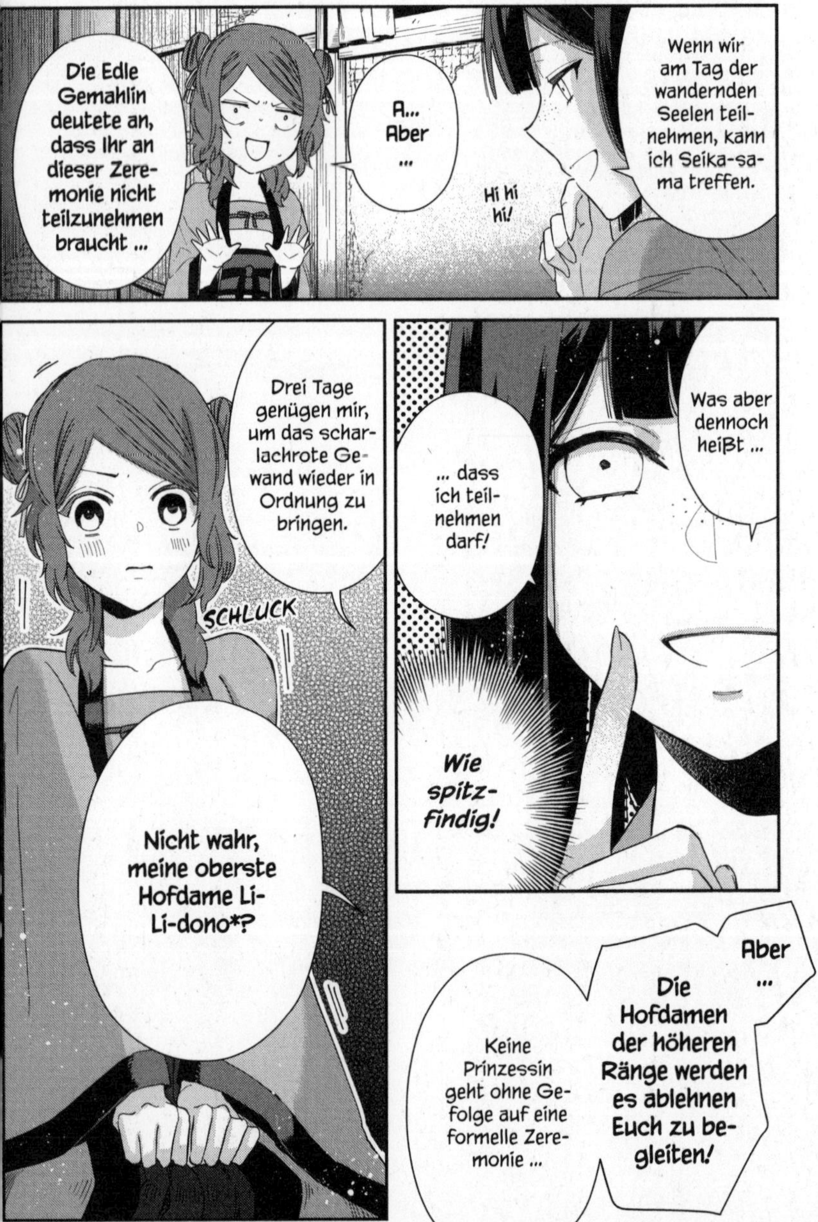

*ehrerbietige Anrede für höhergestellte Persönlichkeiten

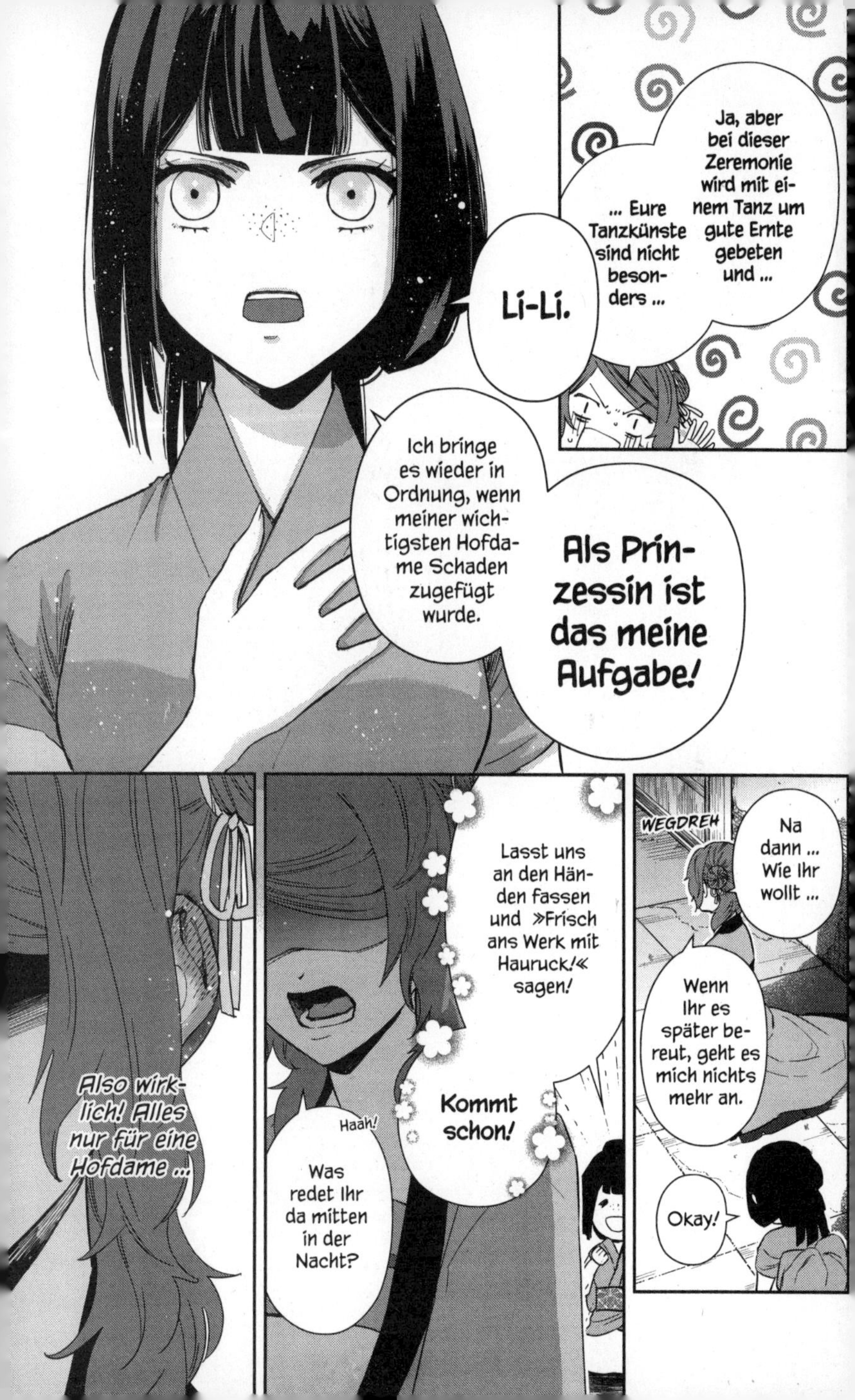
Ja, aber bei dieser Zeremonie wird mit einem Tanz um gute Ernte gebeten und ...
... Eure Tanzkünste sind nicht besonders ...
Li-Li.
Ich bringe es wieder in Ordnung, wenn meiner wichtigsten Hofdame Schaden zugefügt wurde.
Als Prinzessin ist das meine Aufgabe!
WEGDREH
Na dann ... Wie Ihr wollt ...
Wenn Ihr es später bereut, geht es mich nichts mehr an.
Okay!
Lasst uns an den Händen fassen und »Frisch ans Werk mit Hauruck!« sagen!
Kommt schon!
Haah!
Was redet Ihr da mitten in der Nacht?
Also wirklich! Alles nur für eine Hofdame ...

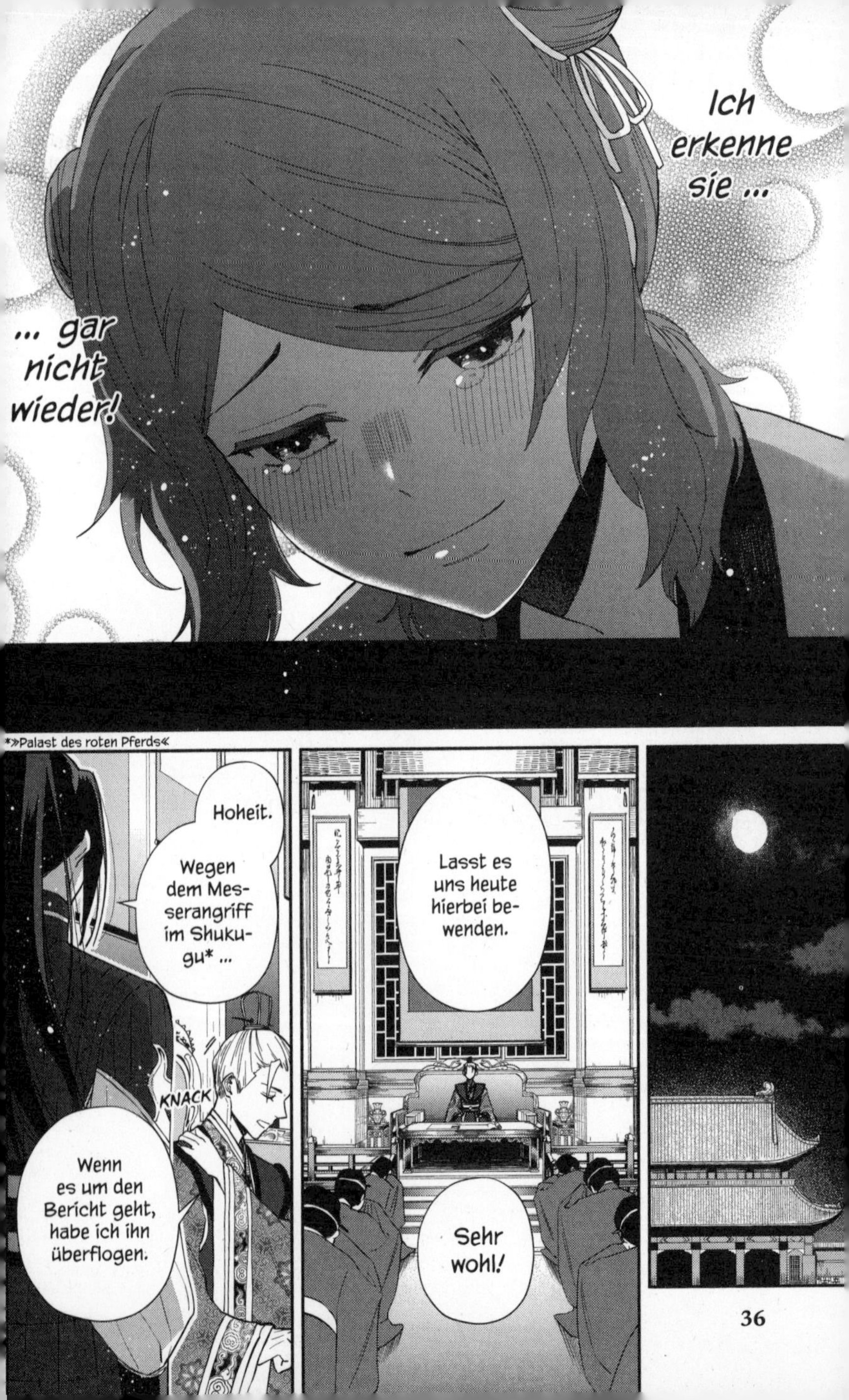

*»Palast des roten Pferds«

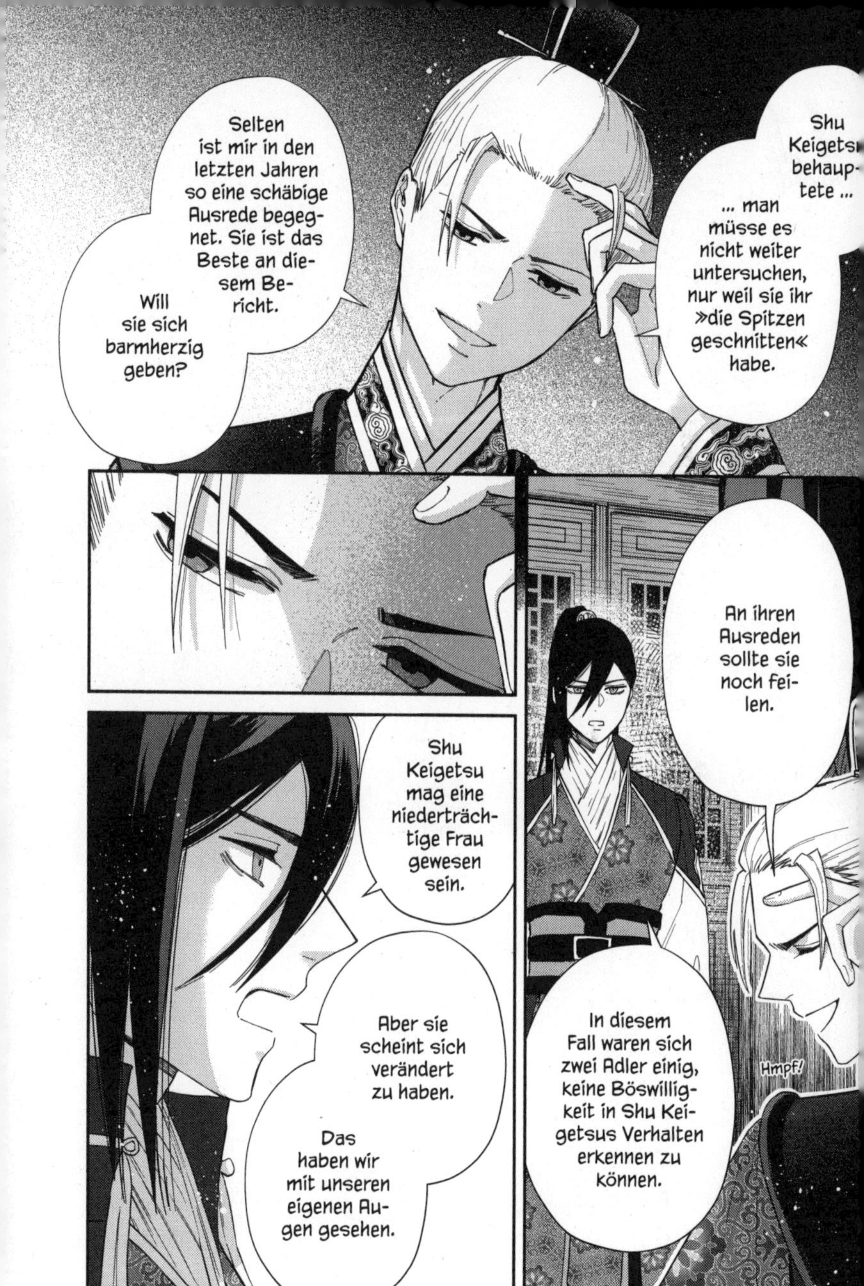
Shu Keigets behauptete ...
... man müsse es nicht weiter untersuchen, nur weil sie ihr »die Spitzen geschnitten« habe.
Selten ist mir in den letzten Jahren so eine schäbige Ausrede begegnet. Sie ist das Beste an diesem Bericht.
Will sie sich barmherzig geben?
An ihren Ausreden sollte sie noch feilen.
Hmpf!
In diesem Fall waren sich zwei Adler einig, keine Böswilligkeit in Shu Keigetsus Verhalten erkennen zu können.
Shu Keigetsu mag eine niederträchtige Frau gewesen sein.
Aber sie scheint sich verändert zu haben.
Das haben wir mit unseren eigenen Augen gesehen.

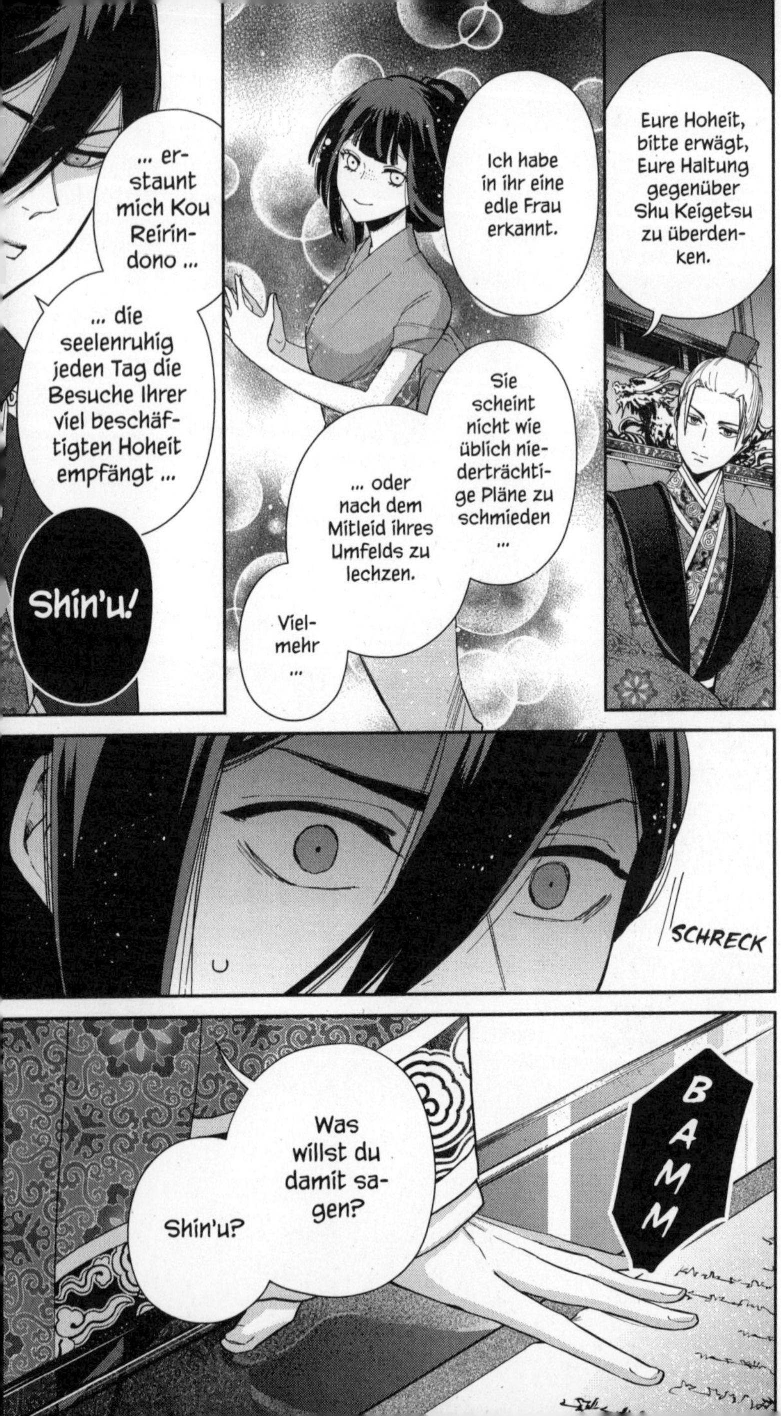

Eure Hoheit, bitte erwägt, Eure Haltung gegenüber Shu Keigetsu zu überdenken.
Ich habe in ihr eine edle Frau erkannt.
Sie scheint nicht wie üblich niederträchtige Pläne zu schmieden ...
... oder nach dem Mitleid ihres Umfelds zu lechzen.
Vielmehr ...
... erstaunt mich Kou Reirin-dono ...
... die seelenruhig jeden Tag die Besuche Ihrer viel beschäftigten Hoheit empfängt ...
Shin'u!
SCHRECK
BAMM
Was willst du damit sagen?
Shin'u?

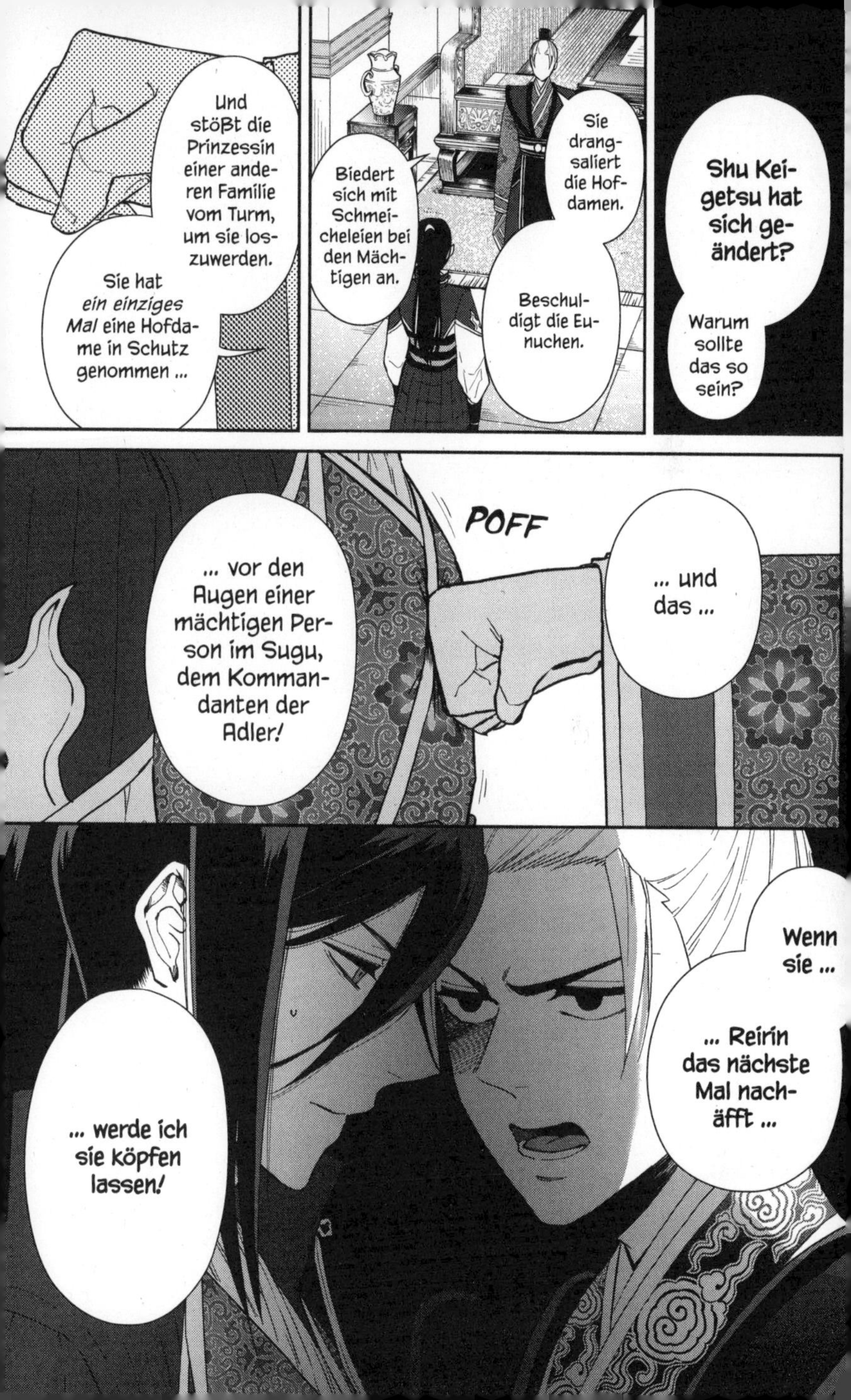

Shu Keigetsu hat sich geändert?
Warum sollte das so sein?
Sie drangsaliert die Hofdamen.
Beschuldigt die Eunuchen.
Biedert sich mit Schmeicheleien bei den Mächtigen an.
Und stößt die Prinzessin einer anderen Familie vom Turm, um sie loszuwerden.
Sie hat *ein einziges Mal* eine Hofdame in Schutz genommen ...
... und das ...
POFF
... vor den Augen einer mächtigen Person im Sugu, dem Kommandanten der Adler!
Wenn sie ...
... Reirin das nächste Mal nachäfft ...
... werde ich sie köpfen lassen!

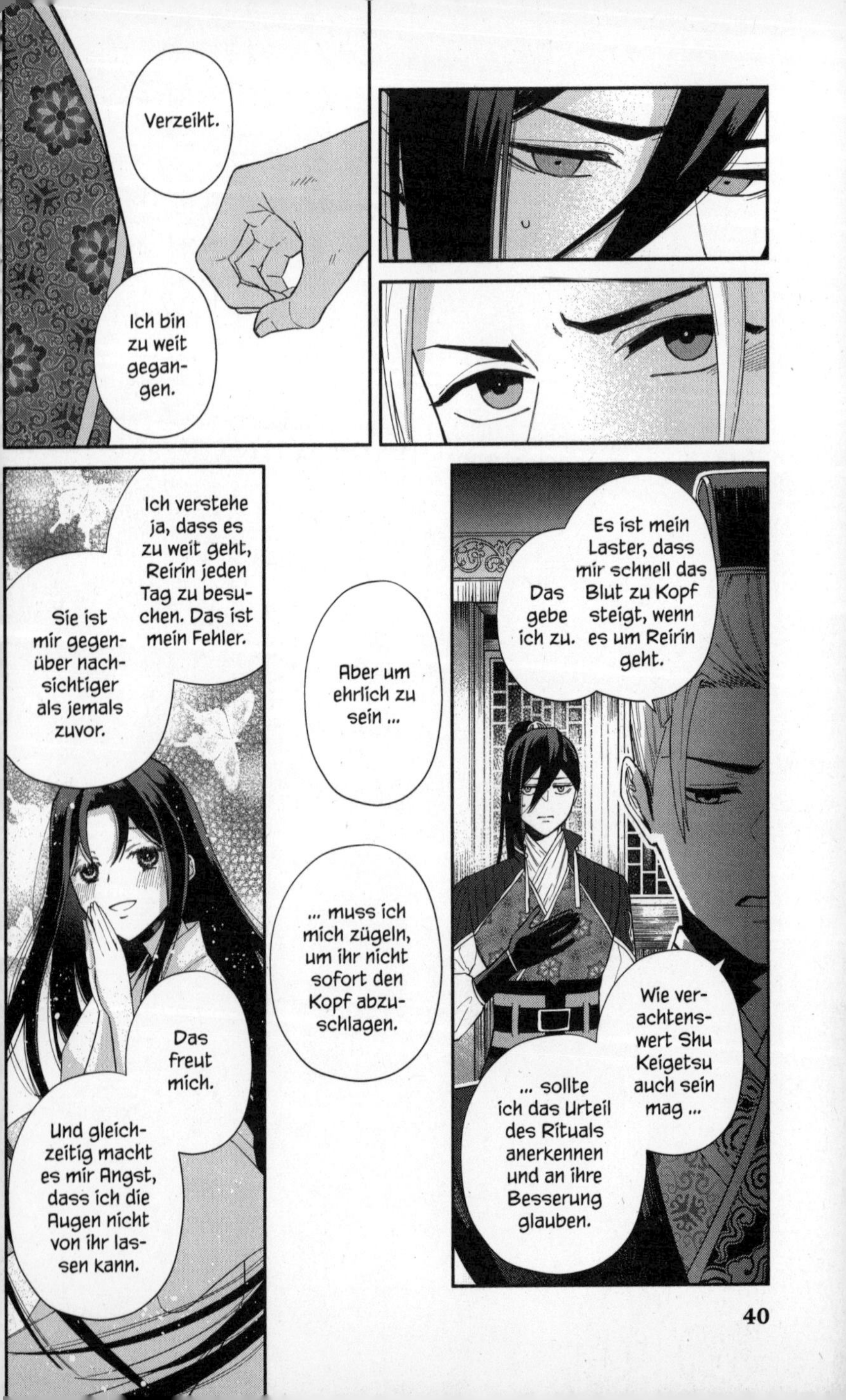
Verzeiht.
Ich bin zu weit gegangen.
Es ist mein Laster, dass mir schnell das Blut zu Kopf steigt, wenn es um Reirin geht.
Das gebe ich zu.
Aber um ehrlich zu sein ...
... muss ich mich zügeln, um ihr nicht sofort den Kopf abzuschlagen.
Wie verachtenswert Shu Keigetsu auch sein mag ...
... sollte ich das Urteil des Rituals anerkennen und an ihre Besserung glauben.
Ich verstehe ja, dass es zu weit geht, Reirin jeden Tag zu besuchen. Das ist mein Fehler.
Sie ist mir gegenüber nachsichtiger als jemals zuvor.
Das freut mich.
Und gleichzeitig macht es mir Angst, dass ich die Augen nicht von ihr lassen kann.

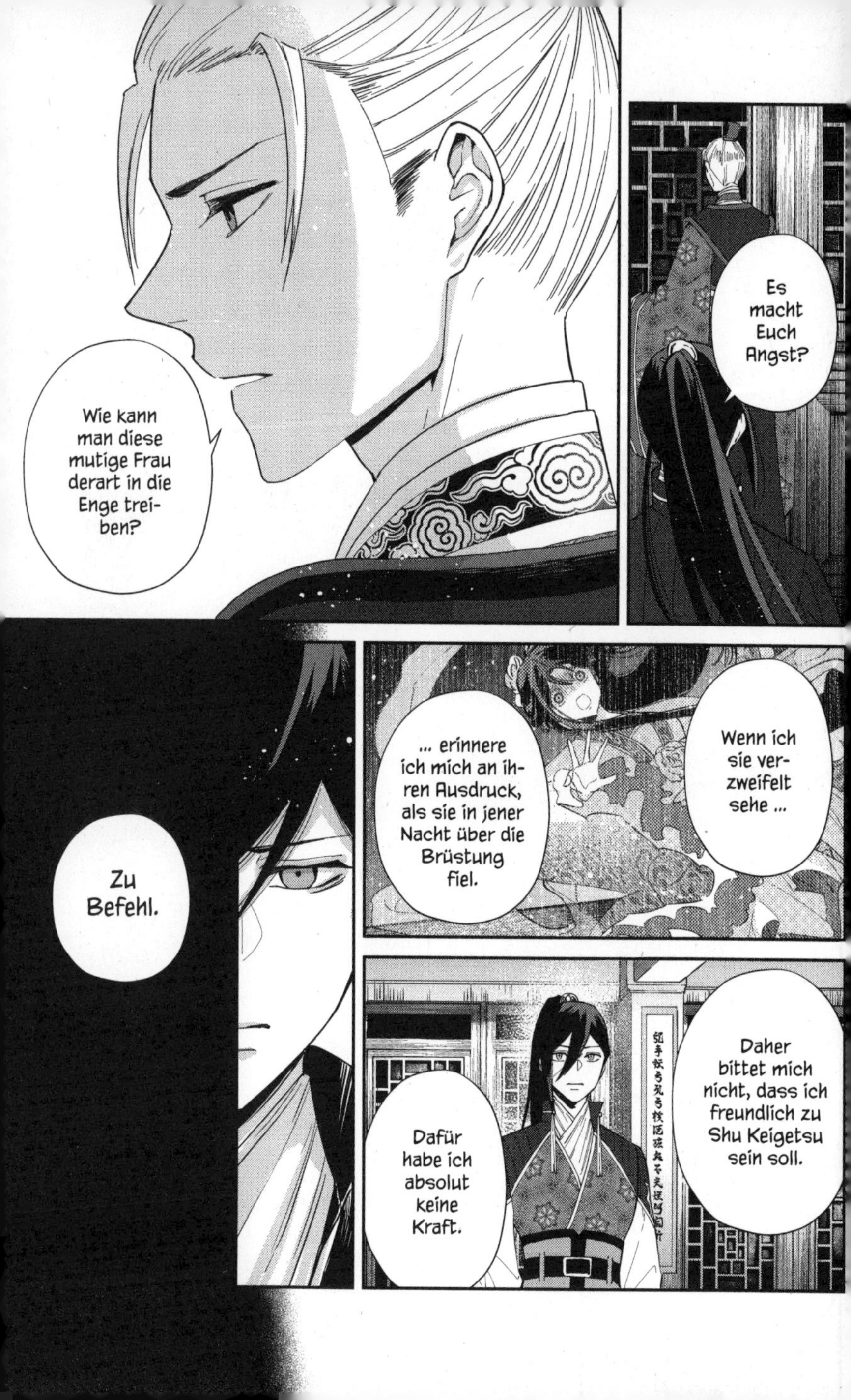
Es macht Euch Angst?
Wie kann man diese mutige Frau derart in die Enge treiben?
Wenn ich sie verzweifelt sehe ...
... erinnere ich mich an ihren Ausdruck, als sie in jener Nacht über die Brüstung fiel.
Daher bittet mich nicht, dass ich freundlich zu Shu Keigetsu sein soll.
Dafür habe ich absolut keine Kraft.
Zu Befehl.

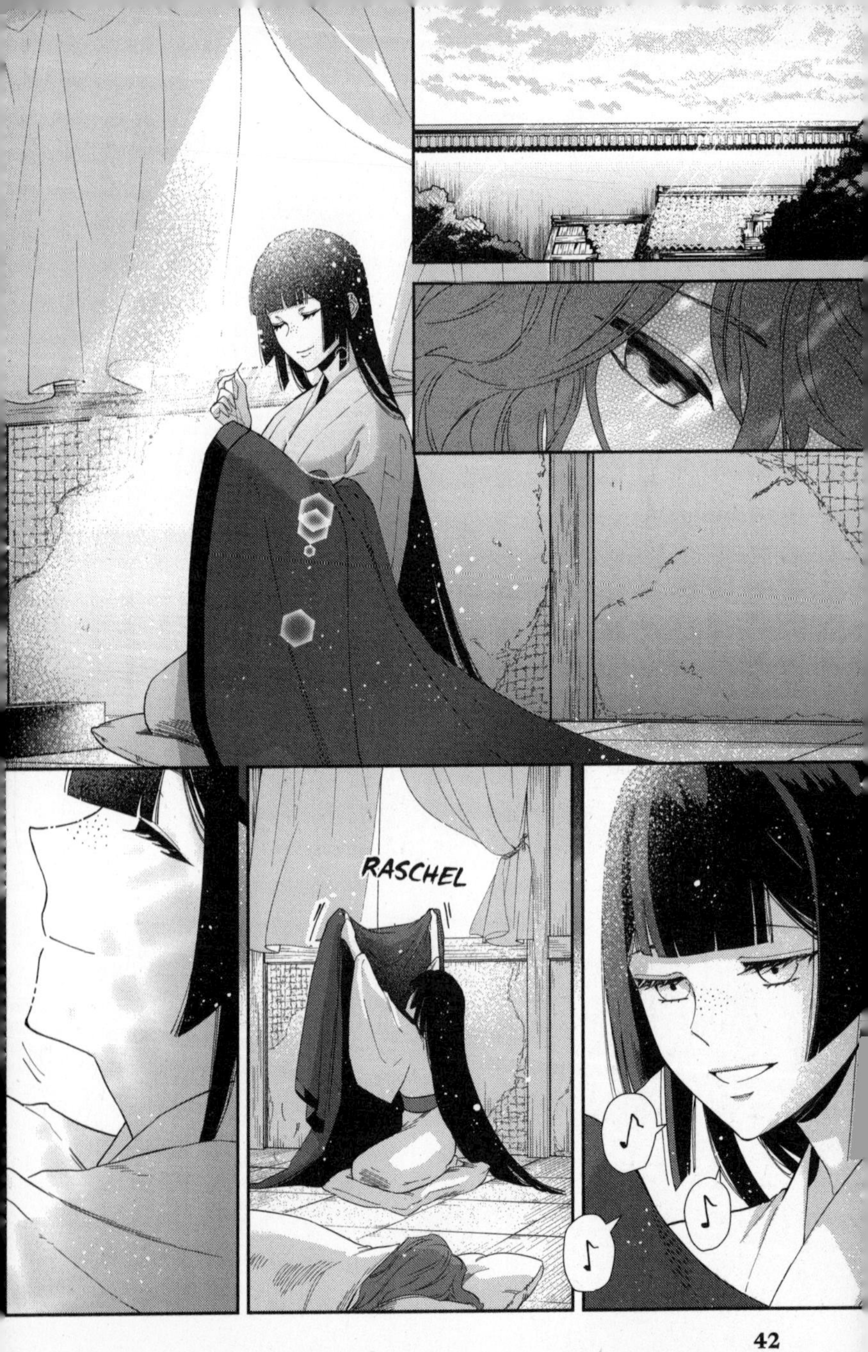
RASCHEL

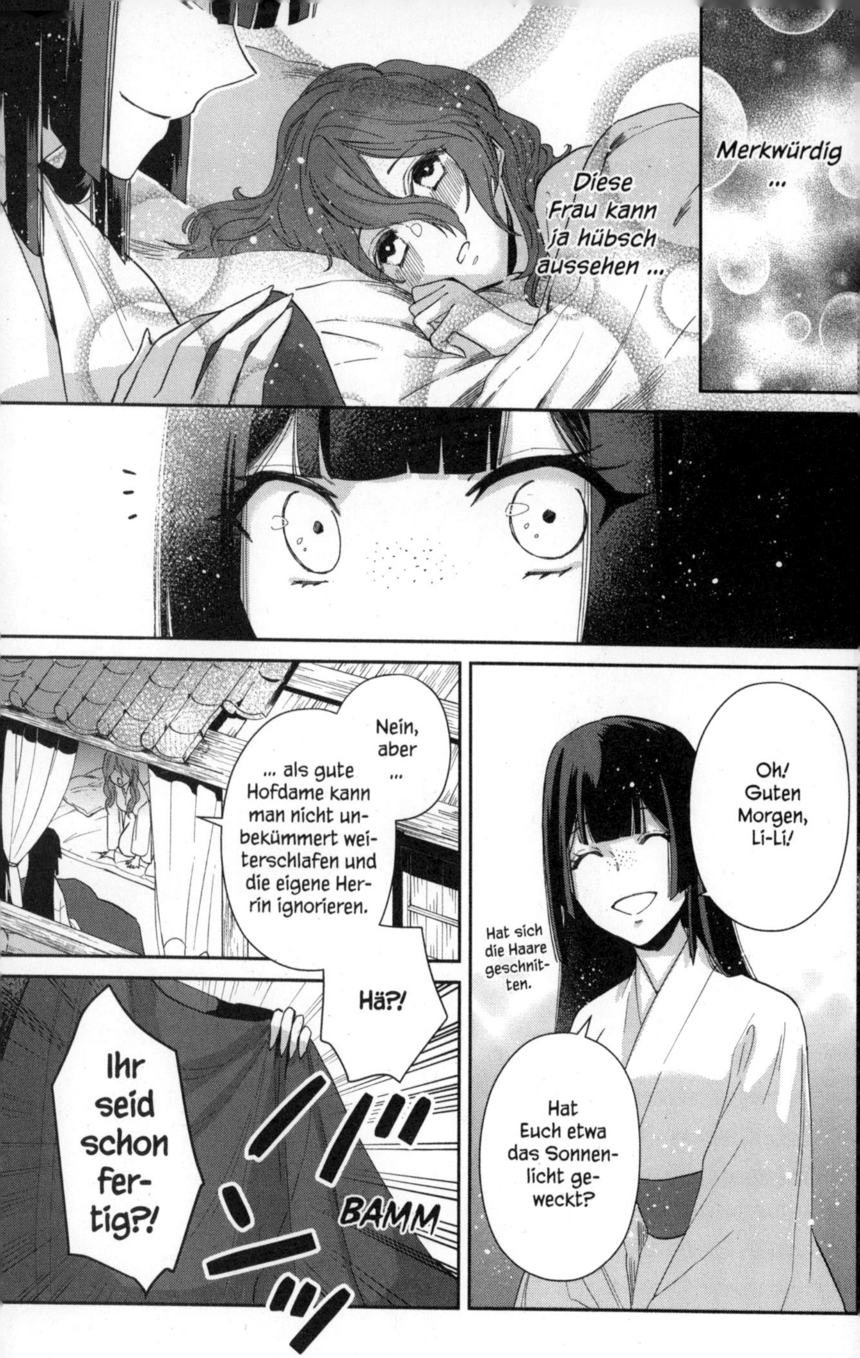

Merkwürdig ...
Diese Frau kann ja hübsch aussehen ...
Oh! Guten Morgen, Li-Li!
Hat sich die Haare geschnitten.
Hat Euch etwa das Sonnenlicht geweckt?
Nein, aber ...
... als gute Hofdame kann man nicht unbekümmert weiterschlafen und die eigene Herrin ignorieren.
Hä?!
BAMM
Ihr seid schon fertig?!

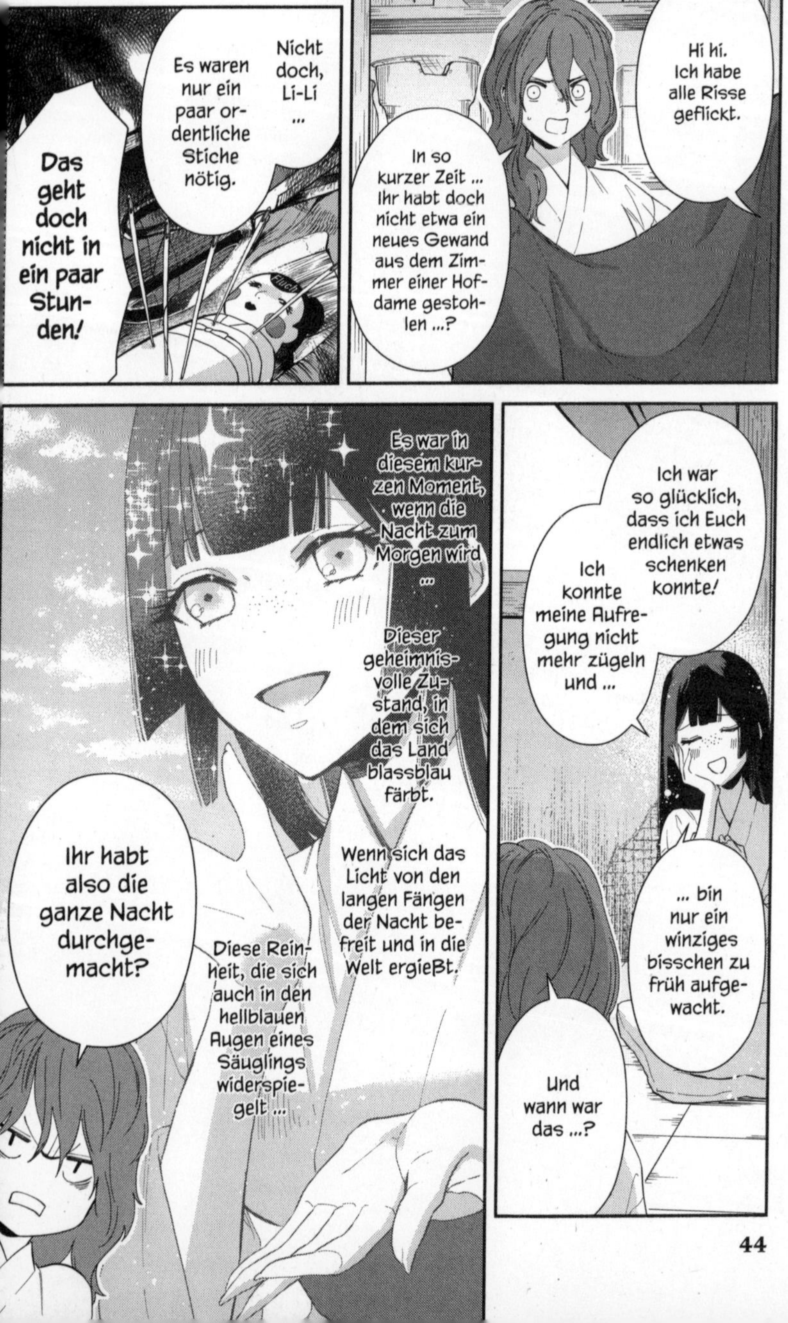

Hi hi. Ich habe alle Risse geflickt.
In so kurzer Zeit ... Ihr habt doch nicht etwa ein neues Gewand aus dem Zimmer einer Hofdame gestohlen ...?
Nicht doch, Li-Li ...
Es waren nur ein paar ordentliche Stiche nötig.
Das geht doch nicht in ein paar Stunden!
Fluch
Ich war so glücklich, dass ich Euch endlich etwas schenken konnte!
Ich konnte meine Aufregung nicht mehr zügeln und ...
... bin nur ein winziges bisschen zu früh aufgewacht.
Und wann war das ...?
Es war in diesem kurzen Moment, wenn die Nacht zum Morgen wird ...
Dieser geheimnisvolle Zustand, in dem sich das Land blassblau färbt.
Wenn sich das Licht von den langen Fängen der Nacht befreit und in die Welt ergießt.
Ihr habt also die ganze Nacht durchgemacht?
Diese Reinheit, die sich auch in den hellblauen Augen eines Säuglings widerspiegelt ...

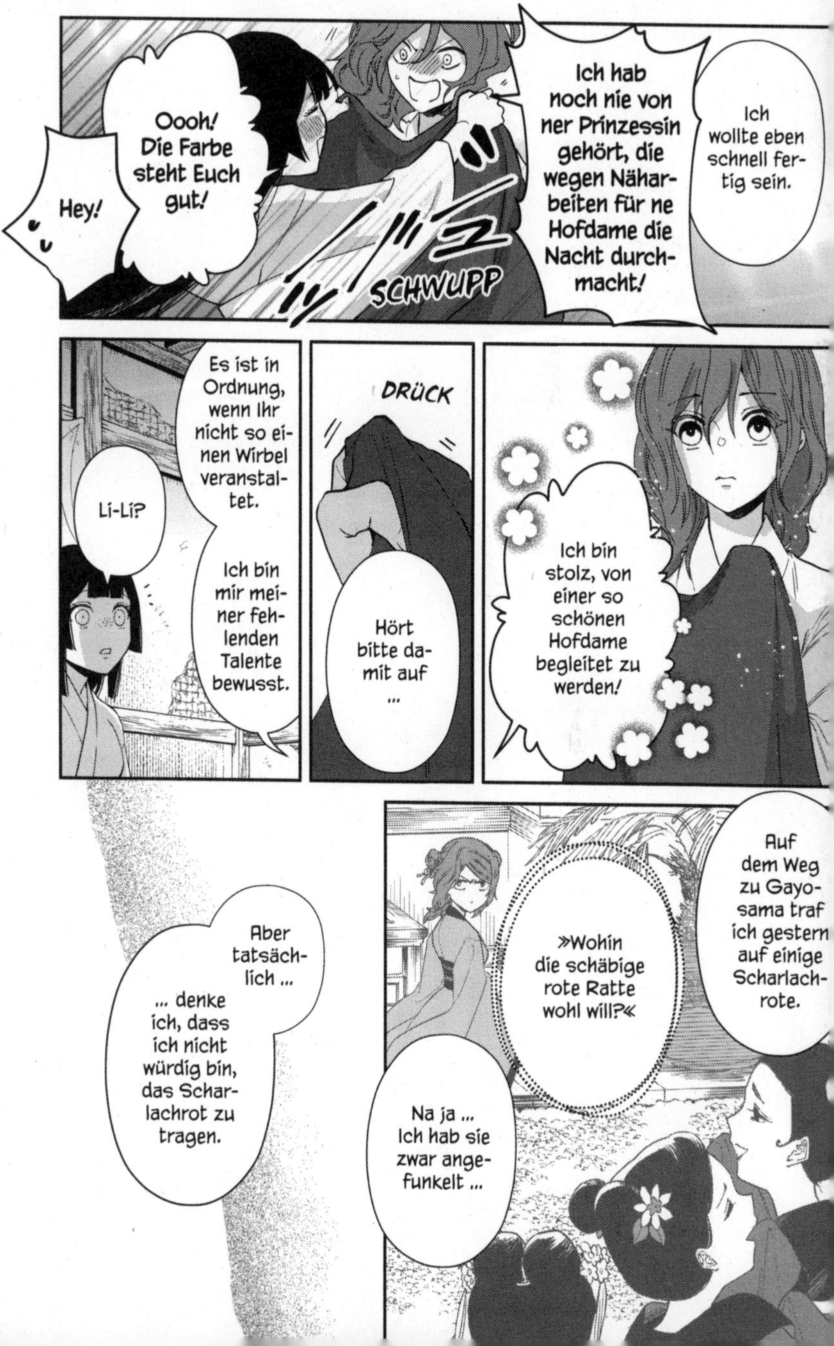
Ich wollte eben schnell fertig sein.
Ich hab noch nie von ner Prinzessin gehört, die wegen Näharbeiten für ne Hofdame die Nacht durchmacht!
SCHWUPP
Oooh! Die Farbe steht Euch gut!
Hey!
Ich bin stolz, von einer so schönen Hofdame begleitet zu werden!
DRÜCK
Hört bitte damit auf ...
Es ist in Ordnung, wenn Ihr nicht so einen Wirbel veranstaltet.
Li-Li?
Ich bin mir meiner fehlenden Talente bewusst.
Auf dem Weg zu Gayo-sama traf ich gestern auf einige Scharlachrote.
»Wohin die schäbige rote Ratte wohl will?«
Na ja ... Ich hab sie zwar angefunkelt ...
Aber tatsächlich ...
... denke ich, dass ich nicht würdig bin, das Scharlachrot zu tragen.

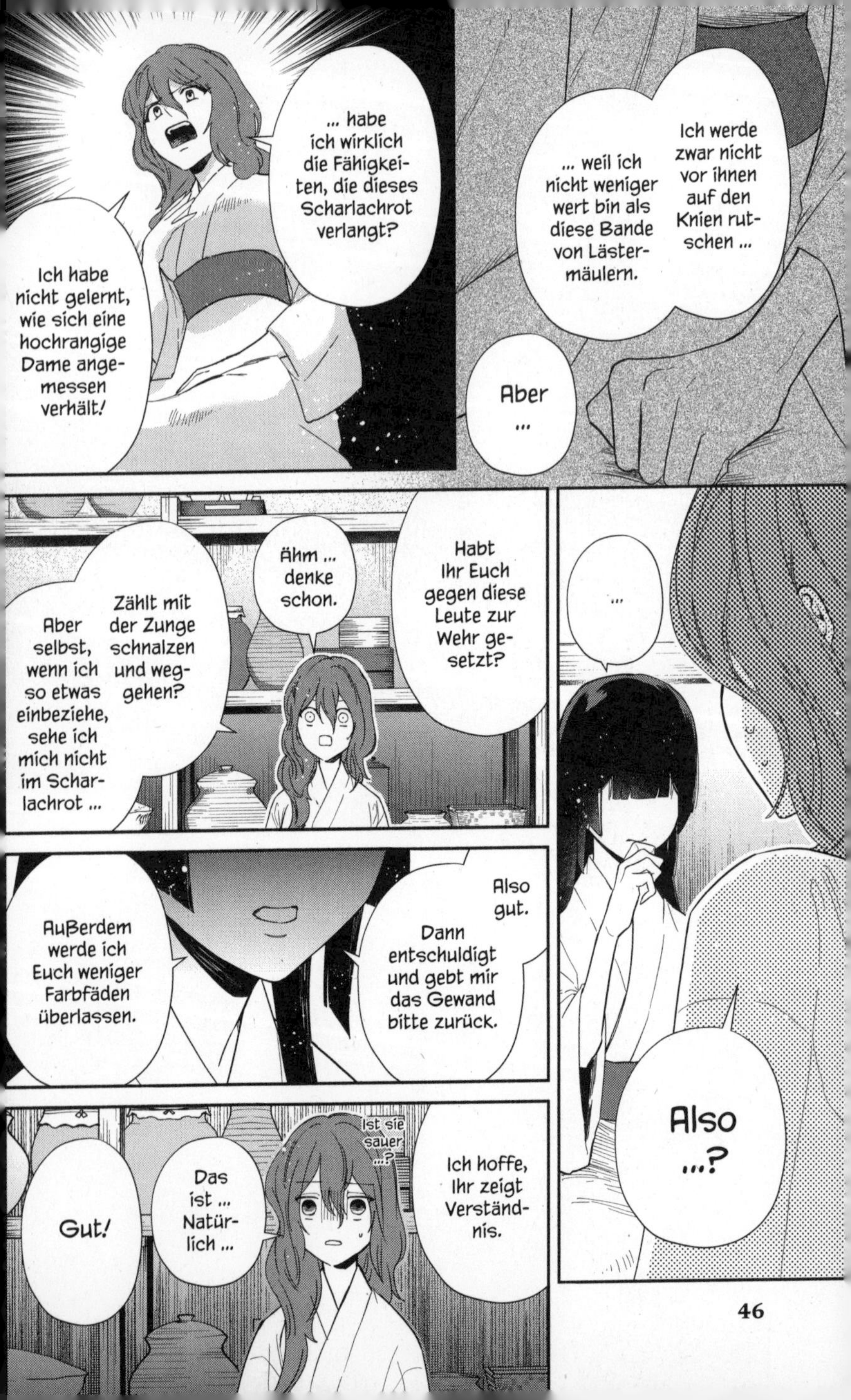
Ich werde zwar nicht vor ihnen auf den Knien rutschen ...
... weil ich nicht weniger wert bin als diese Bande von Lästermäulern.
Aber ...
... habe ich wirklich die Fähigkeiten, die dieses Scharlachrot verlangt?
Ich habe nicht gelernt, wie sich eine hochrangige Dame angemessen verhält!
...
Also ...?
Habt Ihr Euch gegen diese Leute zur Wehr gesetzt?
Ähm ... denke schon.
Zählt mit der Zunge schnalzen und weggehen?
Aber selbst, wenn ich so etwas einbeziehe, sehe ich mich nicht im Scharlachrot ...
Also gut. Dann entschuldigt und gebt mir das Gewand bitte zurück.
Außerdem werde ich Euch weniger Farbfäden überlassen.
Ich hoffe, Ihr zeigt Verständnis.
Ist sie sauer ...?
Das ist ... Natürlich ...
Gut!

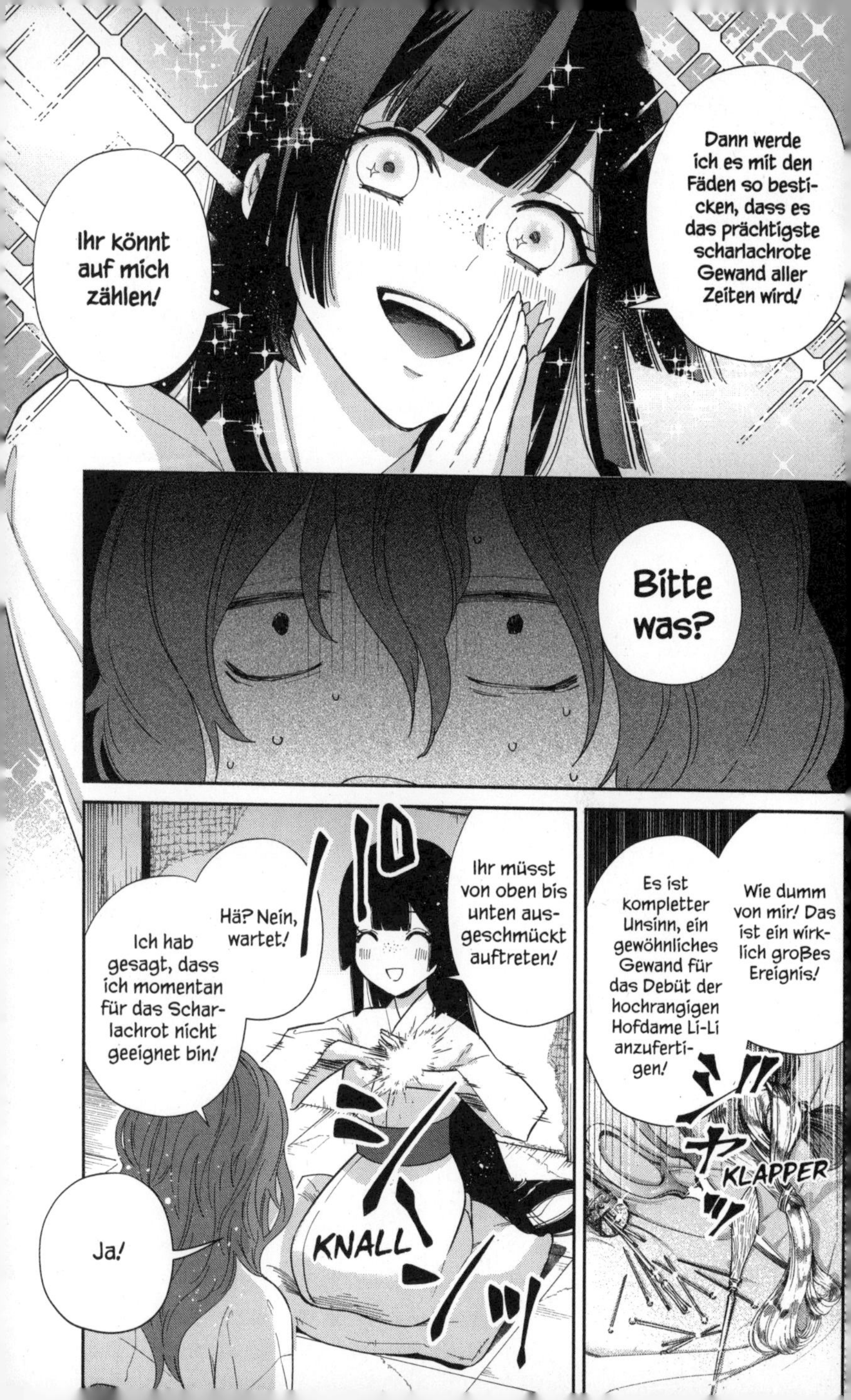
Dann werde ich es mit den Fäden so besticken, dass es das prächtigste scharlachrote Gewand aller Zeiten wird!
Ihr könnt auf mich zählen!
Bitte was?
Wie dumm von mir! Das ist ein wirklich großes Ereignis!
Es ist kompletter Unsinn, ein gewöhnliches Gewand für das Debüt der hochrangigen Hofdame Li-Li anzufertigen!
KLAPPER
Ihr müsst von oben bis unten ausgeschmückt auftreten!
Hä? Nein, wartet!
Ich hab gesagt, dass ich momentan für das Scharlachrot nicht geeignet bin!
KNALL
Ja!

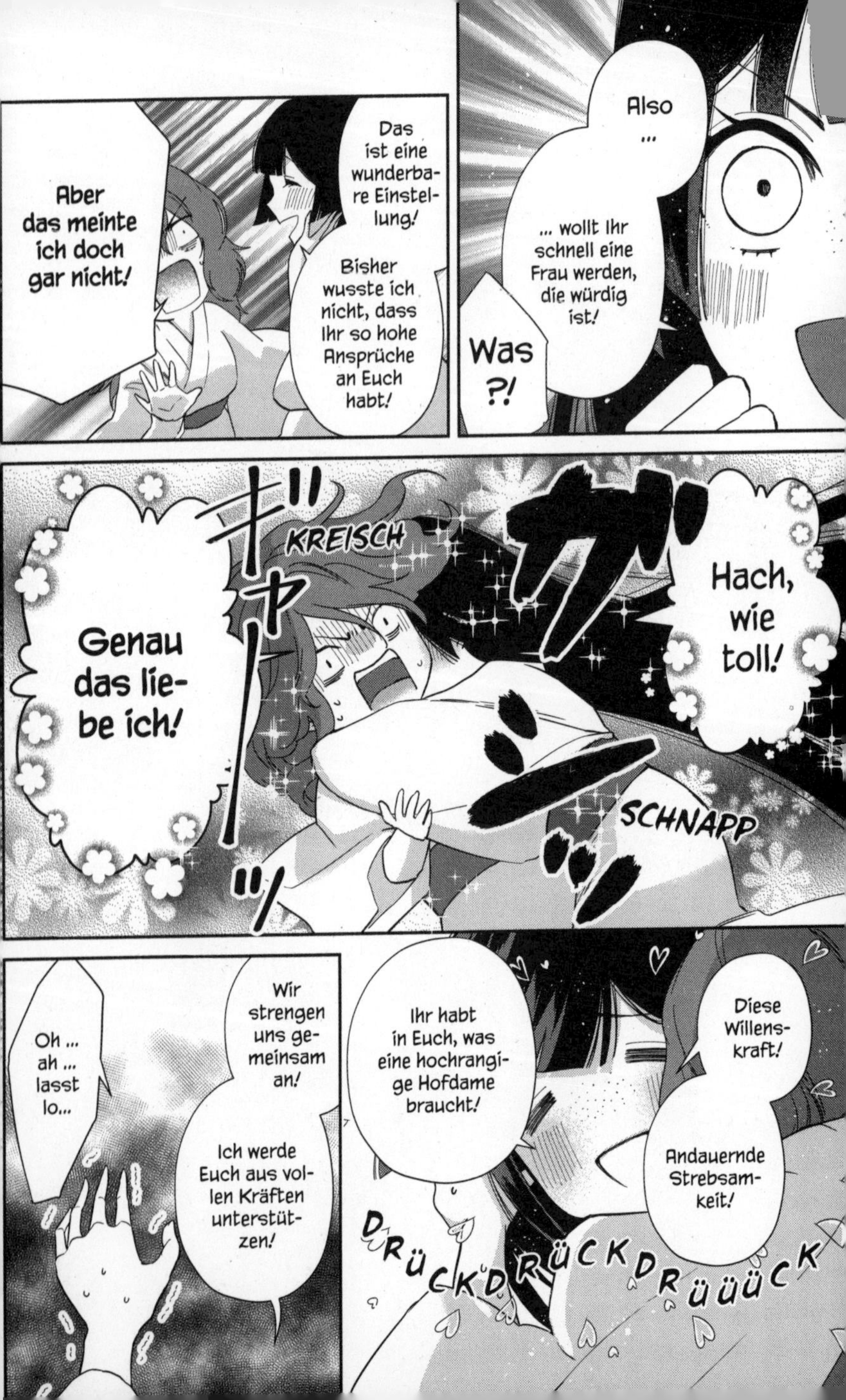
Also ...
... wollt Ihr schnell eine Frau werden, die würdig ist!
Was ?!
Das ist eine wunderbare Einstellung!
Bisher wusste ich nicht, dass Ihr so hohe Ansprüche an Euch habt!
Aber das meinte ich doch gar nicht!
Hach, wie toll!
SCHNAPP
KREISCH
Genau das liebe ich!
Diese Willenskraft!
Andauernde Strebsamkeit!
Ihr habt in Euch, was eine hochrangige Hofdame braucht!
DRÜCK DRÜCK DRÜÜÜCK
Wir strengen uns gemeinsam an!
Ich werde Euch aus vollen Kräften unterstützen!
Oh ... ah ... lasst lo...

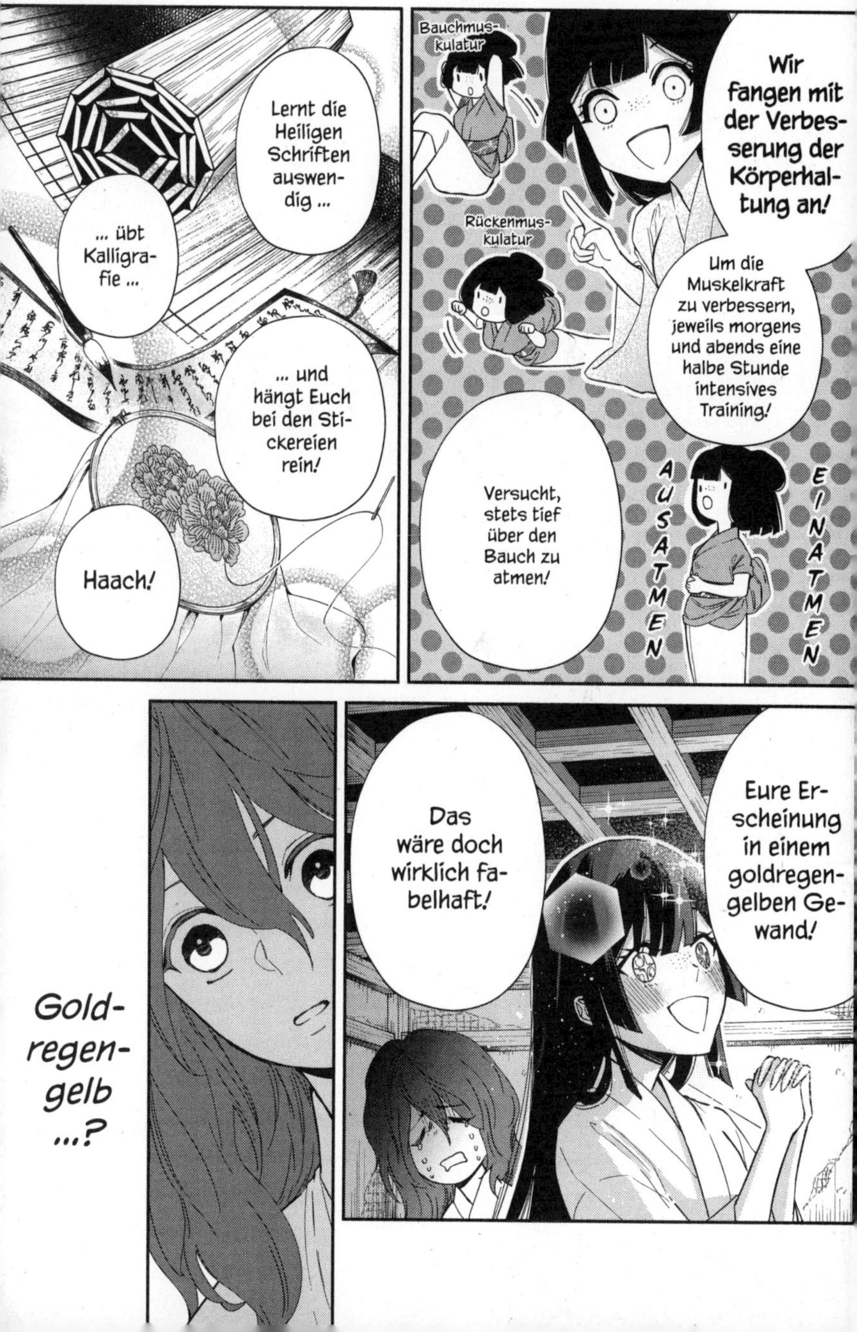

Wir fangen mit der Verbesserung der Körperhaltung an!
Bauchmuskulatur
Rückenmuskulatur
Um die Muskelkraft zu verbessern, jeweils morgens und abends eine halbe Stunde intensives Training!
EINATMEN
AUSATMEN
Versucht, stets tief über den Bauch zu atmen!
Lernt die Heiligen Schriften auswendig ...
... übt Kalligrafie ...
... und hängt Euch bei den Stickereien rein!
Haach!
Eure Erscheinung in einem goldregengelben Gewand!
Das wäre doch wirklich fabelhaft!
Goldregengelb ...?

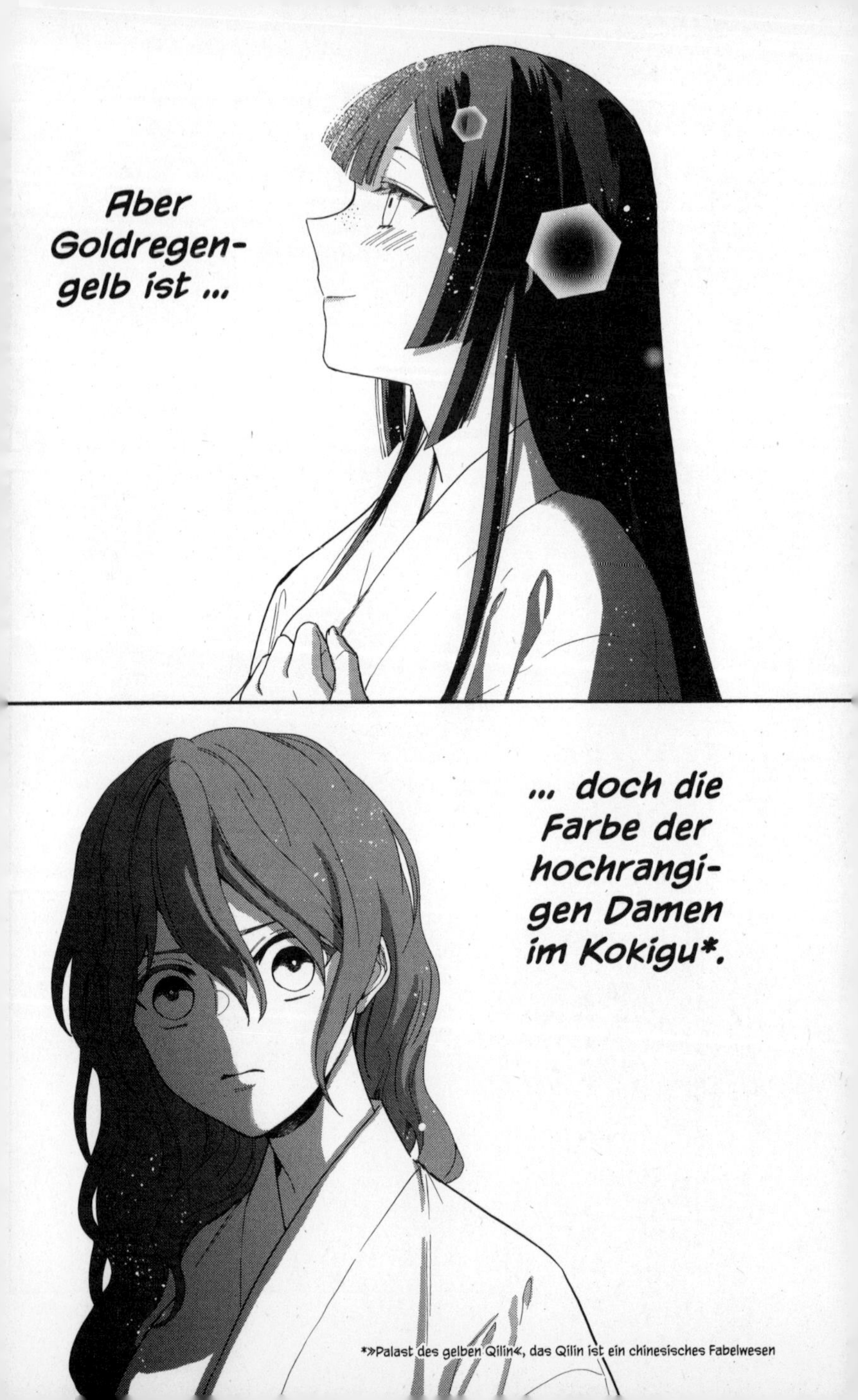

*»Palast des gelben Qilin«, das Qilin ist ein chinesisches Fabelwesen

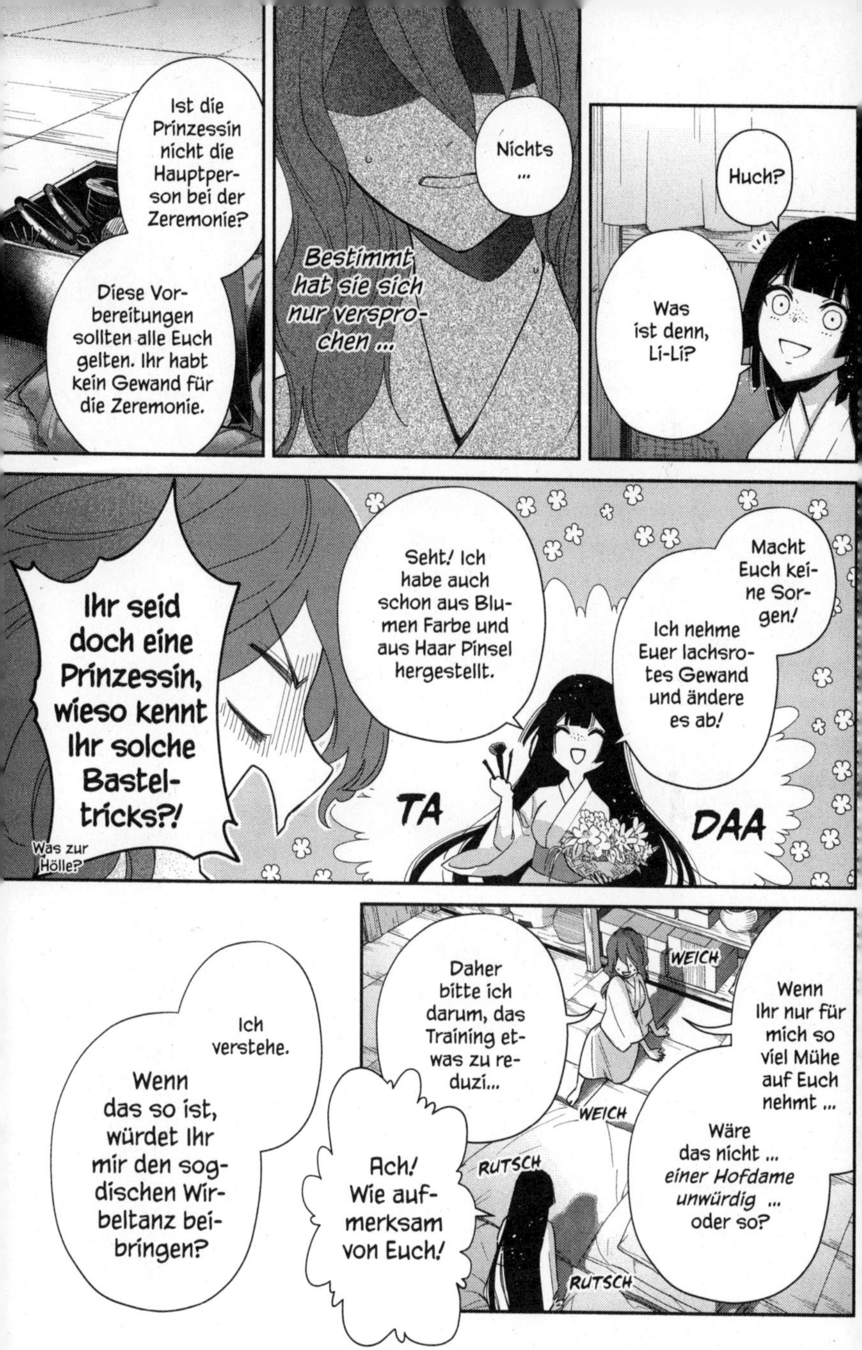
Huch?
Was ist denn, Li-Li?
Nichts ...
Bestimmt hat sie sich nur versprochen ...
Ist die Prinzessin nicht die Hauptperson bei der Zeremonie?
Diese Vorbereitungen sollten alle Euch gelten. Ihr habt kein Gewand für die Zeremonie.
Macht Euch keine Sorgen!
Ich nehme Euer lachsrotes Gewand und ändere es ab!
Seht! Ich habe auch schon aus Blumen Farbe und aus Haar Pinsel hergestellt.
TA
DAA
Ihr seid doch eine Prinzessin, wieso kennt Ihr solche Basteltricks?!
Was zur Hölle?
Wenn Ihr nur für mich so viel Mühe auf Euch nehmt ...
Wäre das nicht ... einer Hofdame unwürdig ... oder so?
WEICH
WEICH
Daher bitte ich darum, das Training etwas zu reduzi...
RUTSCH
RUTSCH
Ach! Wie aufmerksam von Euch!
Ich verstehe.
Wenn das so ist, würdet Ihr mir den sogdischen Wirbeltanz beibringen?

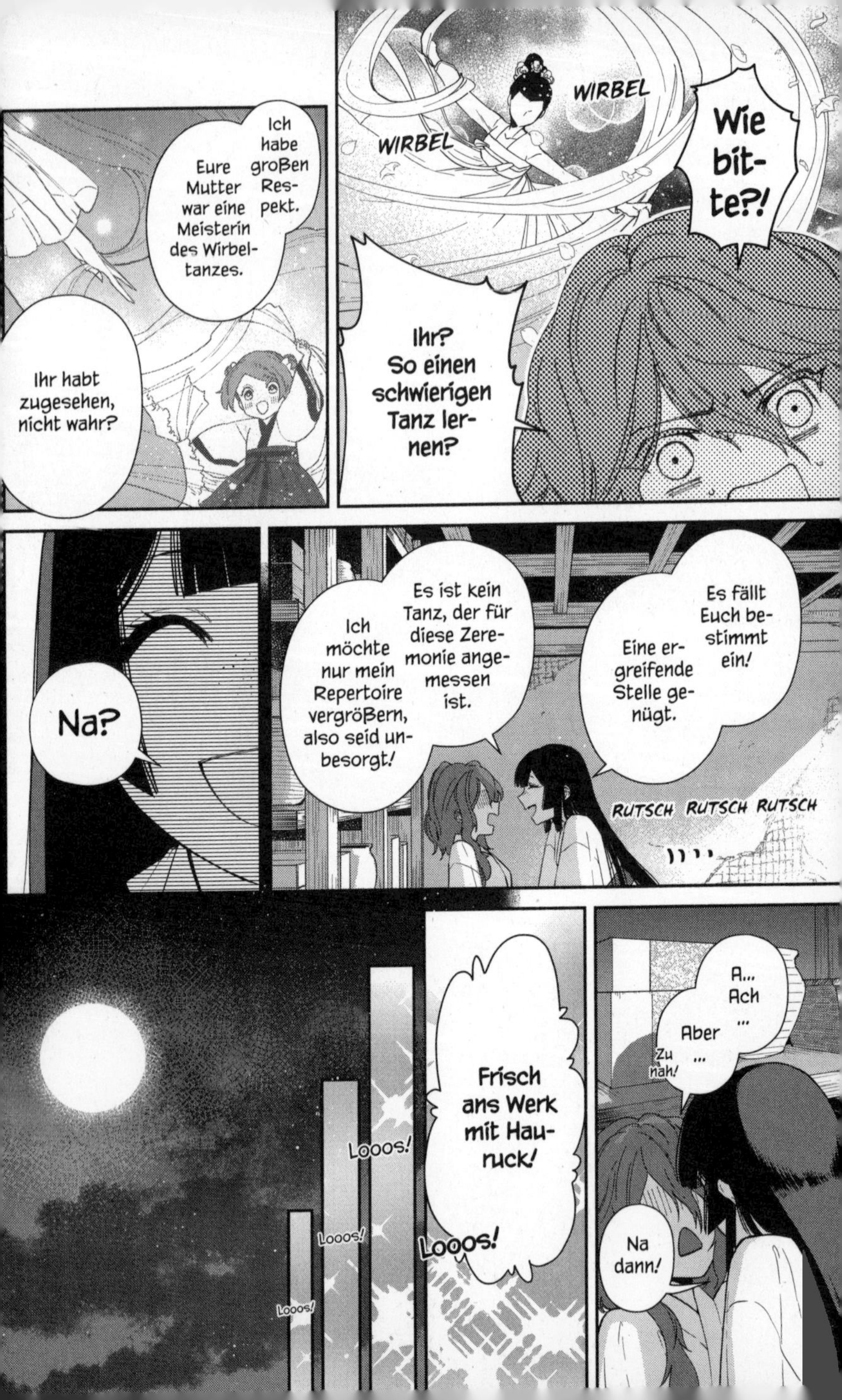

WIRBEL
WIRBEL
Wie bitte?!
Ihr? So einen schwierigen Tanz lernen?
Ich habe großen Respekt.
Eure Mutter war eine Meisterin des Wirbeltanzes.
Ihr habt zugesehen, nicht wahr?
Es fällt Euch bestimmt ein!
Eine ergreifende Stelle genügt.
RUTSCH RUTSCH RUTSCH
Es ist kein Tanz, der für diese Zeremonie angemessen ist.
Ich möchte nur mein Repertoire vergrößern, also seid unbesorgt!
Na?
A... Ach...
Aber...
Zu nah!
Na dann!
Frisch ans Werk mit Hauruck!
Looos!
Looos!
Looos!
Looos!

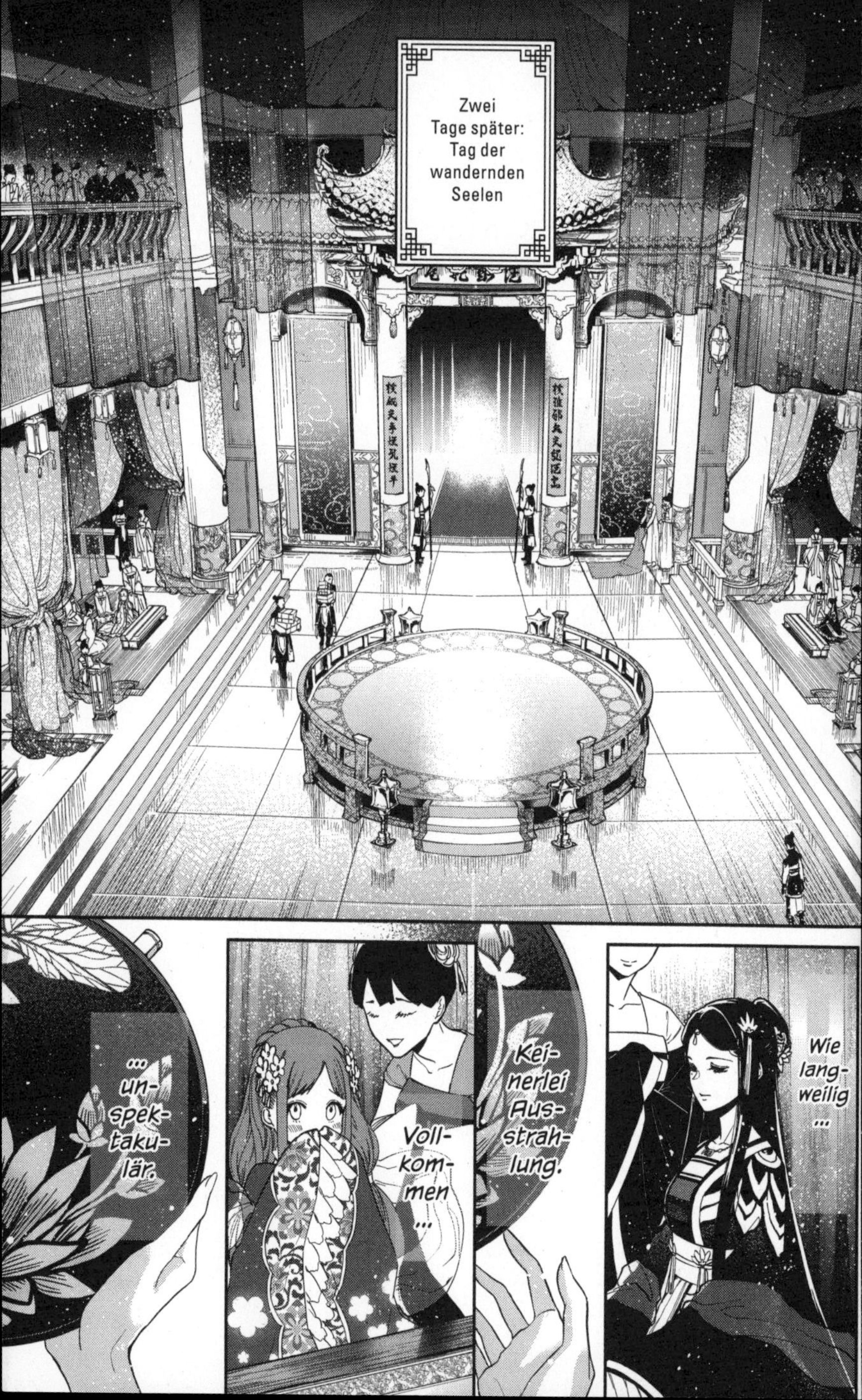
Zwei Tage später: Tag der wandernden Seelen
Wie lang-weilig ...
Kei-nerlei Aus-strah-lung.
Voll-kom-men ...
... un-spek-taku-lär.

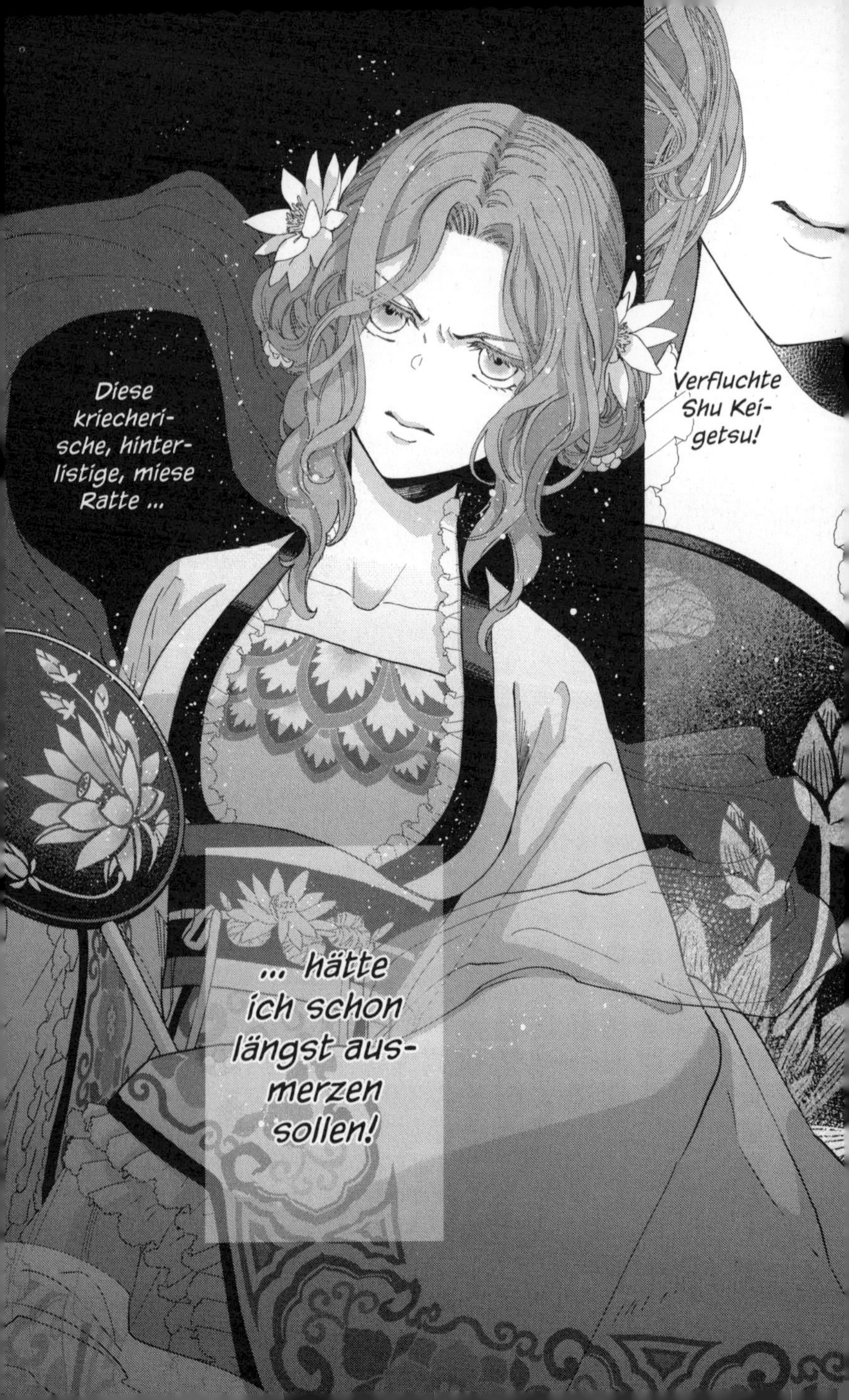
Verfluchte Shu Kei-getsu!
Diese kriecheri-sche, hinter-listige, miese Ratte ...
... hätte ich schon längst aus-merzen sollen!

Though I am an Inept Villainess

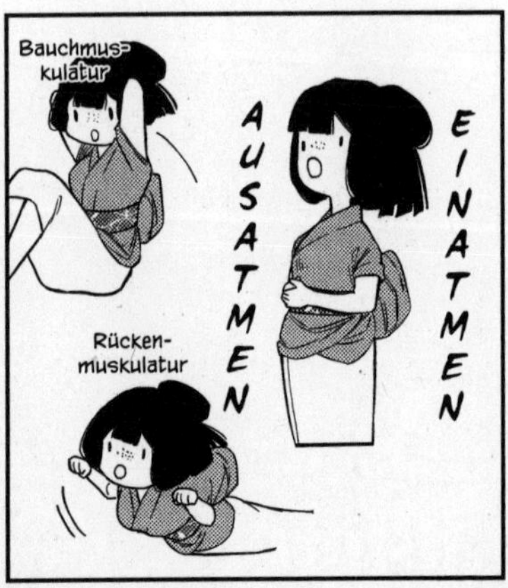
EINATMEN
AUSATMEN
Bauchmuskulatur
Rückenmuskulatur

Kapitel 8

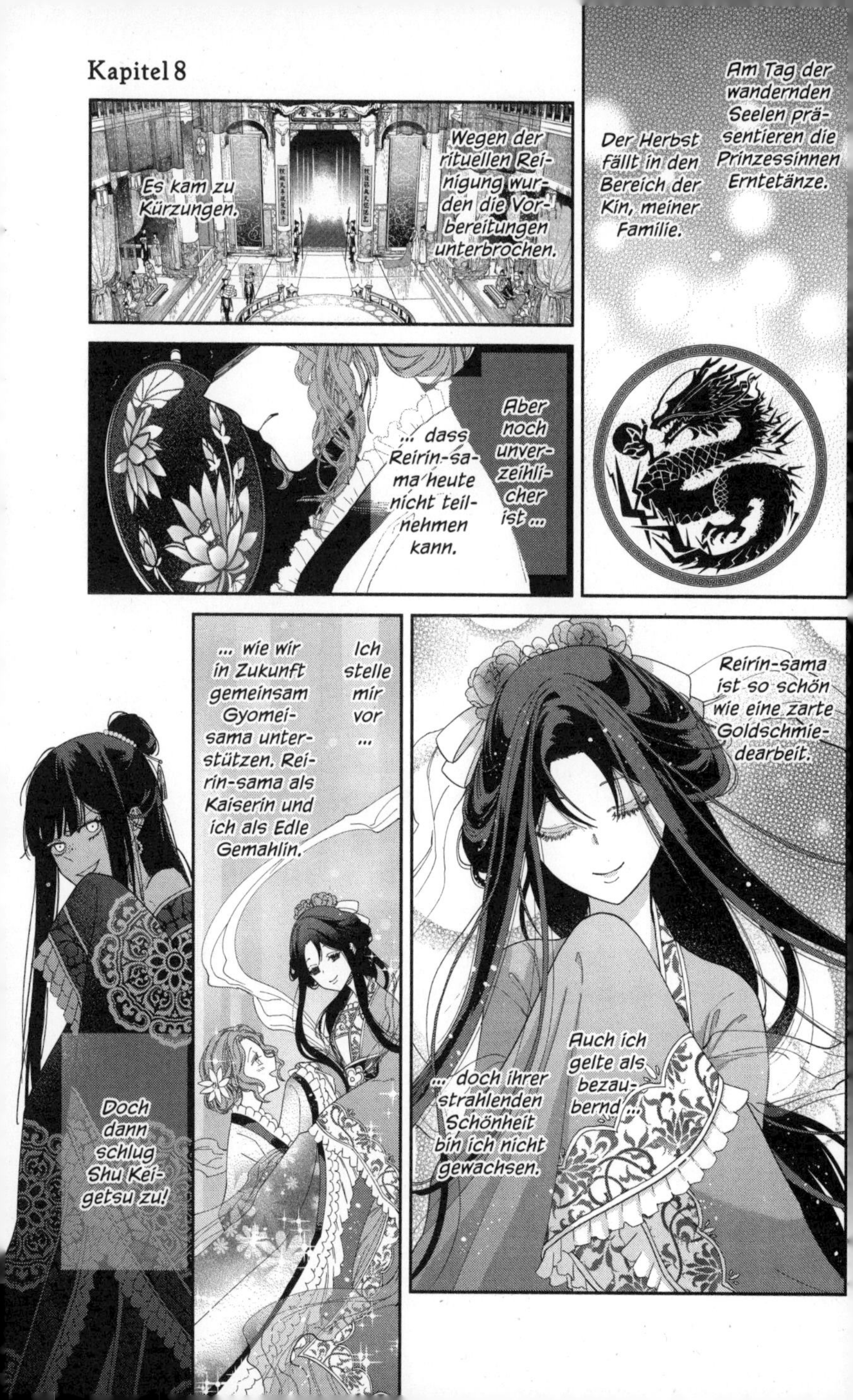

Am Tag der wandernden Seelen präsentieren die Prinzessinnen Erntetänze.
Der Herbst fällt in den Bereich der Kin, meiner Familie.
Wegen der rituellen Reinigung wurden die Vorbereitungen unterbrochen.
Es kam zu Kürzungen.
Aber noch unverzeihlicher ist ...
... dass Reirin-sama heute nicht teilnehmen kann.
Reirin-sama ist so schön wie eine zarte Goldschmiedearbeit.
Auch ich gelte als bezaubernd ...
... doch ihrer strahlenden Schönheit bin ich nicht gewachsen.
Ich stelle mir vor ...
... wie wir in Zukunft gemeinsam Gyomei-sama unterstützen. Reirin-sama als Kaiserin und ich als Edle Gemahlin.
Doch dann schlug Shu Keigetsu zu!

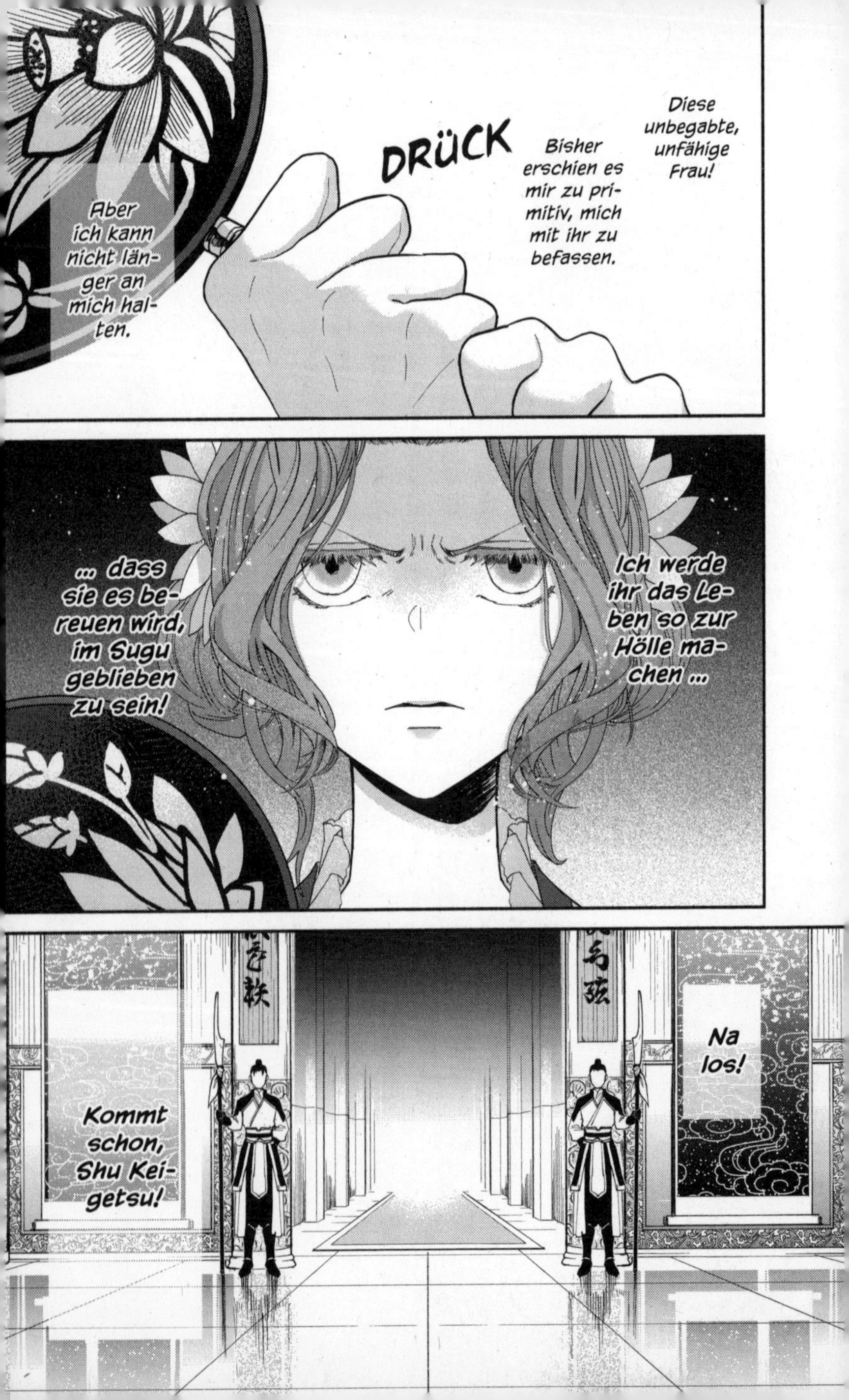
Diese unbegabte, unfähige Frau!
Bisher erschien es mir zu primitiv, mich mit ihr zu befassen.
DRÜCK
Aber ich kann nicht länger an mich halten.
Ich werde ihr das Leben so zur Hölle machen ...
... dass sie es bereuen wird, im Sugu geblieben zu sein!
Na los!
Kommt schon, Shu Keigetsu!

Kapitel 8 Reirins Tanz

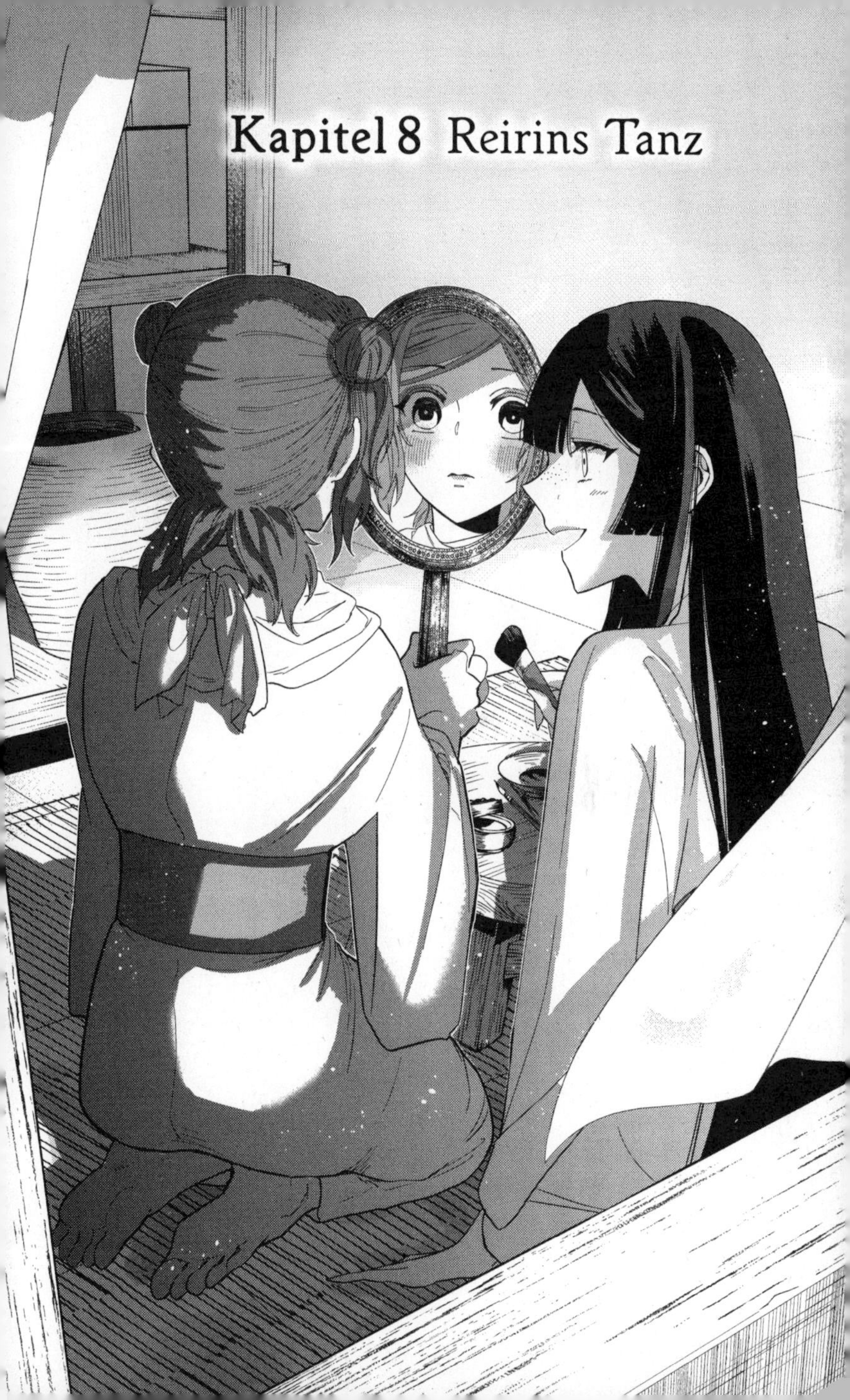

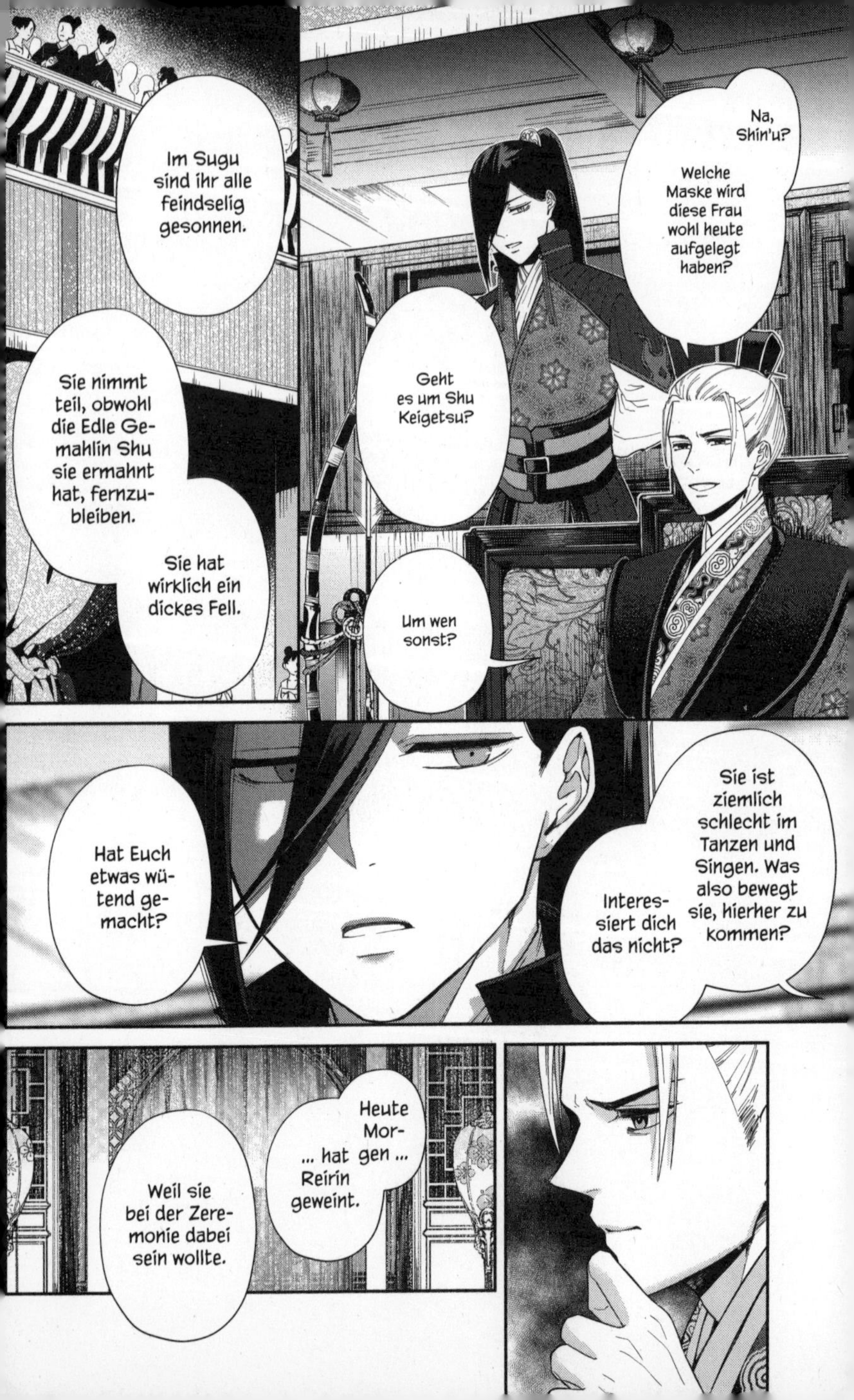
Na, Shin'u?
Welche Maske wird diese Frau wohl heute aufgelegt haben?
Geht es um Shu Keigetsu?
Um wen sonst?
Im Sugu sind ihr alle feindselig gesonnen.
Sie nimmt teil, obwohl die Edle Gemahlin Shu sie ermahnt hat, fernzubleiben.
Sie hat wirklich ein dickes Fell.
Sie ist ziemlich schlecht im Tanzen und Singen. Was also bewegt sie, hierher zu kommen?
Interessiert dich das nicht?
Hat Euch etwas wütend gemacht?
Heute Morgen ... ... hat Reirin geweint.
Weil sie bei der Zeremonie dabei sein wollte.

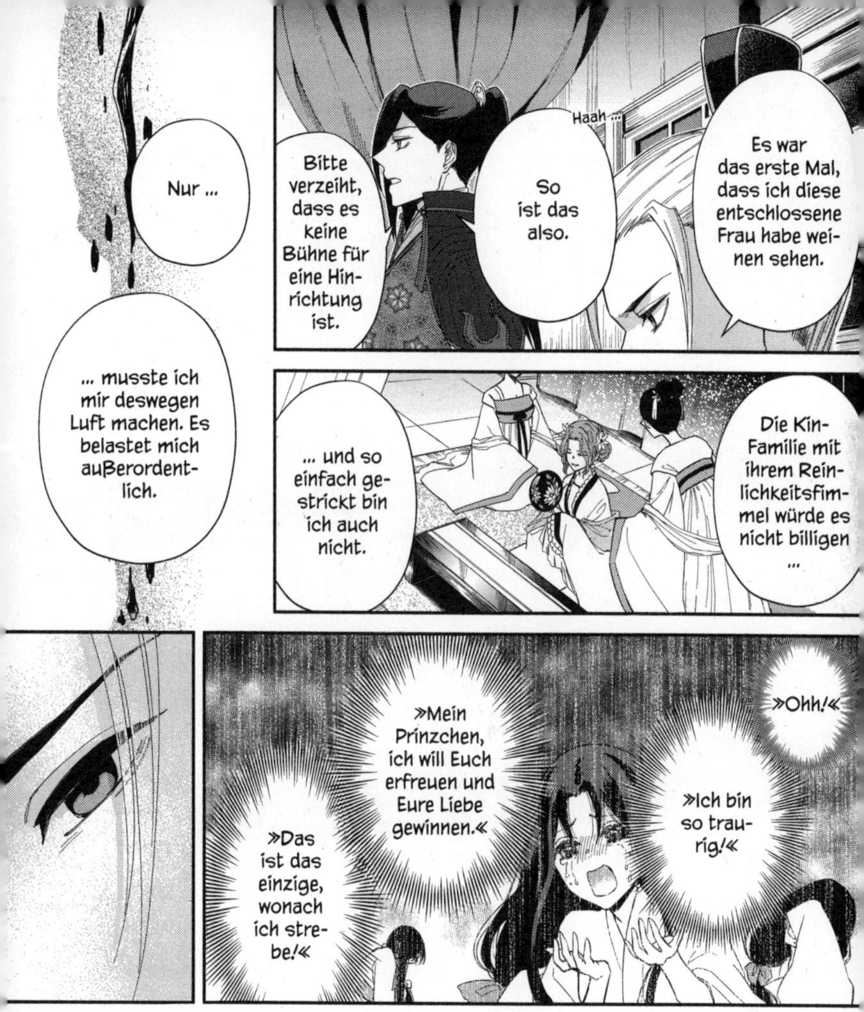

War das wirklich die Kou Reirin, die ich liebe?

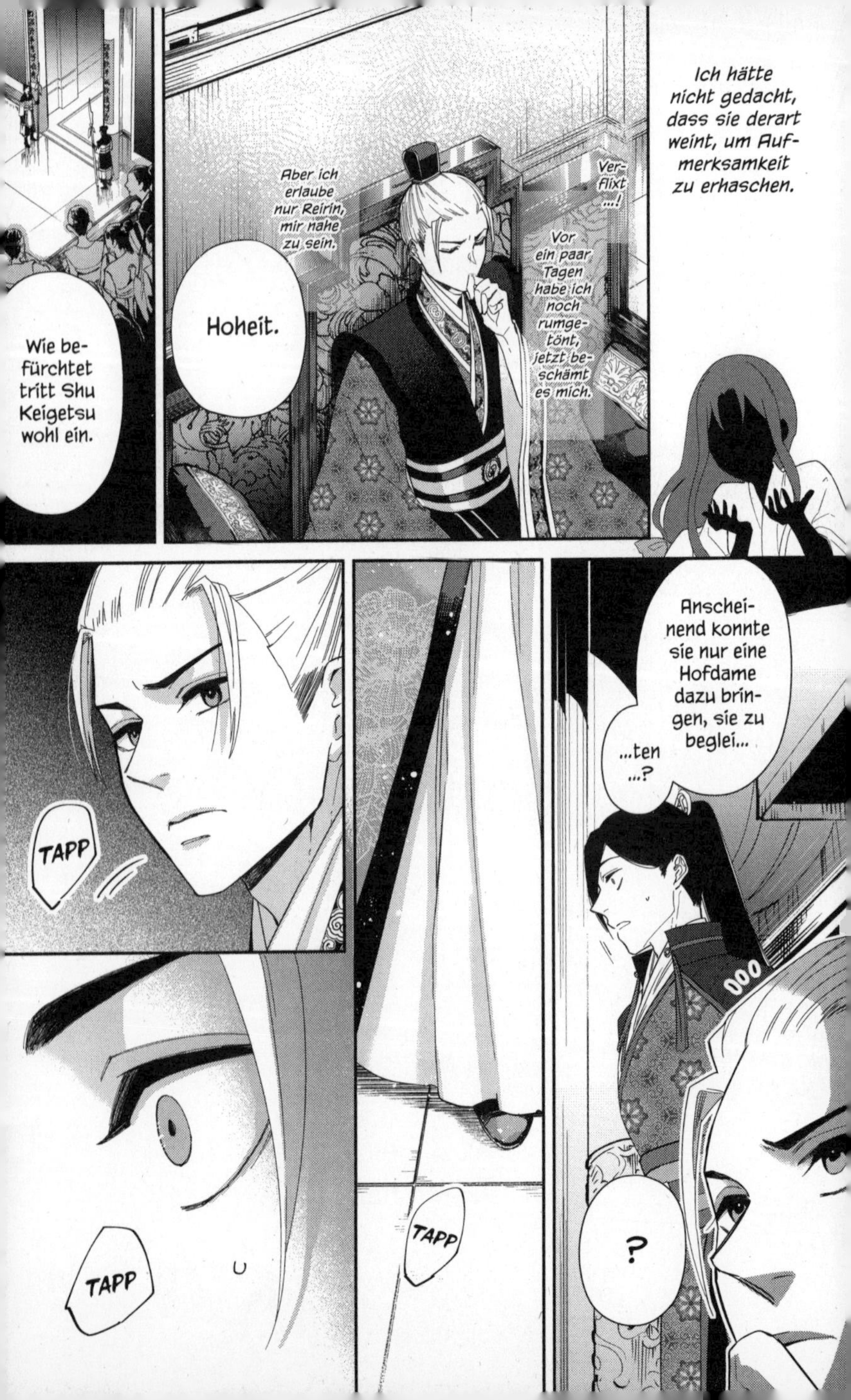

Ich hätte nicht gedacht, dass sie derart weint, um Aufmerksamkeit zu erhaschen.
Verflixt ...!
Vor ein paar Tagen habe ich noch rumgetönt, jetzt beschämt es mich.
Aber ich erlaube nur Reirin, mir nahe zu sein.
Hoheit.
Wie befürchtet tritt Shu Keigetsu wohl ein.
Anscheinend konnte sie nur eine Hofdame dazu bringen, sie zu beglei...
...ten ...?
TAPP
TAPP
?
TAPP

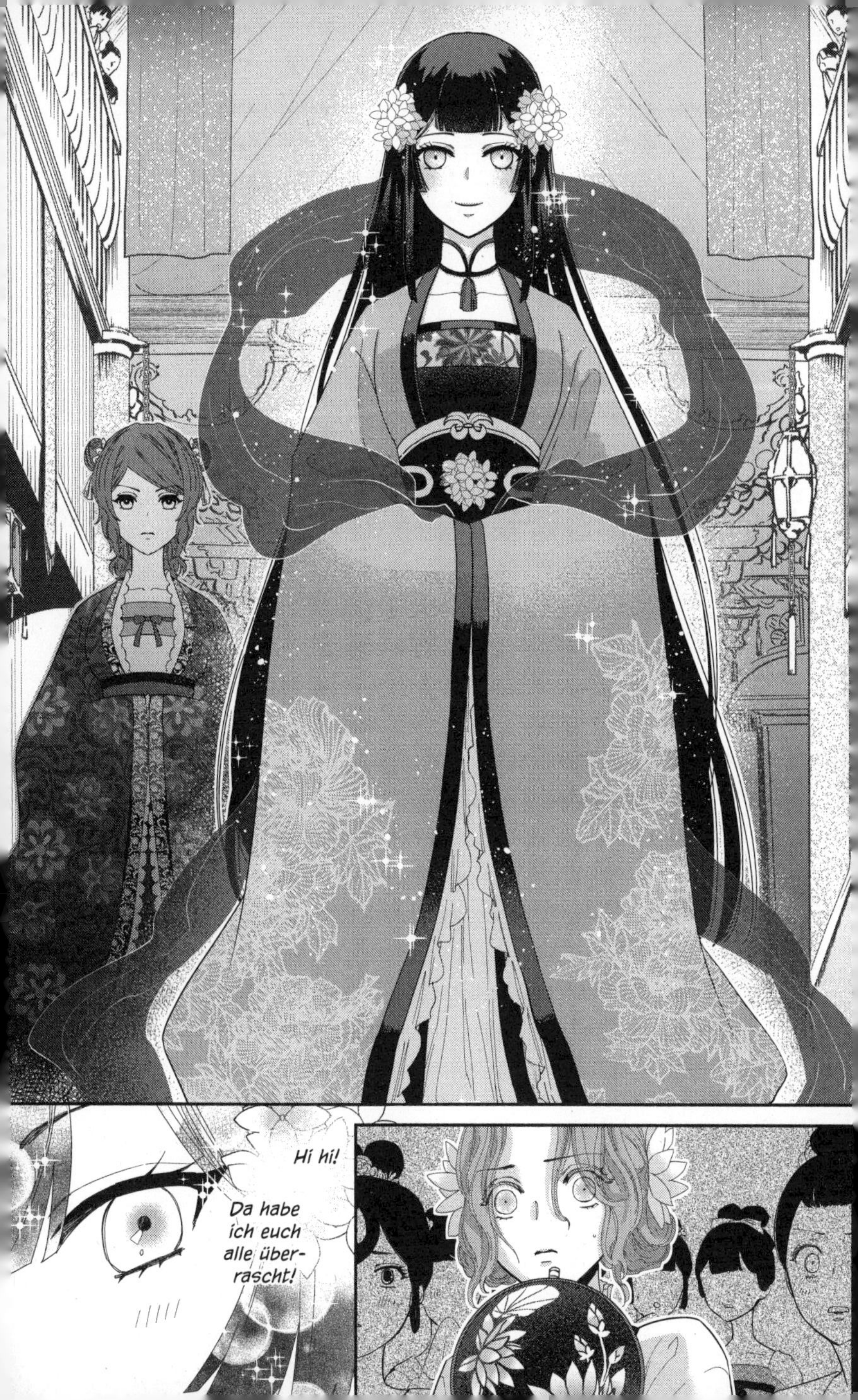
Hi hi!
Da habe ich euch alle überrascht!

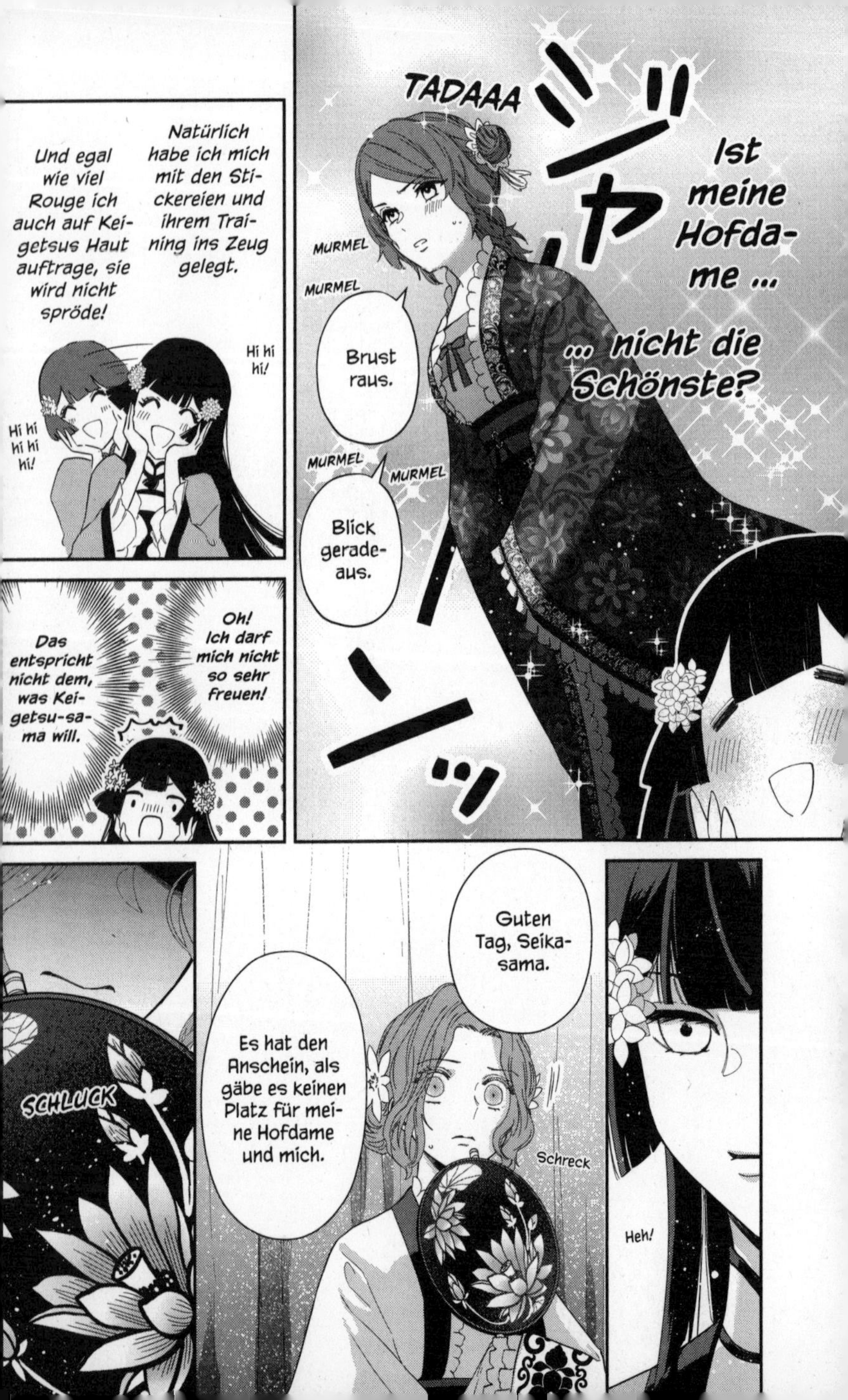

TADAAA
Ist meine Hofdame ...
... nicht die Schönste?
MURMEL
MURMEL
Brust raus.
MURMEL
MURMEL
Blick geradeaus.
Natürlich habe ich mich mit den Stickereien und ihrem Training ins Zeug gelegt.
Und egal wie viel Rouge ich auch auf Keigetsus Haut auftrage, sie wird nicht spröde!
Hi hi hi!
Hi hi hi hi hi!
Oh! Ich darf mich nicht so sehr freuen!
Das entspricht nicht dem, was Keigetsu-sama will.
Guten Tag, Seika-sama.
Heh!
Schreck
Es hat den Anschein, als gäbe es keinen Platz für meine Hofdame und mich.
SCHLUCK

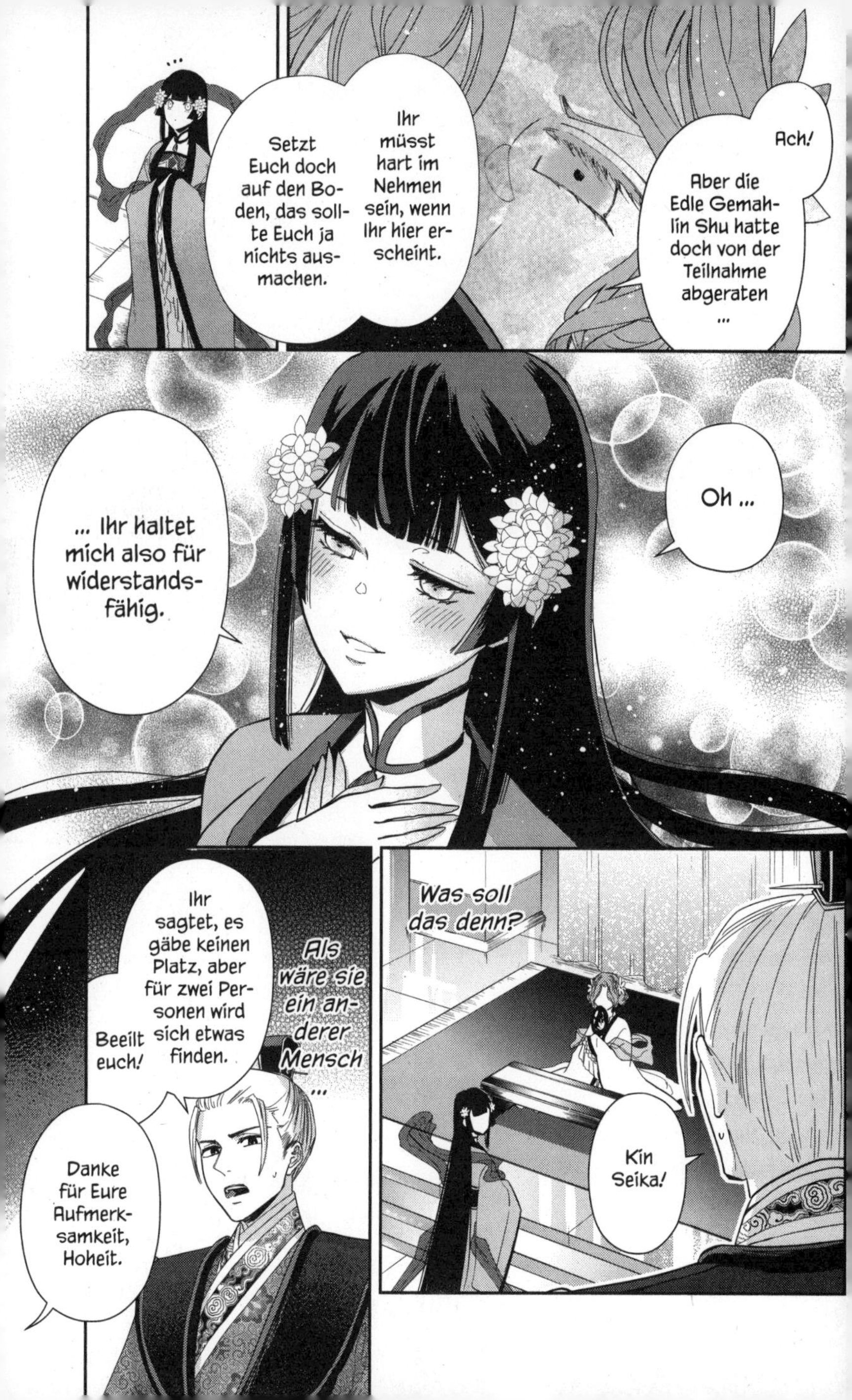

Ach!
Aber die Edle Gemahlin Shu hatte doch von der Teilnahme abgeraten ...
Ihr müsst hart im Nehmen sein, wenn Ihr hier erscheint.
Setzt Euch doch auf den Boden, das sollte Euch ja nichts ausmachen.
...
Oh ...
... Ihr haltet mich also für widerstandsfähig.
Was soll das denn?
Kin Seika!
Als wäre sie ein anderer Mensch ...
Ihr sagtet, es gäbe keinen Platz, aber für zwei Personen wird sich etwas finden.
Beeilt euch!
Danke für Eure Aufmerksamkeit, Hoheit.

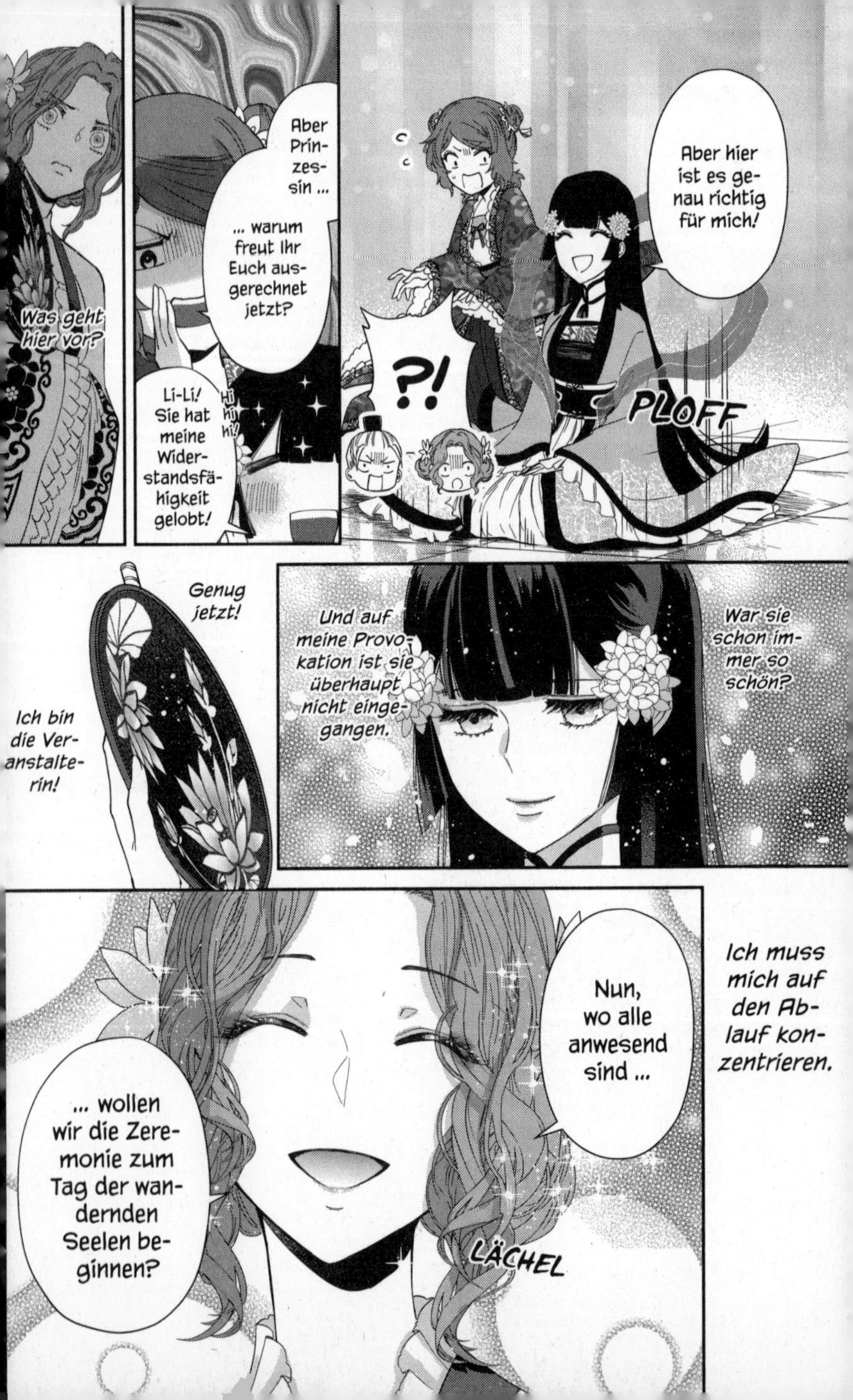
Aber hier ist es genau richtig für mich!
?!
PLOFF
Aber Prinzessin ...
... warum freut Ihr Euch ausgerechnet jetzt?
Li-Li! Sie hat meine Widerstandsfähigkeit gelobt!
Hi hi hi!
Was geht hier vor?
War sie schon immer so schön?
Und auf meine Provokation ist sie überhaupt nicht eingegangen.
Genug jetzt!
Ich bin die Veranstalterin!
Ich muss mich auf den Ablauf konzentrieren.
Nun, wo alle anwesend sind ...
... wollen wir die Zeremonie zum Tag der wandernden Seelen beginnen?
LÄCHEL

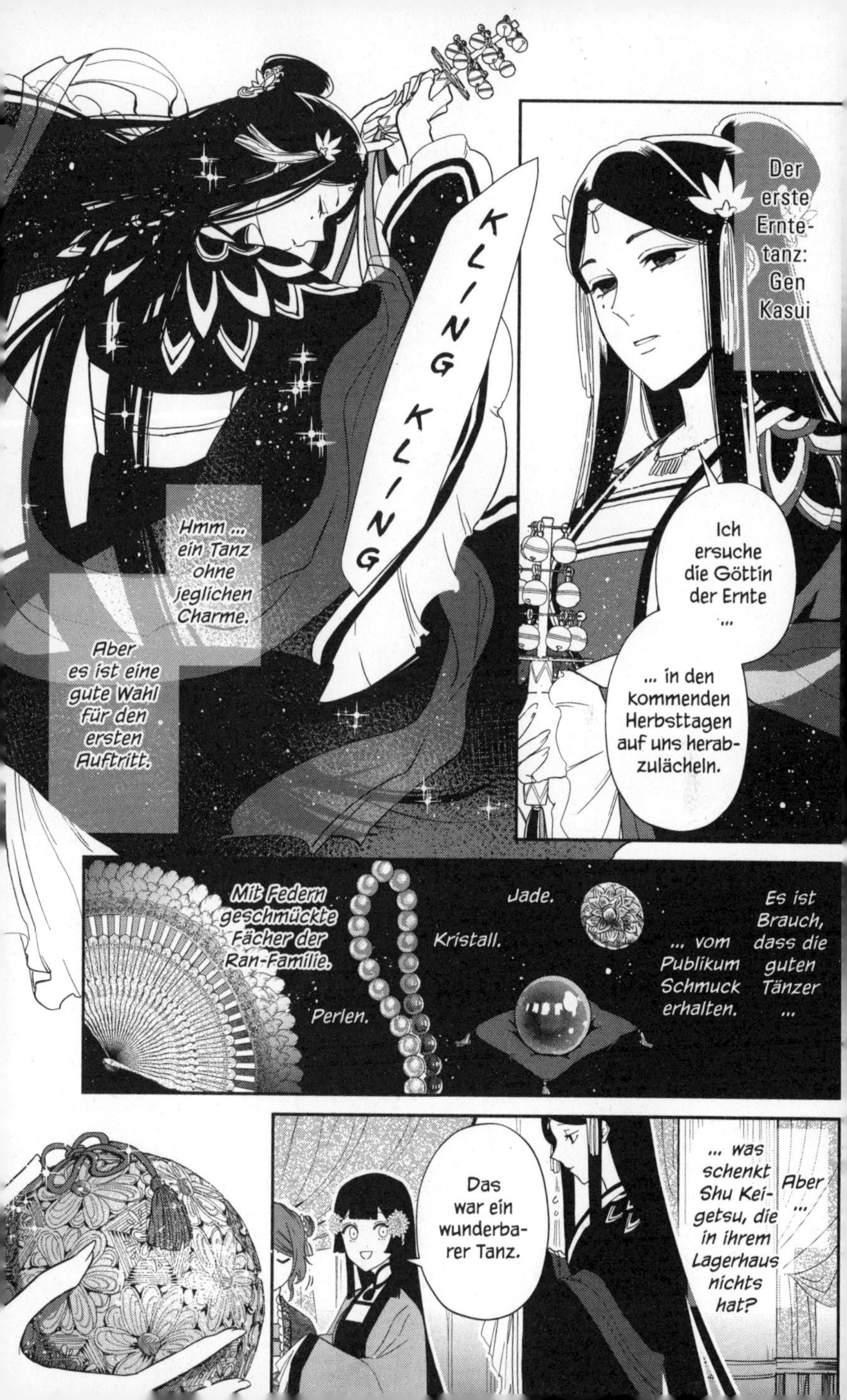
Der erste Erntetanz: Gen Kasui
Ich ersuche die Göttin der Ernte ...
... in den kommenden Herbsttagen auf uns herabzulächeln.
KLING KLING
Hmm ... ein Tanz ohne jeglichen Charme.
Aber es ist eine gute Wahl für den ersten Auftritt.
Es ist Brauch, dass die guten Tänzer ...
... vom Publikum Schmuck erhalten.
Jade.
Kristall.
Perlen.
Mit Federn geschmückte Fächer der Ran-Familie.
Aber ...
... was schenkt Shu Keigetsu, die in ihrem Lagerhaus nichts hat?
Das war ein wunderbarer Tanz.

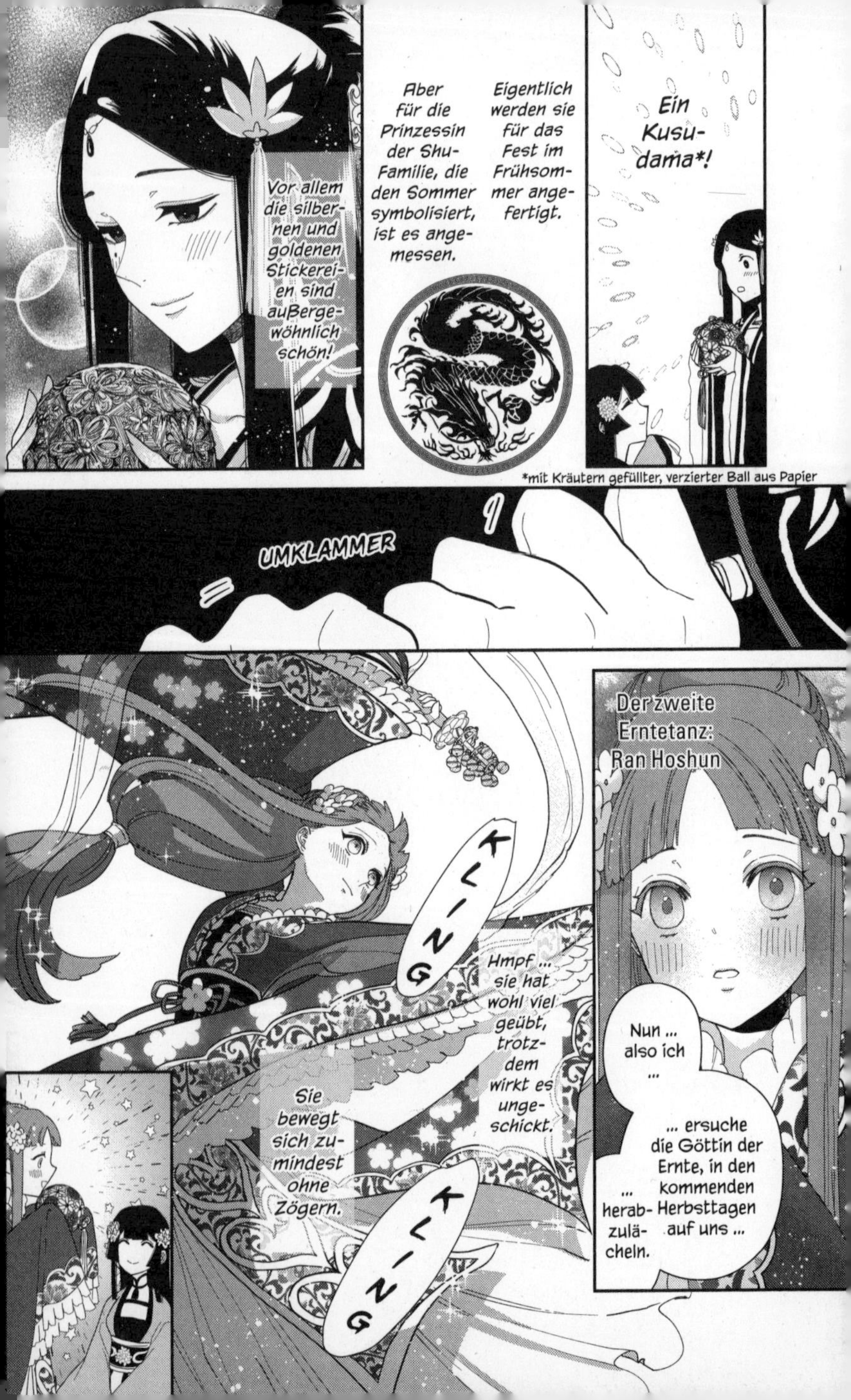
Ein Kusudama*!
Eigentlich werden sie für das Fest im Frühsommer angefertigt.
Aber für die Prinzessin der Shu-Familie, die den Sommer symbolisiert, ist es angemessen.
Vor allem die silbernen und goldenen Stickereien sind außergewöhnlich schön!
*mit Kräutern gefüllter, verzierter Ball aus Papier
UMKLAMMER
Der zweite Erntetanz: Ran Hoshun
Nun ... also ich ...
... ersuche die Göttin der Ernte, in den kommenden Herbsttagen auf uns ...
... herabzulächeln.
KLING
Hmpf ... sie hat wohl viel geübt, trotzdem wirkt es ungeschickt.
Sie bewegt sich zumindest ohne Zögern.
KLING

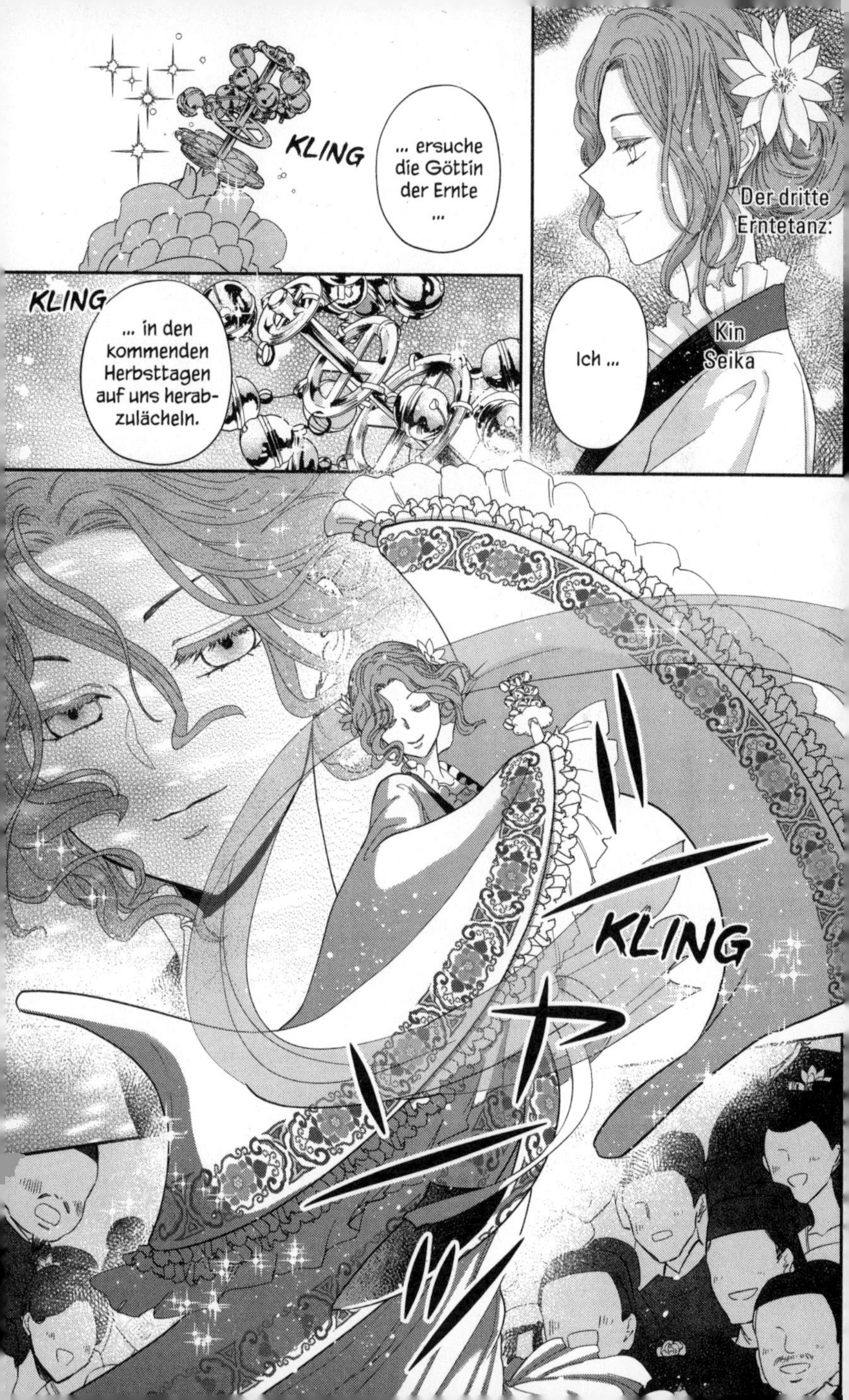
Der dritte Erntetanz:
Kin Seika
Ich ...
KLING
... ersuche die Göttin der Ernte ...
KLING
... in den kommenden Herbsttagen auf uns herabzulächeln.
KLING

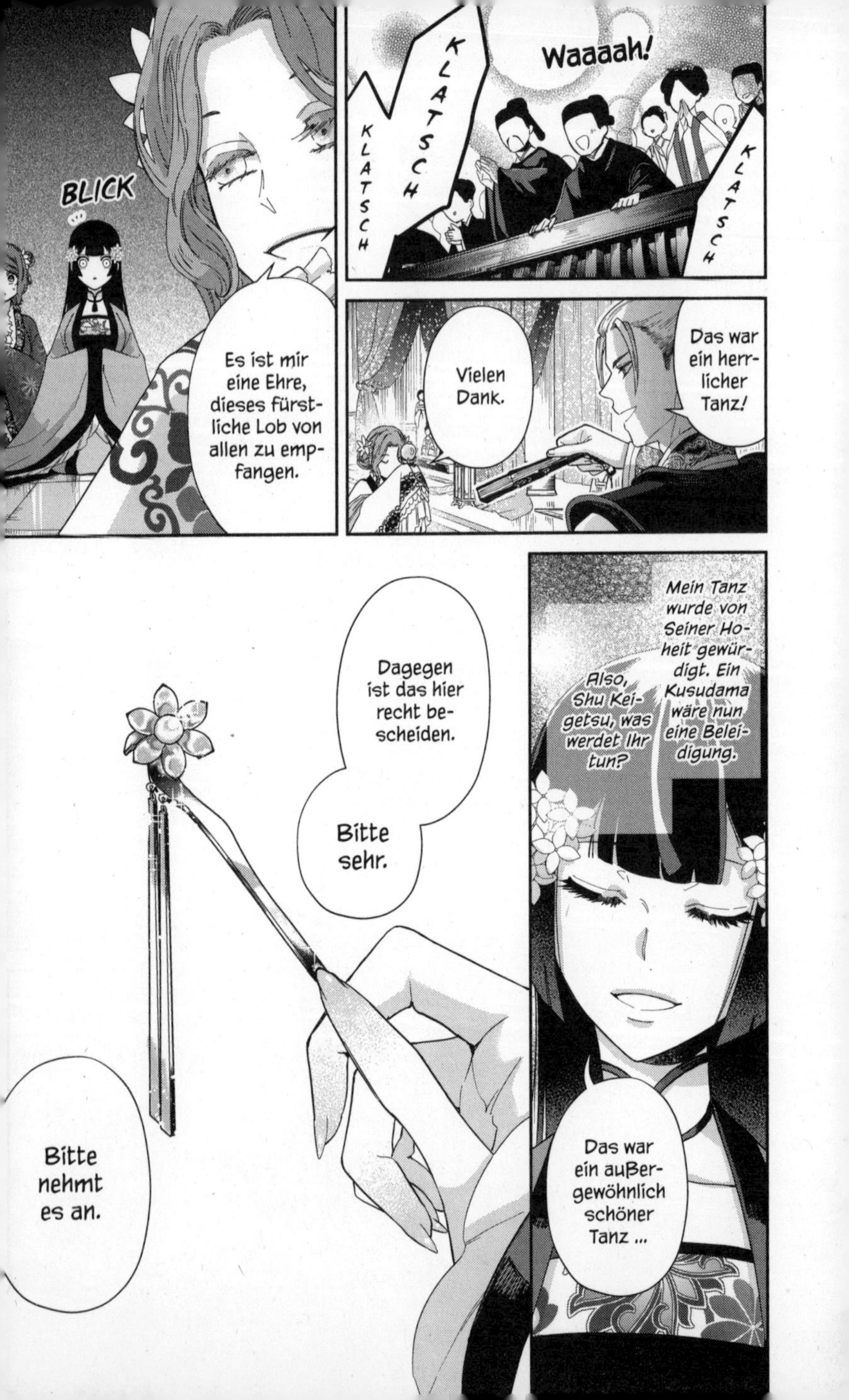
Waaaah!
KLATSCH KLATSCH
KLATSCH
KLATSCH
BLICK
Es ist mir eine Ehre, dieses fürstliche Lob von allen zu empfangen.
Das war ein herrlicher Tanz!
Vielen Dank.
Mein Tanz wurde von Seiner Hoheit gewürdigt. Ein Kusudama wäre nun eine Beleidigung.
Also, Shu Keigetsu, was werdet Ihr tun?
Das war ein außergewöhnlich schöner Tanz ...
Dagegen ist das hier recht bescheiden.
Bitte sehr.
Bitte nehmt es an.

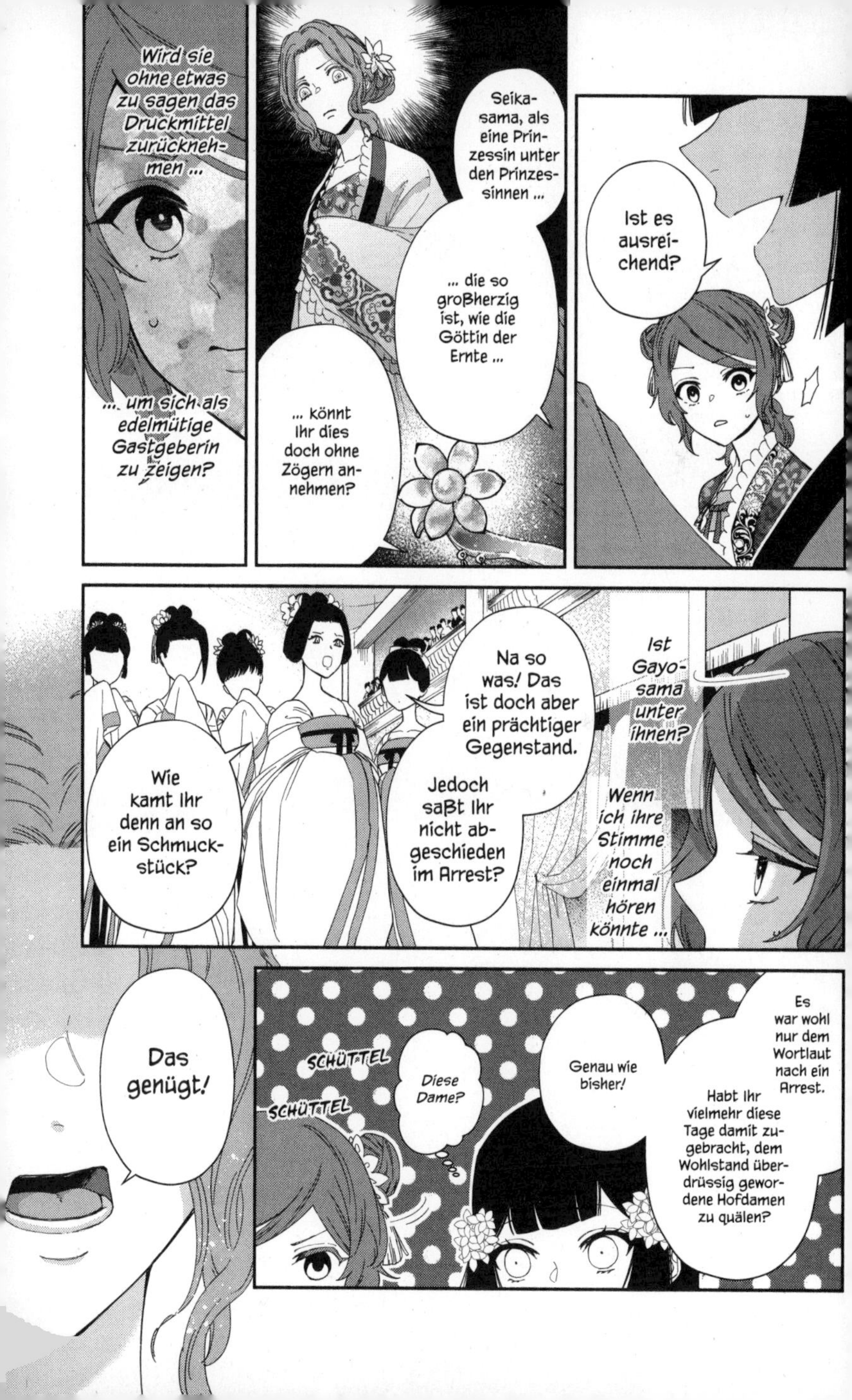
Ist es ausreichend?
Seika-sama, als eine Prinzessin unter den Prinzessinnen ...
... die so großherzig ist, wie die Göttin der Ernte ...
... könnt Ihr dies doch ohne Zögern annehmen?
Wird sie ohne etwas zu sagen das Druckmittel zurücknehmen ...
... um sich als edelmütige Gastgeberin zu zeigen?
Ist Gayo-sama unter ihnen?
Wenn ich ihre Stimme noch einmal hören könnte ...
Na so was! Das ist doch aber ein prächtiger Gegenstand.
Jedoch saßt Ihr nicht abgeschieden im Arrest?
Wie kamt Ihr denn an so ein Schmuckstück?
Es war wohl nur dem Wortlaut nach ein Arrest.
Habt Ihr vielmehr diese Tage damit zugebracht, dem Wohlstand überdrüssig gewordene Hofdamen zu quälen?
Genau wie bisher!
Diese Dame?
SCHÜTTEL
SCHÜTTEL
Das genügt!

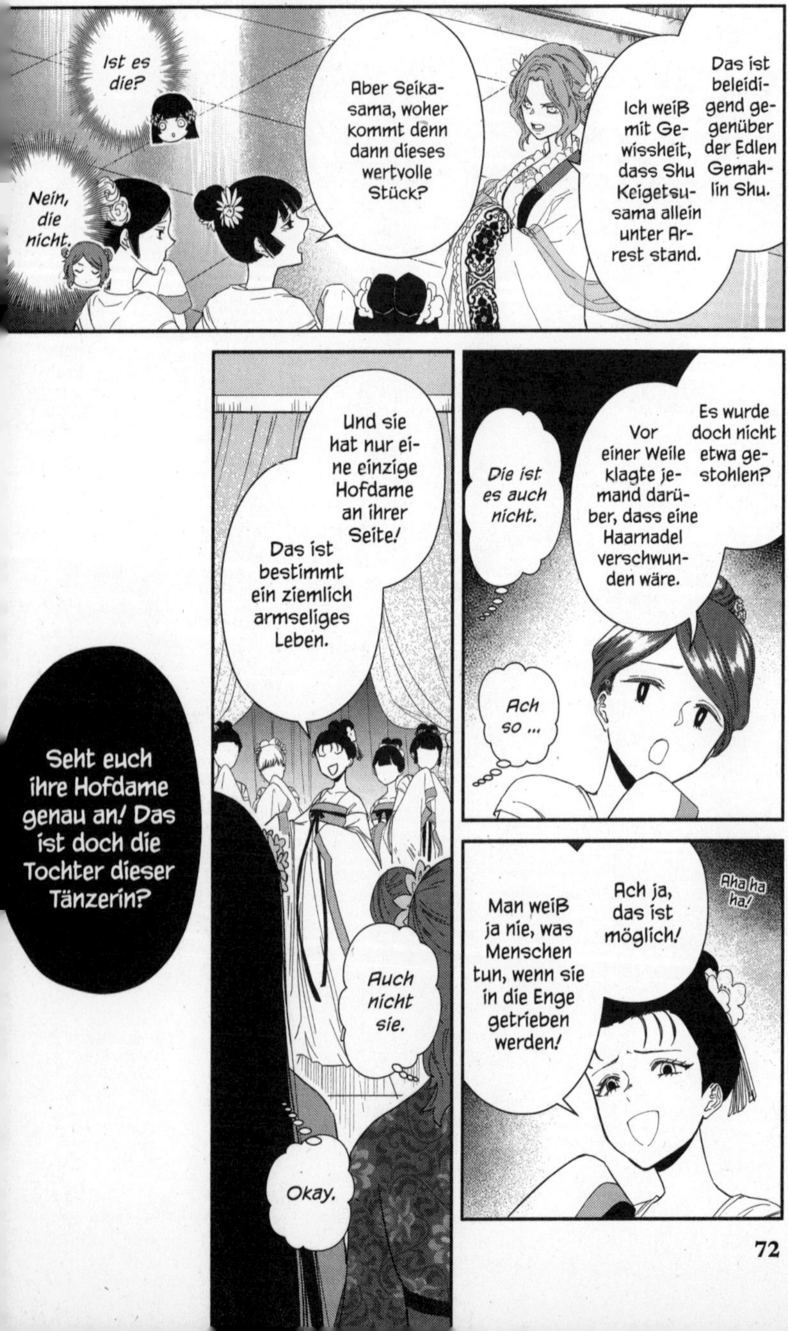
Das ist beleidigend gegenüber der Edlen Gemahlin Shu.
Ich weiß mit Gewissheit, dass Shu Keigetsu-sama allein unter Arrest stand.
Aber Seika-sama, woher kommt denn dann dieses wertvolle Stück?
Ist es die?
Nein, die nicht.
Es wurde doch nicht etwa gestohlen?
Vor einer Weile klagte jemand darüber, dass eine Haarnadel verschwunden wäre.
Die ist es auch nicht.
Ach so ...
Und sie hat nur eine einzige Hofdame an ihrer Seite!
Das ist bestimmt ein ziemlich armseliges Leben.
Ach ja, das ist möglich!
Aha ha ha!
Man weiß ja nie, was Menschen tun, wenn sie in die Enge getrieben werden!
Auch nicht sie.
Okay.
Seht euch ihre Hofdame genau an! Das ist doch die Tochter dieser Tänzerin?

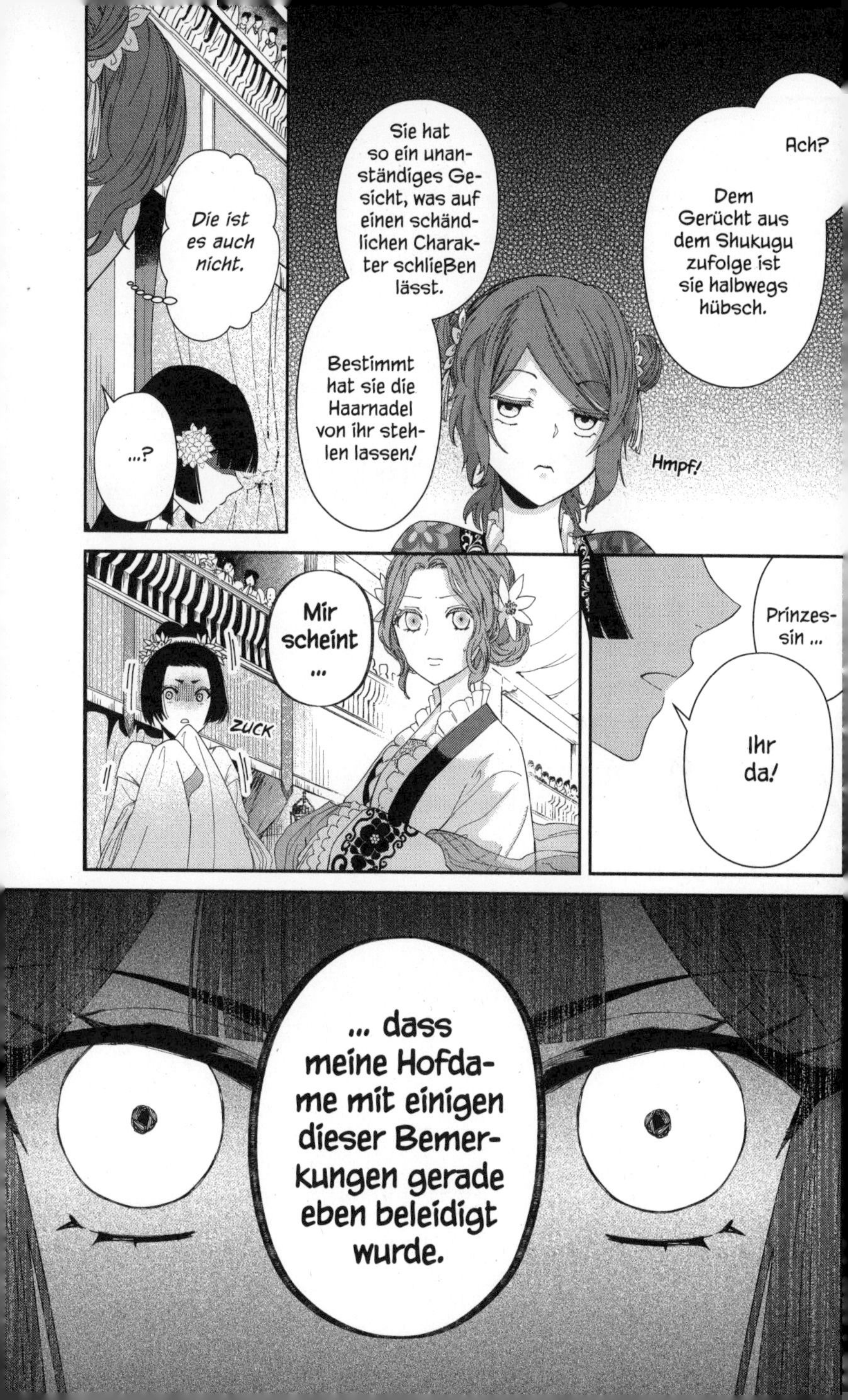
Ach?
Dem Gerücht aus dem Shukugu zufolge ist sie halbwegs hübsch.
Hmpf!
Sie hat so ein unanständiges Gesicht, was auf einen schändlichen Charakter schließen lässt.
Bestimmt hat sie die Haarnadel von ihr stehlen lassen!
Die ist es auch nicht.
...?
Prinzessin ...
Ihr da!
Mir scheint ...
ZUCK
... dass meine Hofdame mit einigen dieser Bemerkungen gerade eben beleidigt wurde.

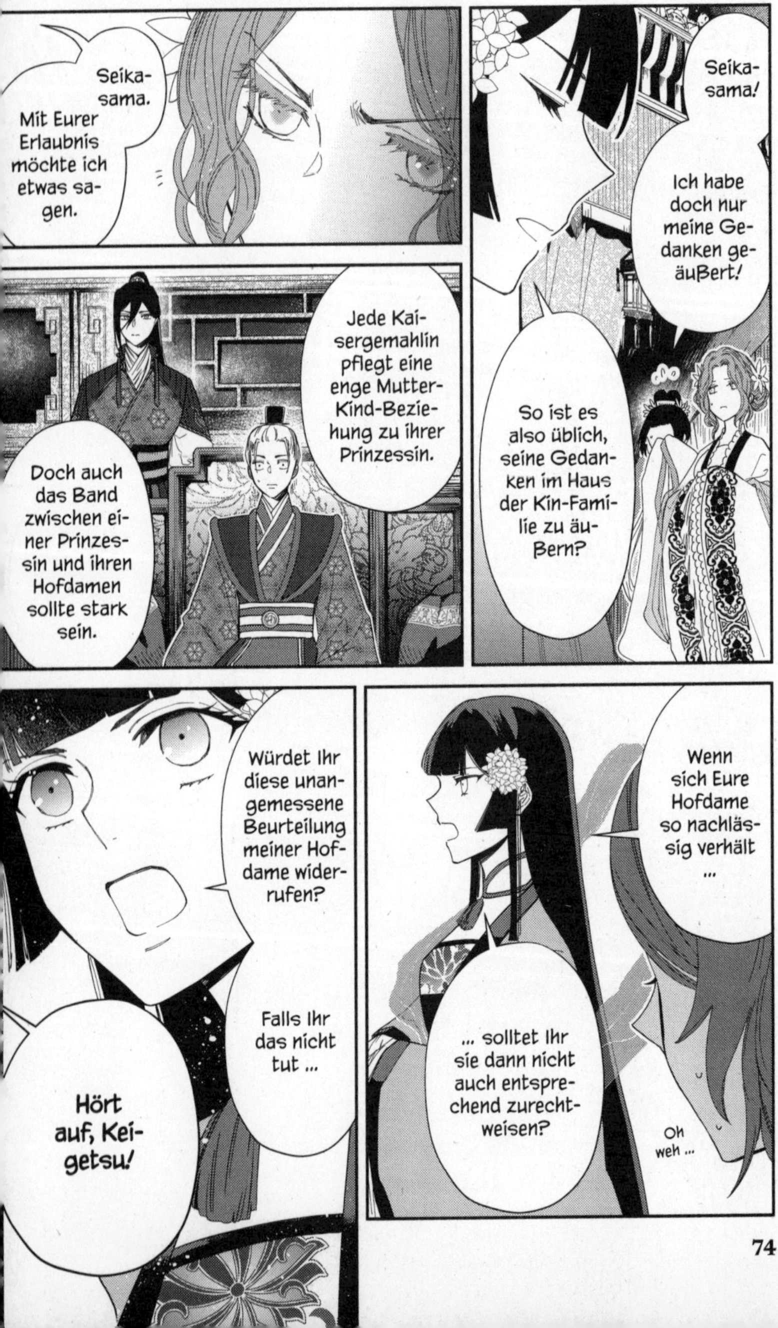

Seika-sama!
Ich habe doch nur meine Gedanken geäußert!
So ist es also üblich, seine Gedanken im Haus der Kin-Familie zu äußern?
Seika-sama. Mit Eurer Erlaubnis möchte ich etwas sagen.
Jede Kaisergemahlin pflegt eine enge Mutter-Kind-Beziehung zu ihrer Prinzessin.
Doch auch das Band zwischen einer Prinzessin und ihren Hofdamen sollte stark sein.
Wenn sich Eure Hofdame so nachlässig verhält ...
... solltet Ihr sie dann nicht auch entsprechend zurechtweisen?
Oh weh ...
Würdet Ihr diese unangemessene Beurteilung meiner Hofdame widerrufen?
Falls Ihr das nicht tut ...
Hört auf, Keigetsu!

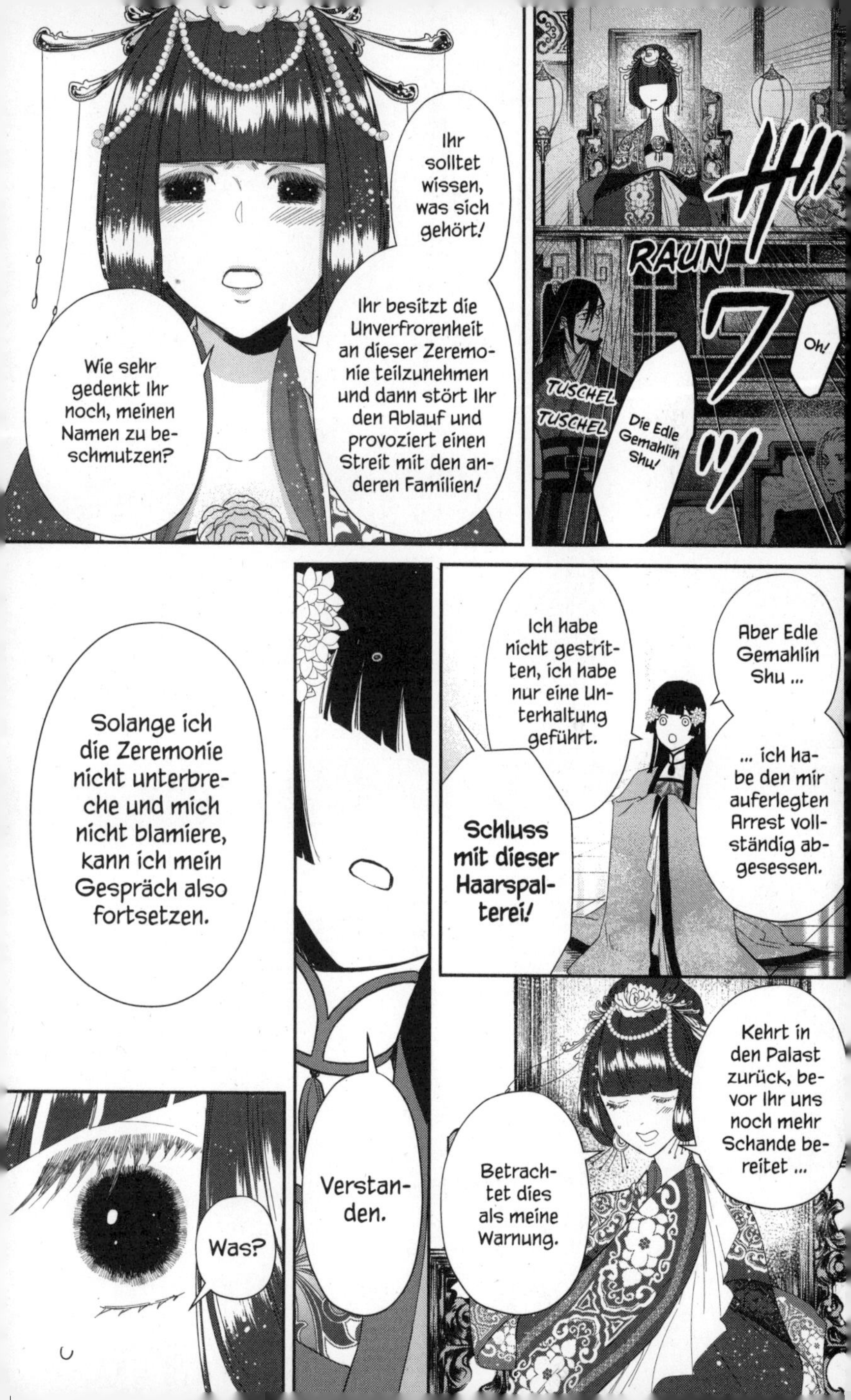
RAUN
Oh!
Die Edle Gemahlin Shu!
TUSCHEL TUSCHEL
Ihr solltet wissen, was sich gehört!
Ihr besitzt die Unverfrorenheit an dieser Zeremonie teilzunehmen und dann stört Ihr den Ablauf und provoziert einen Streit mit den anderen Familien!
Wie sehr gedenkt Ihr noch, meinen Namen zu beschmutzen?
Aber Edle Gemahlin Shu ...
... ich habe den mir auferlegten Arrest vollständig abgesessen.
Ich habe nicht gestritten, ich habe nur eine Unterhaltung geführt.
Schluss mit dieser Haarspalterei!
Solange ich die Zeremonie nicht unterbreche und mich nicht blamiere, kann ich mein Gespräch also fortsetzen.
Kehrt in den Palast zurück, bevor Ihr uns noch mehr Schande bereitet ...
Betrachtet dies als meine Warnung.
Verstanden.
Was?

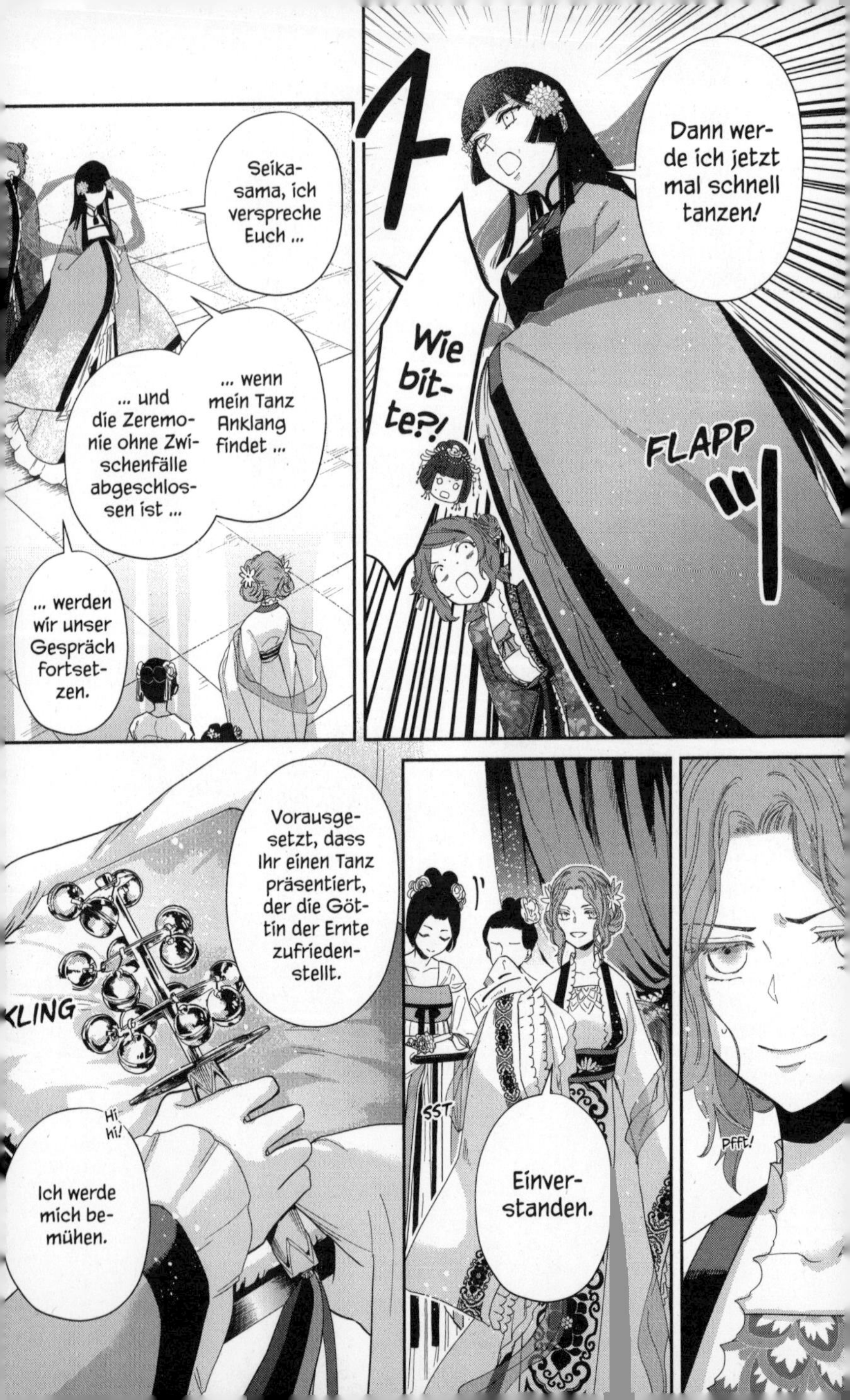
Dann werde ich jetzt mal schnell tanzen!
Wie bitte?!
FLAPP
Seika-sama, ich verspreche Euch ...
... wenn mein Tanz Anklang findet ...
... und die Zeremonie ohne Zwischenfälle abgeschlossen ist ...
... werden wir unser Gespräch fortsetzen.
Pfft!
Einverstanden.
SST
Vorausgesetzt, dass Ihr einen Tanz präsentiert, der die Göttin der Ernte zufriedenstellt.
KLING
Hi hi!
Ich werde mich bemühen.

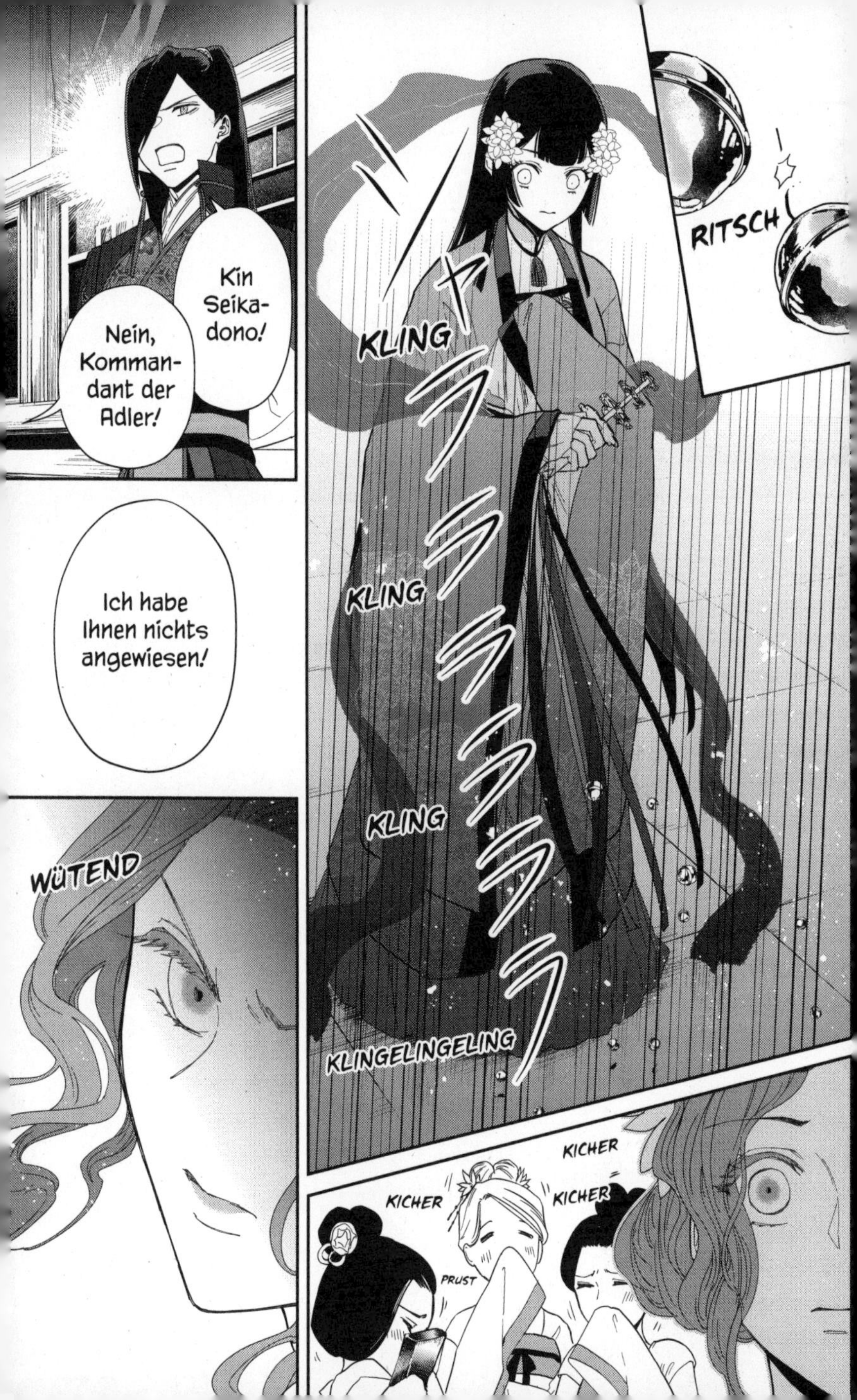

RITSCH
KLING
KLING
KLING
KLINGELINGELING
KICHER
KICHER
KICHER
PRUST
Kin Seika-dono!
Nein, Kommandant der Adler!
Ich habe Ihnen nichts angewiesen!
WÜTEND

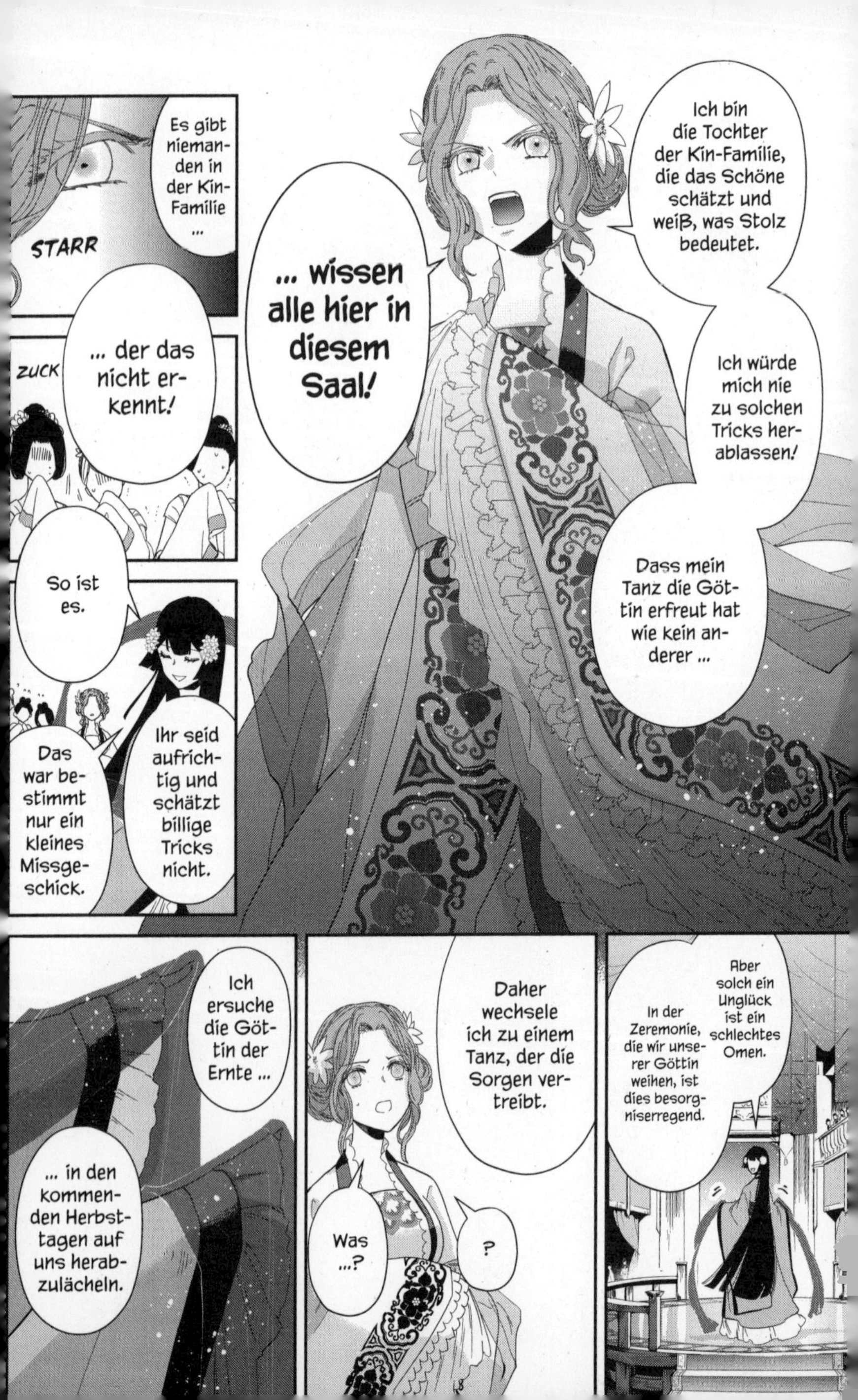
Ich bin die Tochter der Kin-Familie, die das Schöne schätzt und weiß, was Stolz bedeutet.
Ich würde mich nie zu solchen Tricks herablassen!
Dass mein Tanz die Göttin erfreut hat wie kein anderer ...
... wissen alle hier in diesem Saal!
Es gibt niemanden in der Kin-Familie ...
STARR
... der das nicht erkennt!
ZUCK
So ist es.
Ihr seid aufrichtig und schätzt billige Tricks nicht.
Das war bestimmt nur ein kleines Missgeschick.
Aber solch ein Unglück ist ein schlechtes Omen.
In der Zeremonie, die wir unserer Göttin weihen, ist dies besorgniserregend.
Daher wechsele ich zu einem Tanz, der die Sorgen vertreibt.
?
Was ...?
Ich ersuche die Göttin der Ernte ...
... in den kommenden Herbsttagen auf uns herabzulächeln.

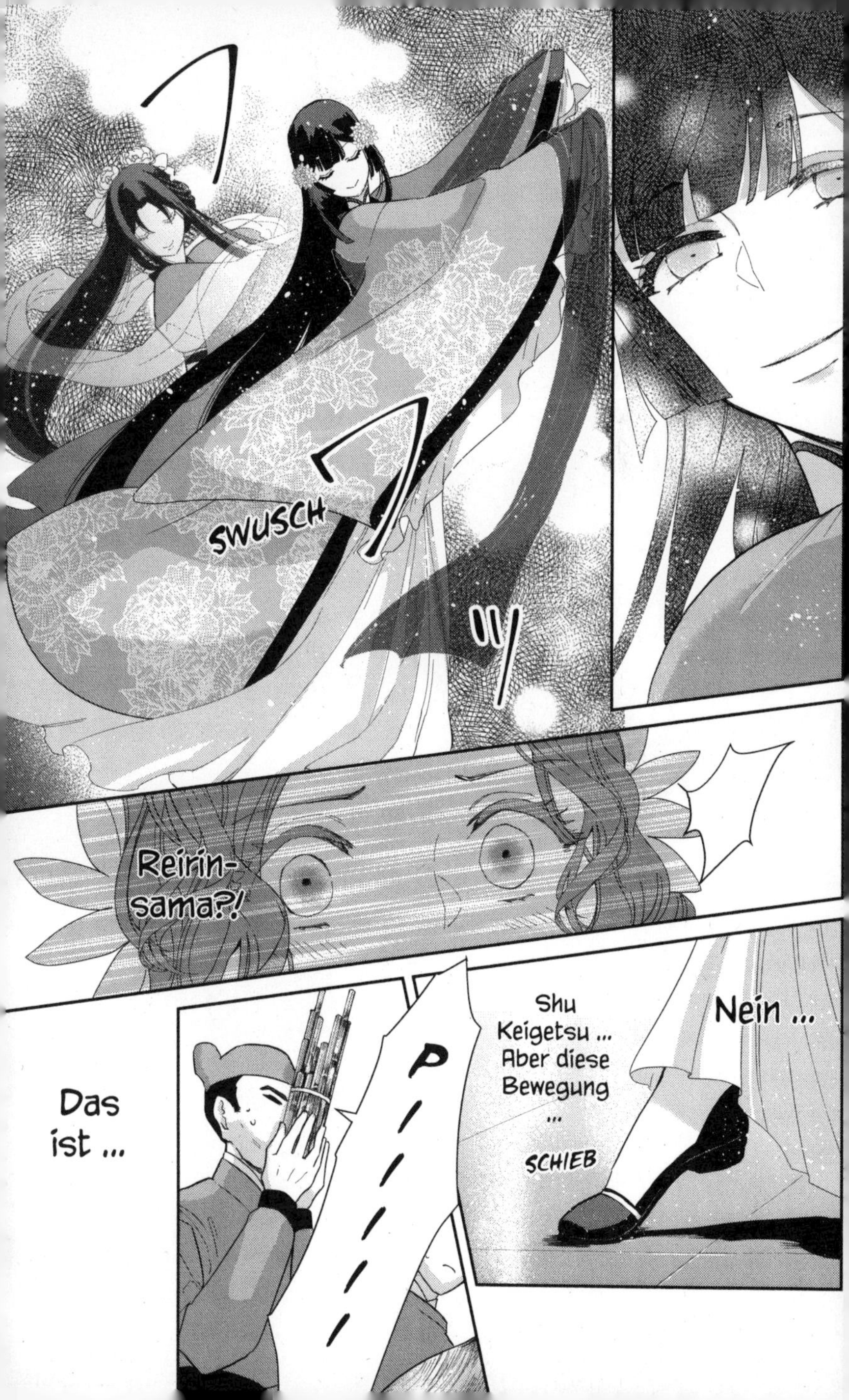
SWUSCH
Reirin-sama?!
Nein ...
Shu Keigetsu ... Aber diese Bewegung ...
SCHIEB
Das ist ...
P

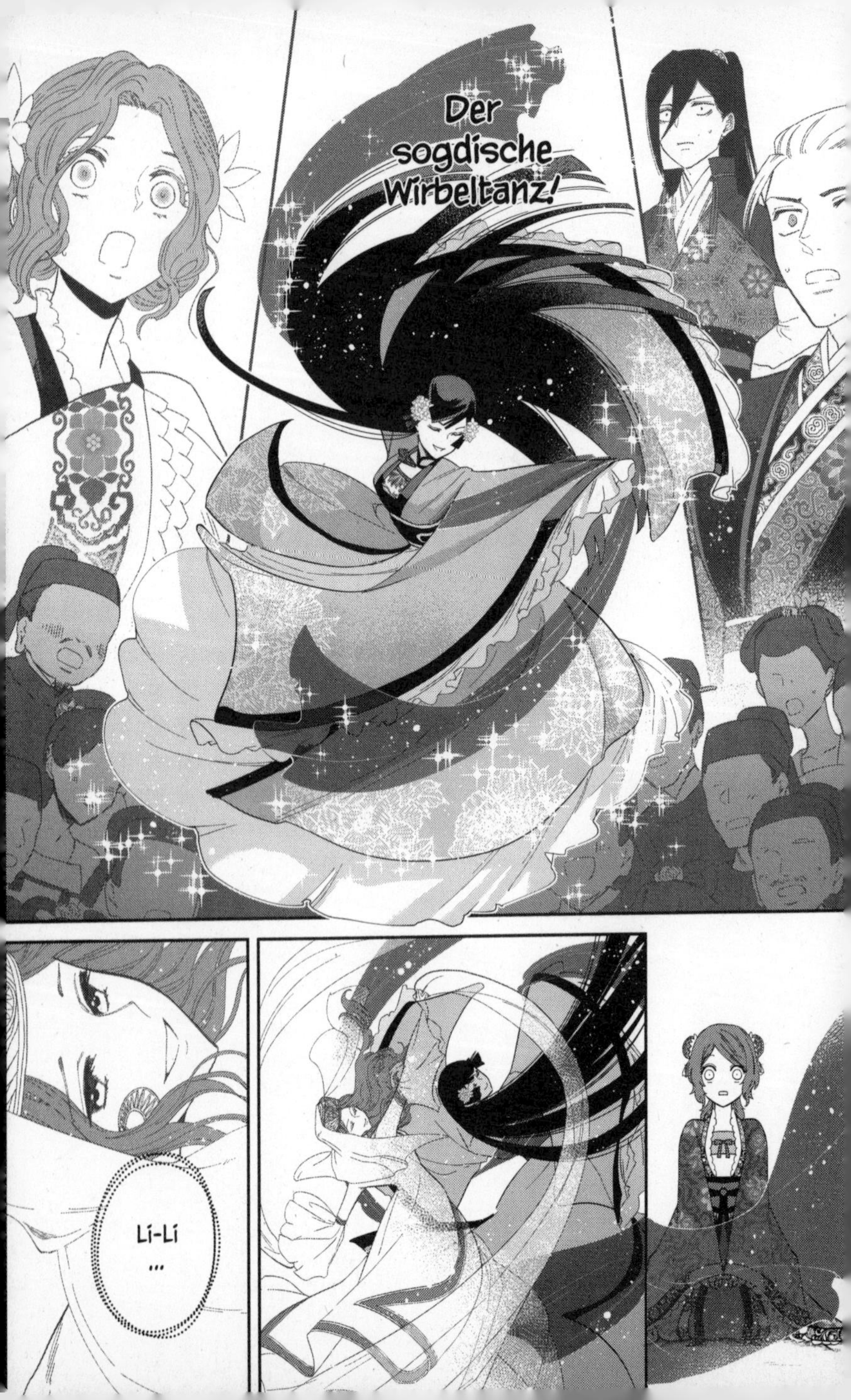
Der sogdische Wirbeltanz!
Li-Li …

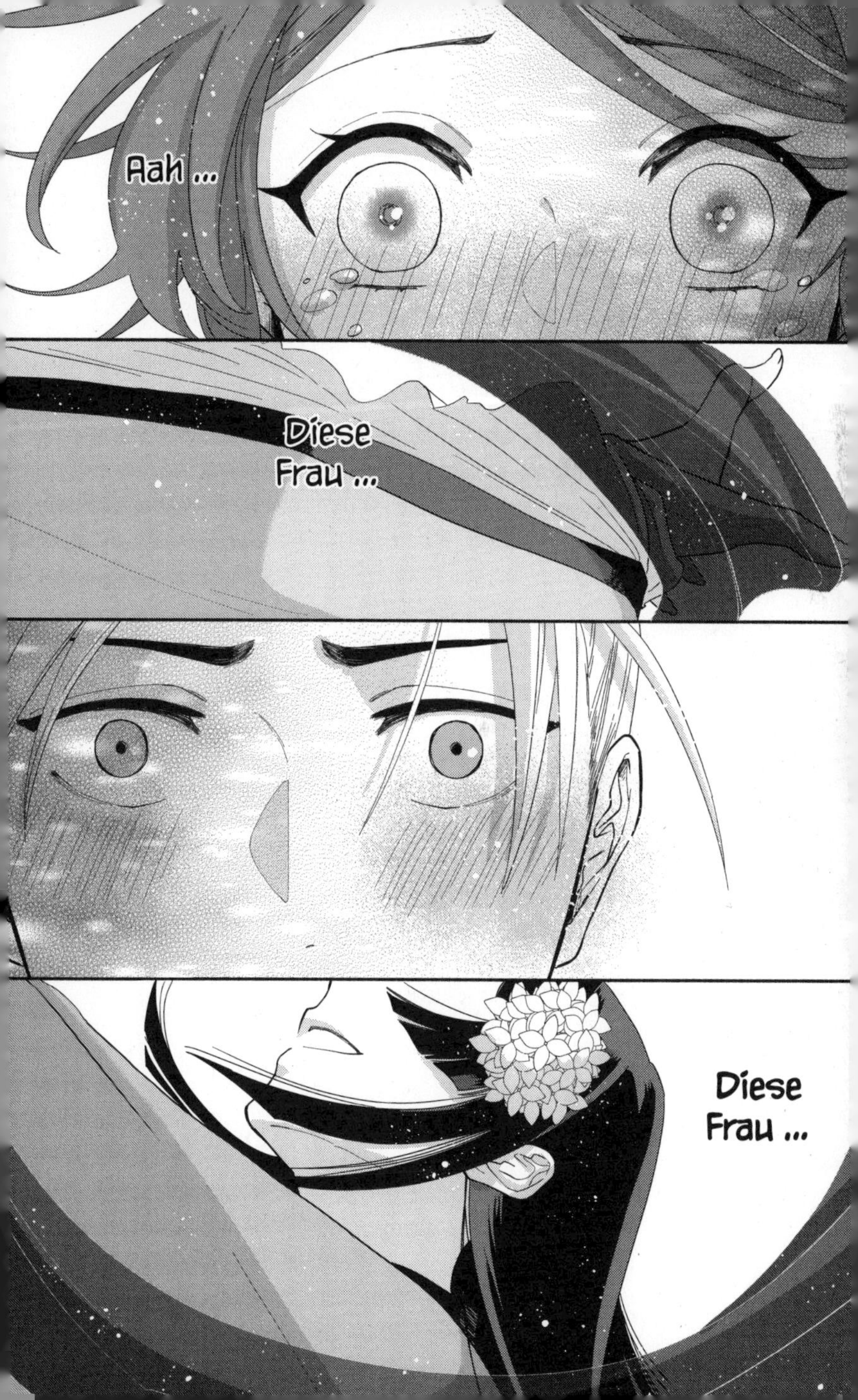

Aah ...
Diese Frau ...
Diese Frau ...

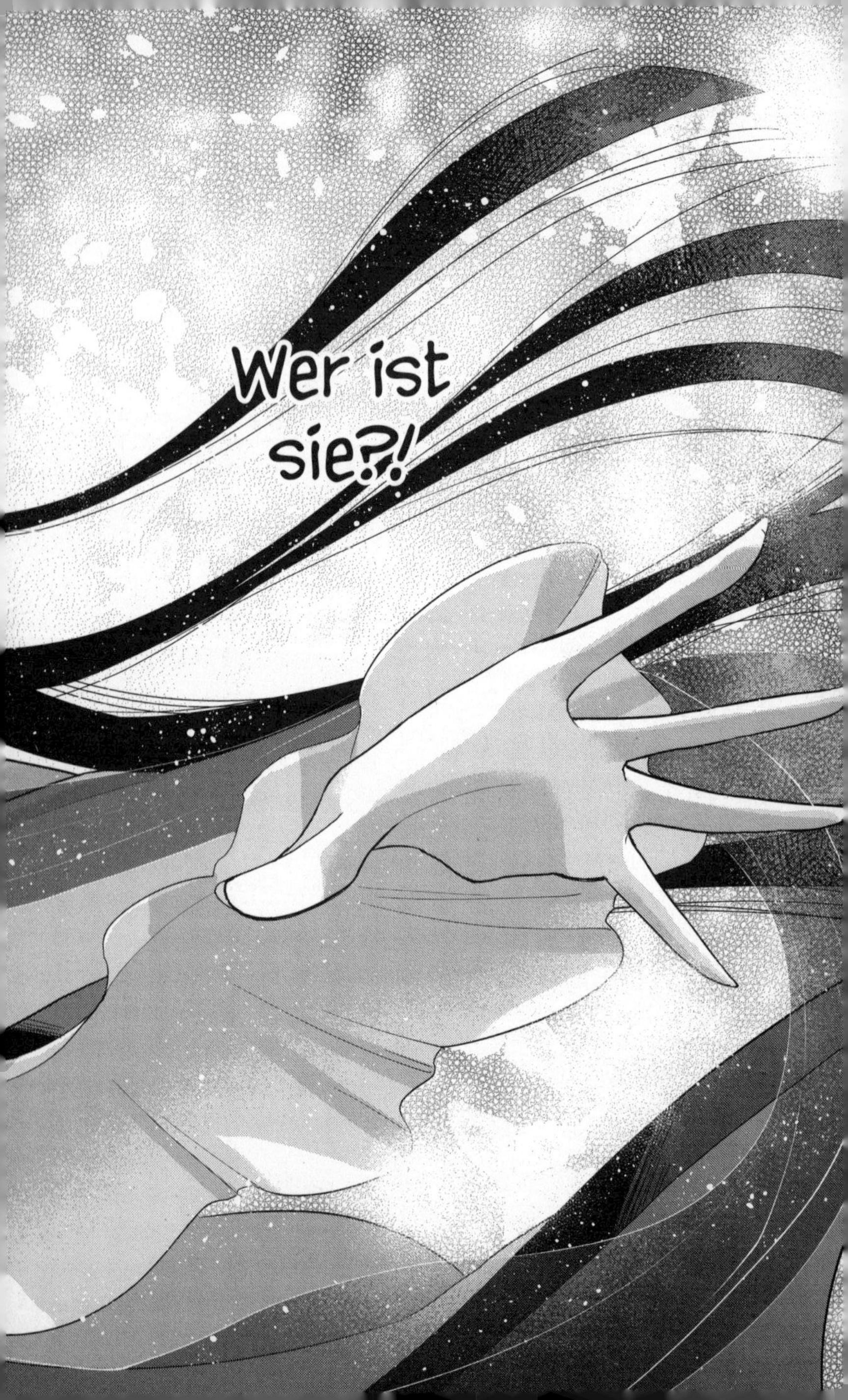
Wer ist sie?!

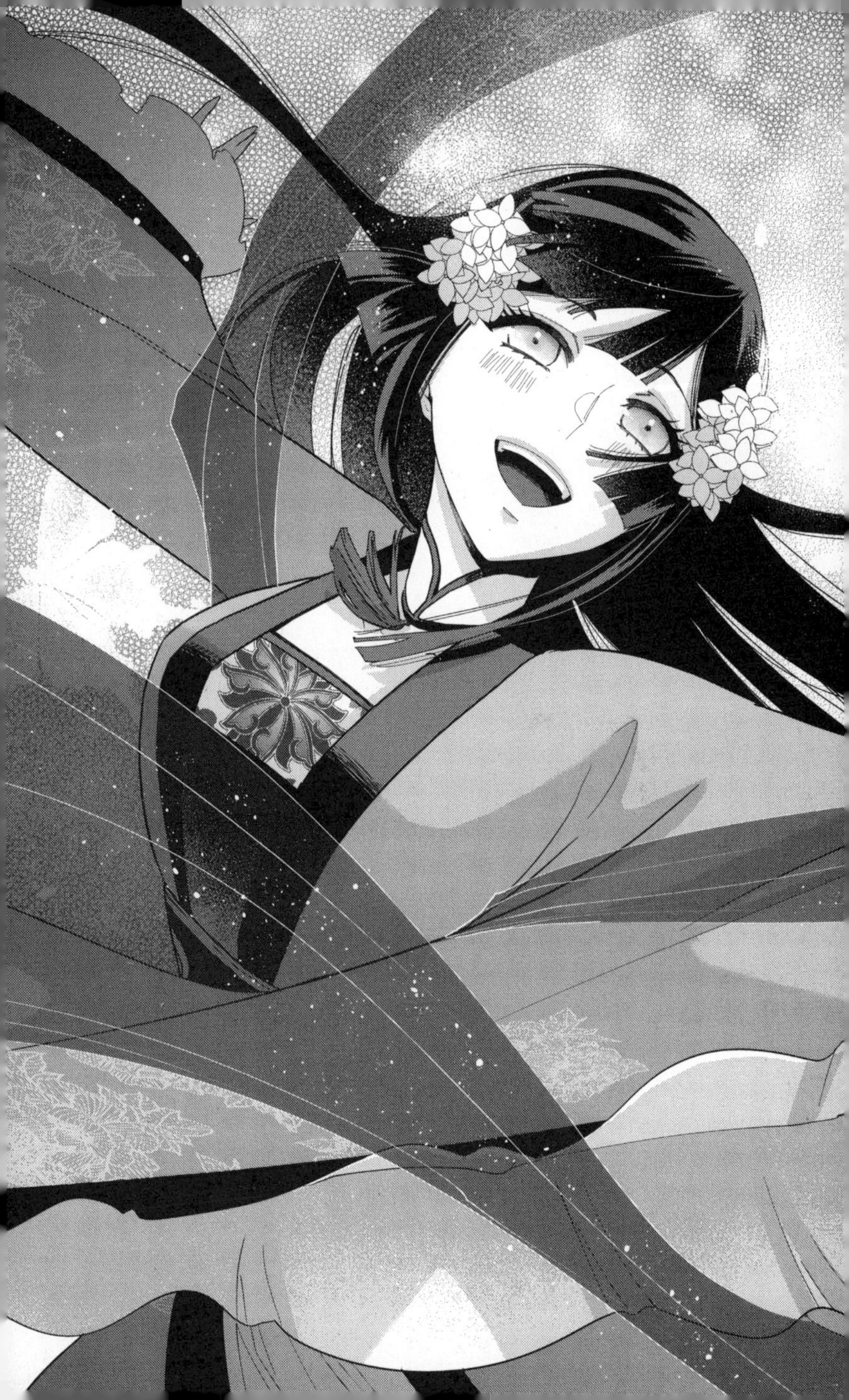

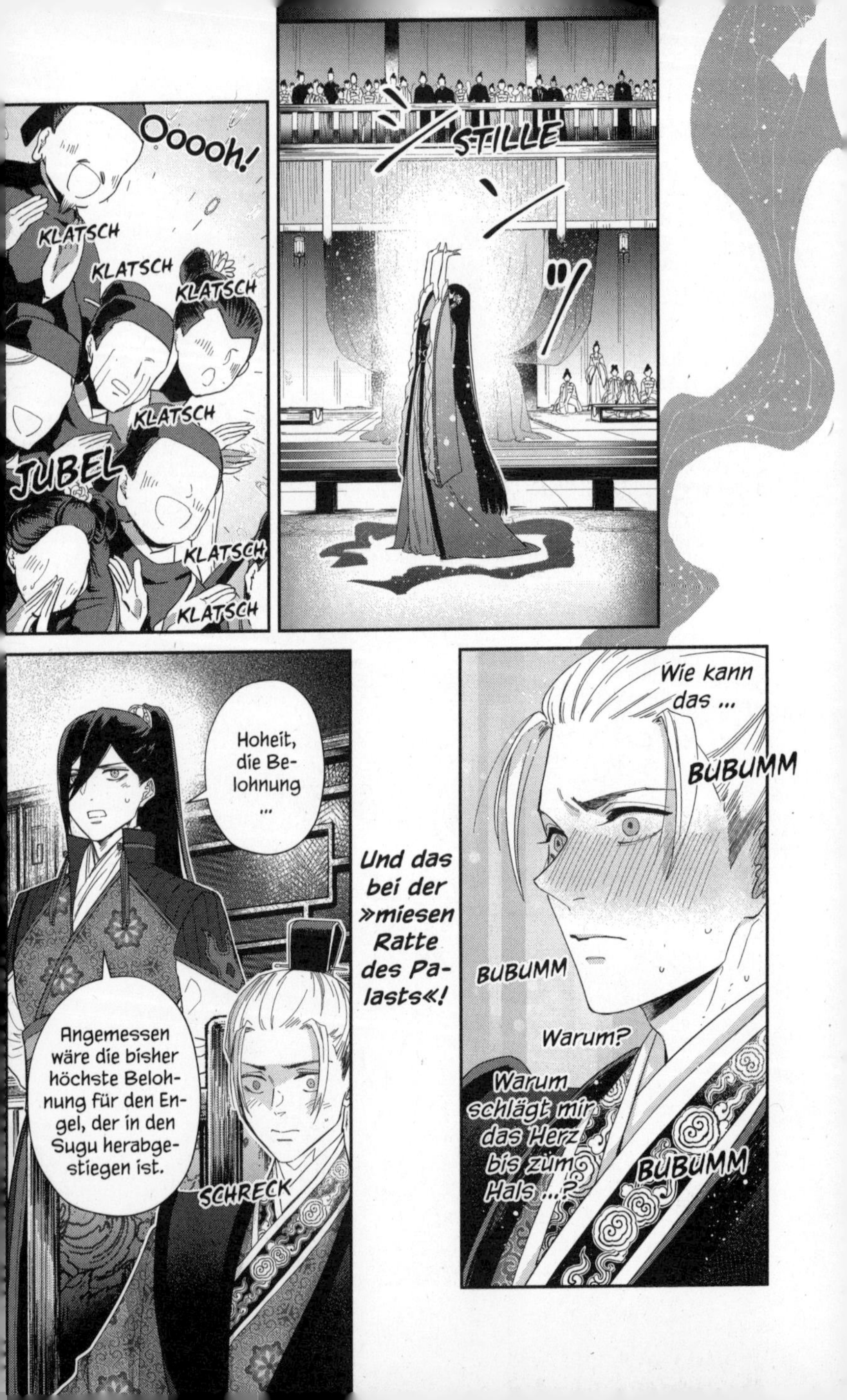
STILLE
Ooooh!
KLATSCH
KLATSCH
KLATSCH
KLATSCH
JUBEL
KLATSCH
KLATSCH
Wie kann das ...
BUBUMM
Und das bei der »miesen Ratte des Palasts«!
BUBUMM
Warum?
Warum schlägt mir das Herz bis zum Hals ...?
BUBUMM
Hoheit, die Belohnung ...
Angemessen wäre die bisher höchste Belohnung für den Engel, der in den Sugu herabgestiegen ist.
SCHRECK

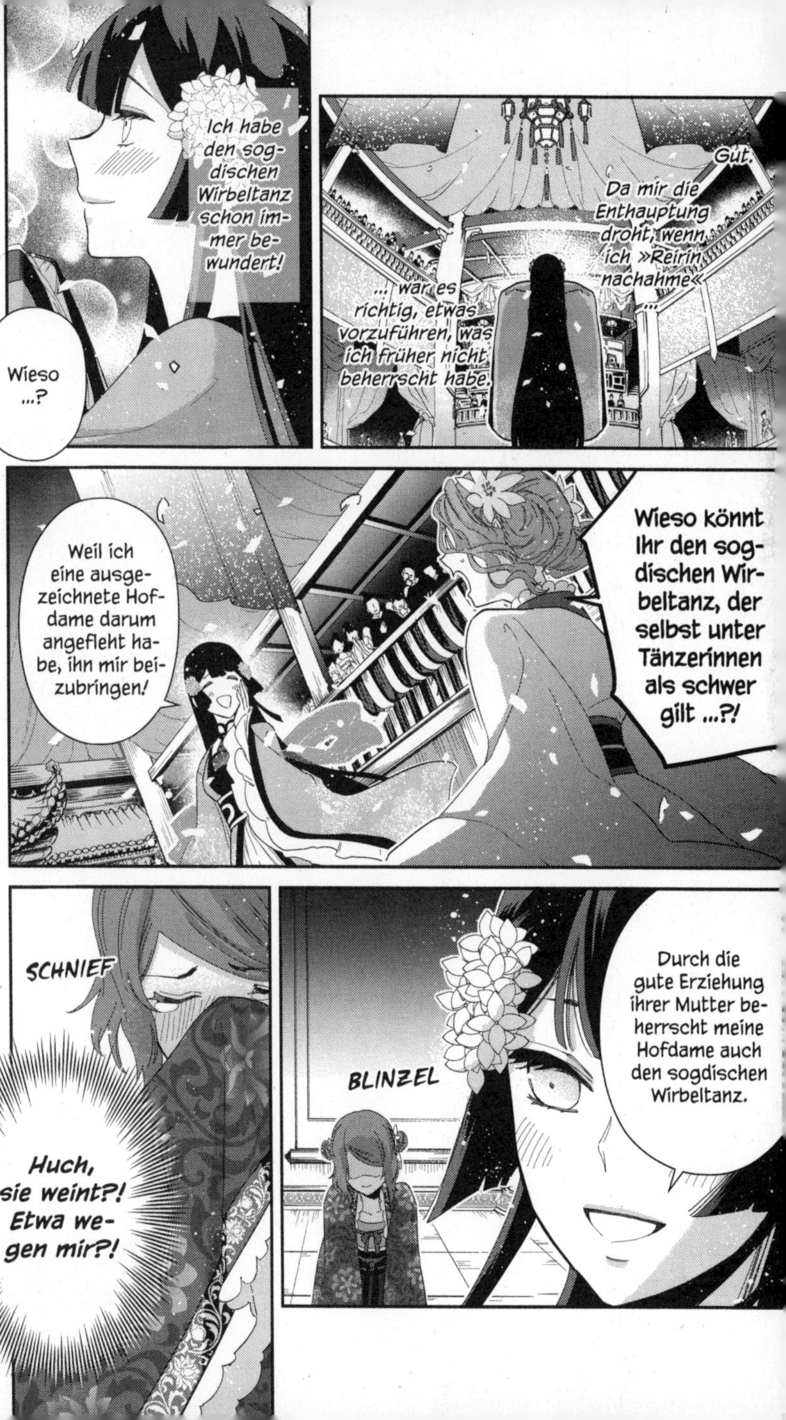
Gut.
Da mir die Enthauptung droht, wenn ich »Reirin nachahme« ...
... war es richtig, etwas vorzuführen, was ich früher nicht beherrscht habe.
Ich habe den sogdischen Wirbeltanz schon immer bewundert!
Wieso ...?
Wieso könnt Ihr den sogdischen Wirbeltanz, der selbst unter Tänzerinnen als schwer gilt ...?!
Weil ich eine ausgezeichnete Hofdame darum angefleht habe, ihn mir beizubringen!
Durch die gute Erziehung ihrer Mutter beherrscht meine Hofdame auch den sogdischen Wirbeltanz.
BLINZEL
SCHNIEF
Huch, sie weint?! Etwa wegen mir?!

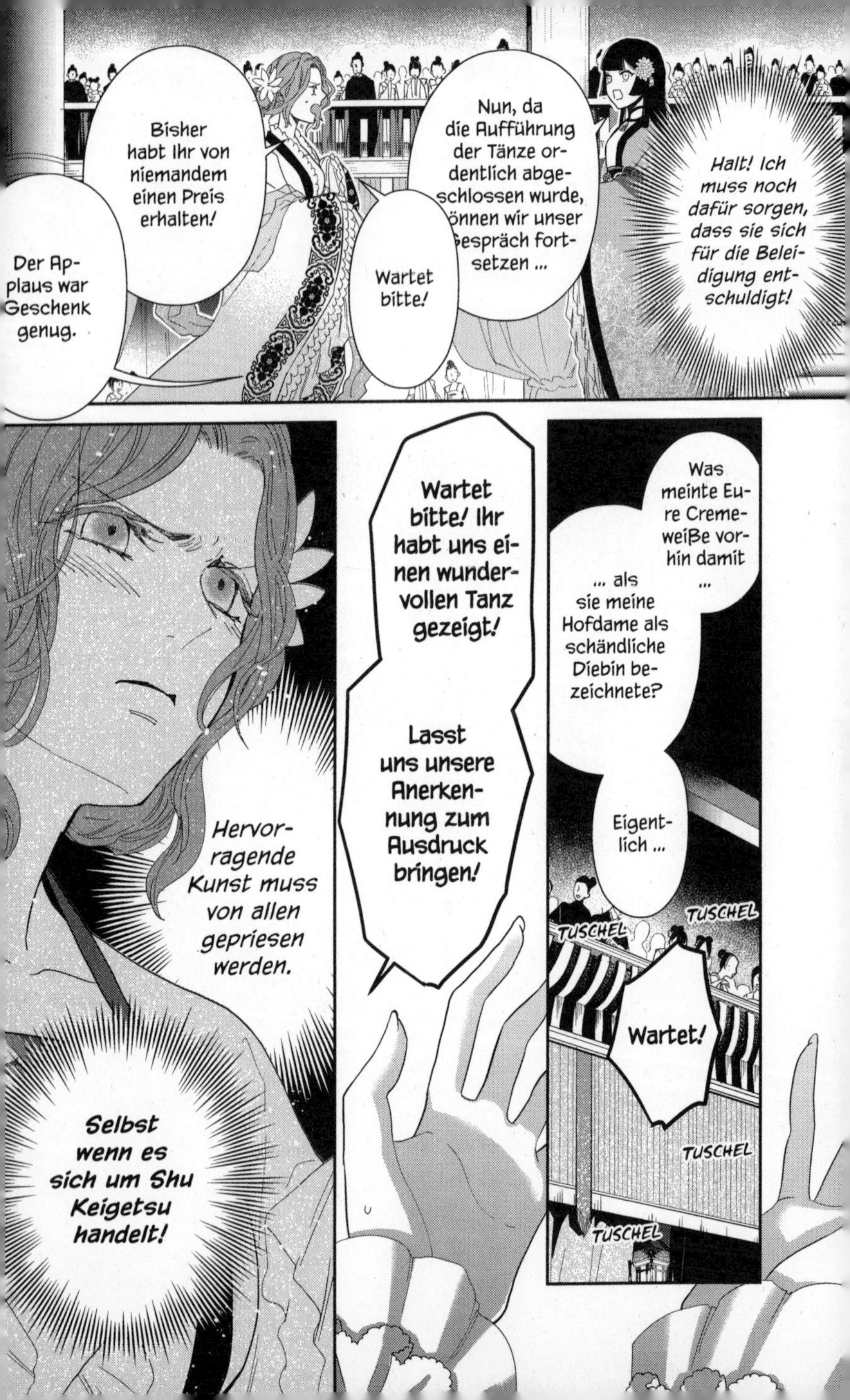

Halt! Ich muss noch dafür sorgen, dass sie sich für die Beleidigung entschuldigt!
Nun, da die Aufführung der Tänze ordentlich abgeschlossen wurde, önnen wir unser esprach fortsetzen ...
Wartet bitte!
Bisher habt Ihr von niemandem einen Preis erhalten!
Der Applaus war Geschenk genug.
Was meinte Eure Cremeweiße vorhin damit ...
... als sie meine Hofdame als schändliche Diebin bezeichnete?
Eigentlich ...
TUSCHEL
TUSCHEL
Wartet!
TUSCHEL
TUSCHEL
Wartet bitte! Ihr habt uns einen wundervollen Tanz gezeigt!
Lasst uns unsere Anerkennung zum Ausdruck bringen!
Hervorragende Kunst muss von allen gepriesen werden.
Selbst wenn es sich um Shu Keigetsu handelt!

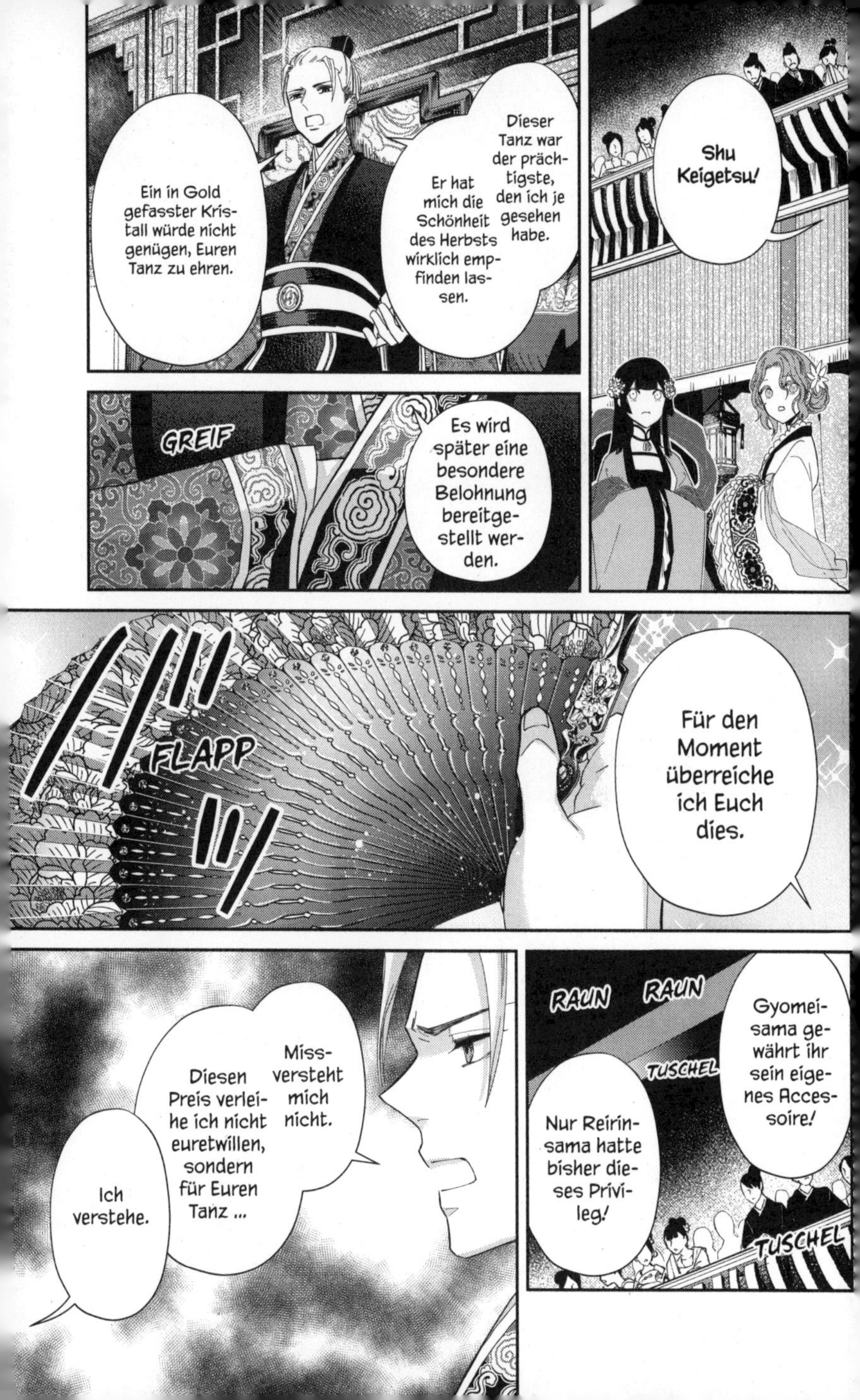

Shu Keigetsu!
Dieser Tanz war der prächtigste, den ich je gesehen habe.
Er hat mich die Schönheit des Herbsts wirklich empfinden lassen.
Ein in Gold gefasster Kristall würde nicht genügen, Euren Tanz zu ehren.
Es wird später eine besondere Belohnung bereitgestellt werden.
GREIF
Für den Moment überreiche ich Euch dies.
FLAPP
RAUN RAUN
Gyomei-sama gewährt ihr sein eigenes Accessoire!
TUSCHEL
Nur Reirin-sama hatte bisher dieses Privileg!
TUSCHEL
Missversteht mich nicht.
Diesen Preis verleihe ich nicht euretwillen, sondern für Euren Tanz ...
Ich verstehe.

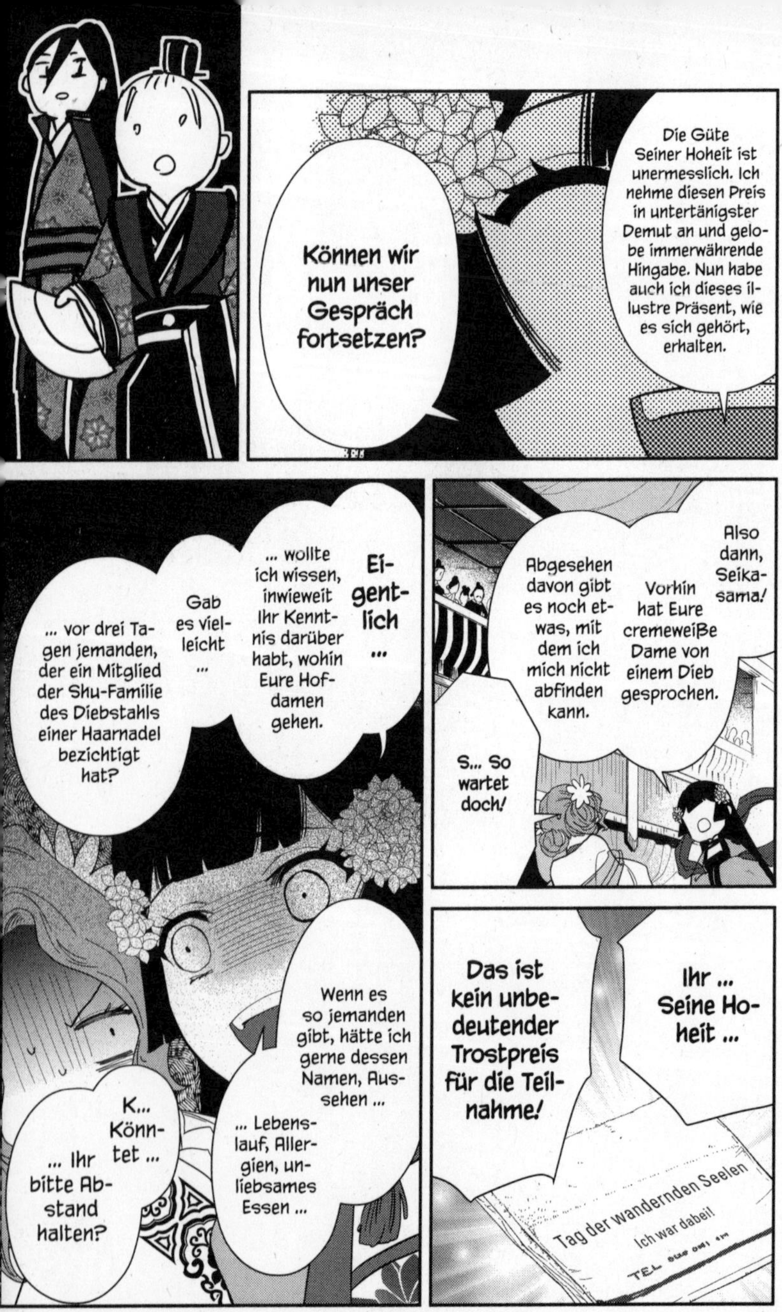
Die Güte Seiner Hoheit ist unermesslich. Ich nehme diesen Preis in untertänigster Demut an und gelobe immerwährende Hingabe. Nun habe auch ich dieses illustre Präsent, wie es sich gehört, erhalten.
Können wir nun unser Gespräch fortsetzen?
Also dann, Seika-sama!
Vorhin hat Eure cremeweiße Dame von einem Dieb gesprochen.
Abgesehen davon gibt es noch etwas, mit dem ich mich nicht abfinden kann.
S... So wartet doch!
Ihr ... Seine Hoheit ...
Das ist kein unbedeutender Trostpreis für die Teilnahme!
Tag der wandernden Seelen
Ich war dabei!
Eigentlich ...
... wollte ich wissen, inwieweit Ihr Kenntnis darüber habt, wohin Eure Hofdamen gehen.
Gab es vielleicht ...
... vor drei Tagen jemanden, der ein Mitglied der Shu-Familie des Diebstahls einer Haarnadel bezichtigt hat?
Wenn es so jemanden gibt, hätte ich gerne dessen Namen, Aussehen ...
... Lebenslauf, Allergien, unliebsames Essen ...
K... Könntet ...
... Ihr bitte Abstand halten?

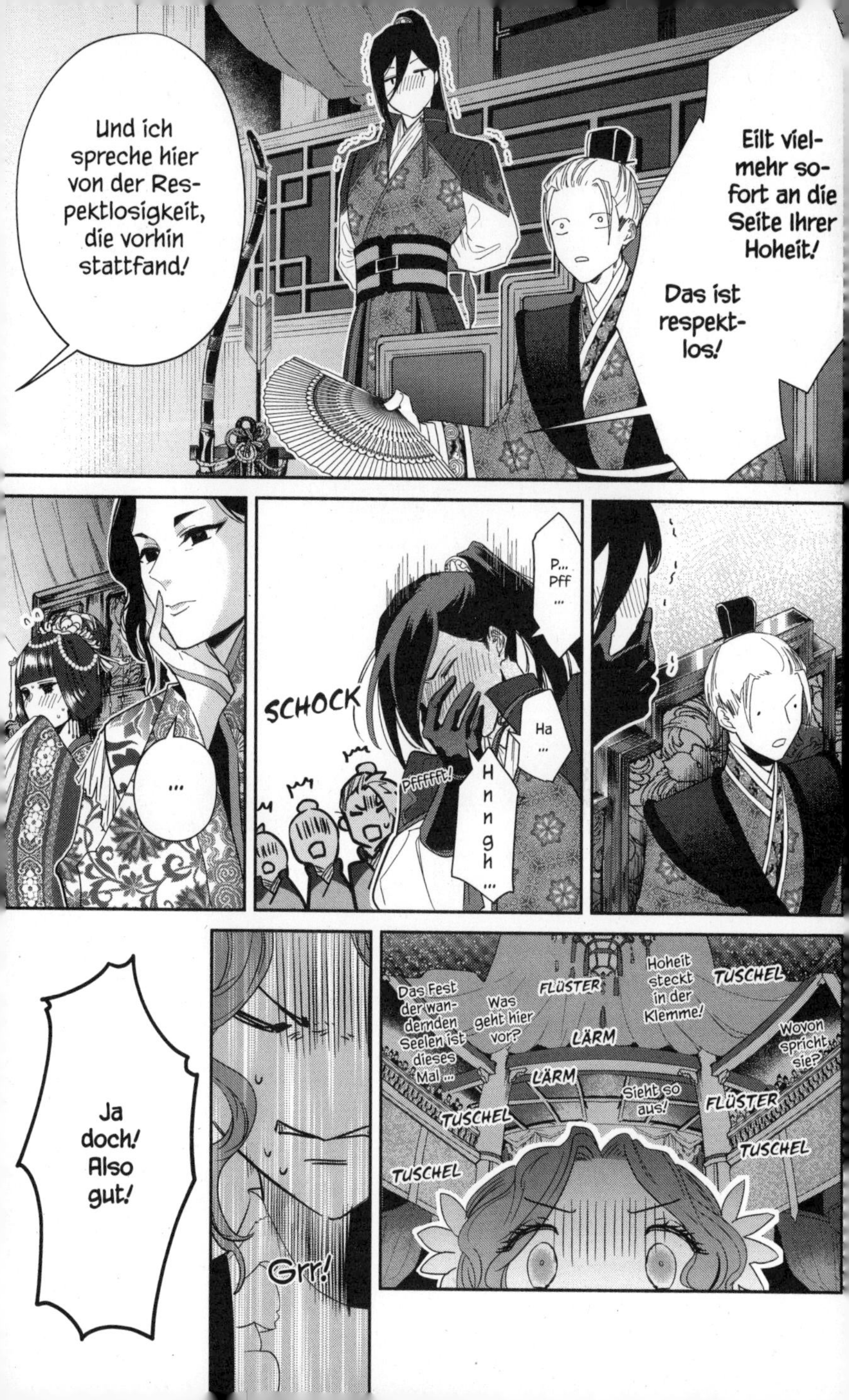

Eilt vielmehr sofort an die Seite Ihrer Hoheit!
Das ist respektlos!
Und ich spreche hier von der Respektlosigkeit, die vorhin stattfand!
P... Pff ...
SCHOCK
Ha ...
Hnngh ...
Pffffft!
...
Hoheit steckt in der Klemme!
TUSCHEL
FLÜSTER
Was geht hier vor?
Das Fest der wandernden Seelen ist dieses Mal ...
Wovon spricht sie?
LÄRM
LÄRM
Sieht so aus!
FLÜSTER
TUSCHEL
TUSCHEL
TUSCHEL
Ja doch! Also gut!
Grr!

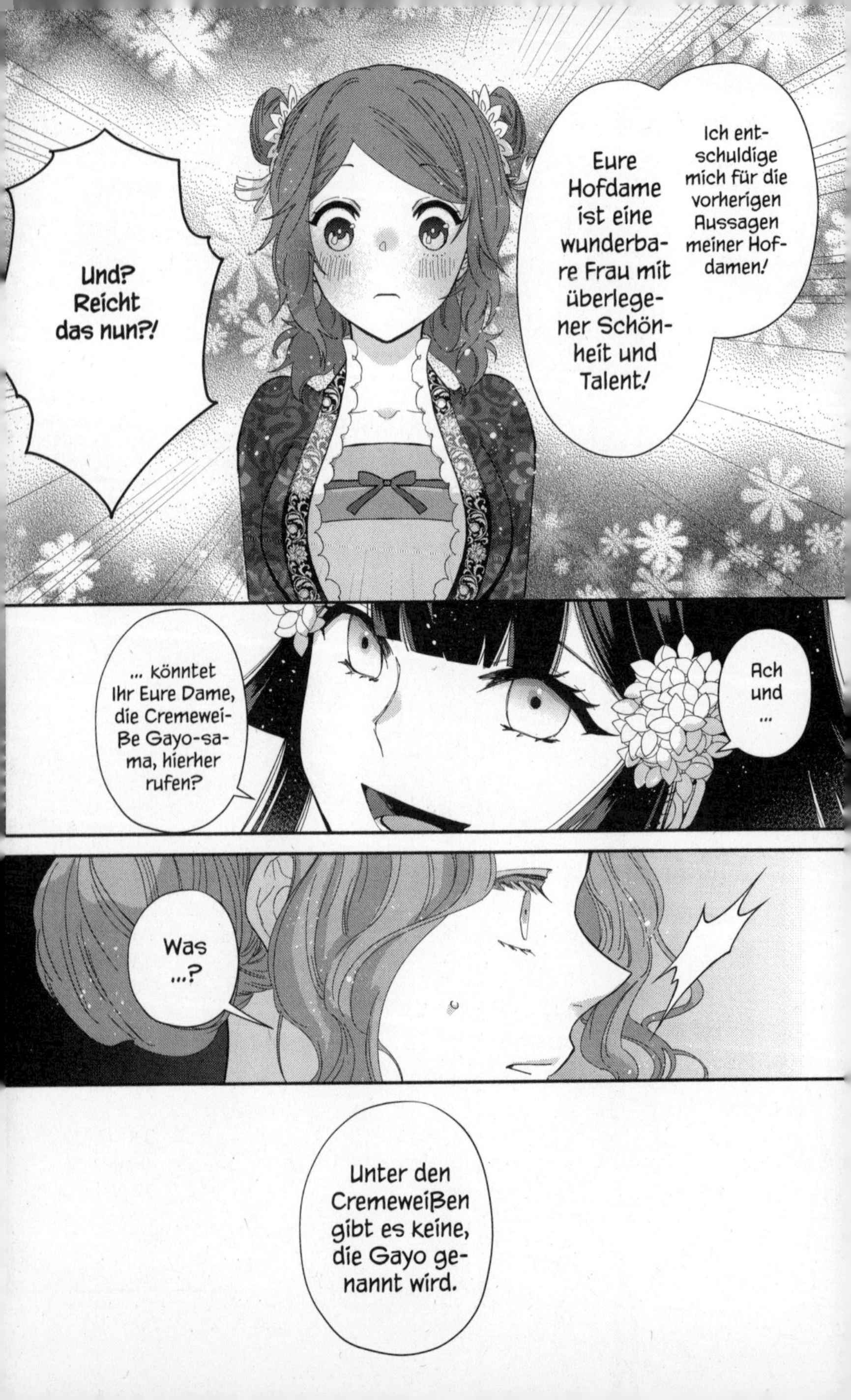
Ich entschuldige mich für die vorherigen Aussagen meiner Hofdamen!
Eure Hofdame ist eine wunderbare Frau mit überlegener Schönheit und Talent!
Und? Reicht das nun?!
Ach und …
… könntet Ihr Eure Dame, die Cremeweiße Gayo-sama, hierher rufen?
Was …?
Unter den Cremeweißen gibt es keine, die Gayo genannt wird.

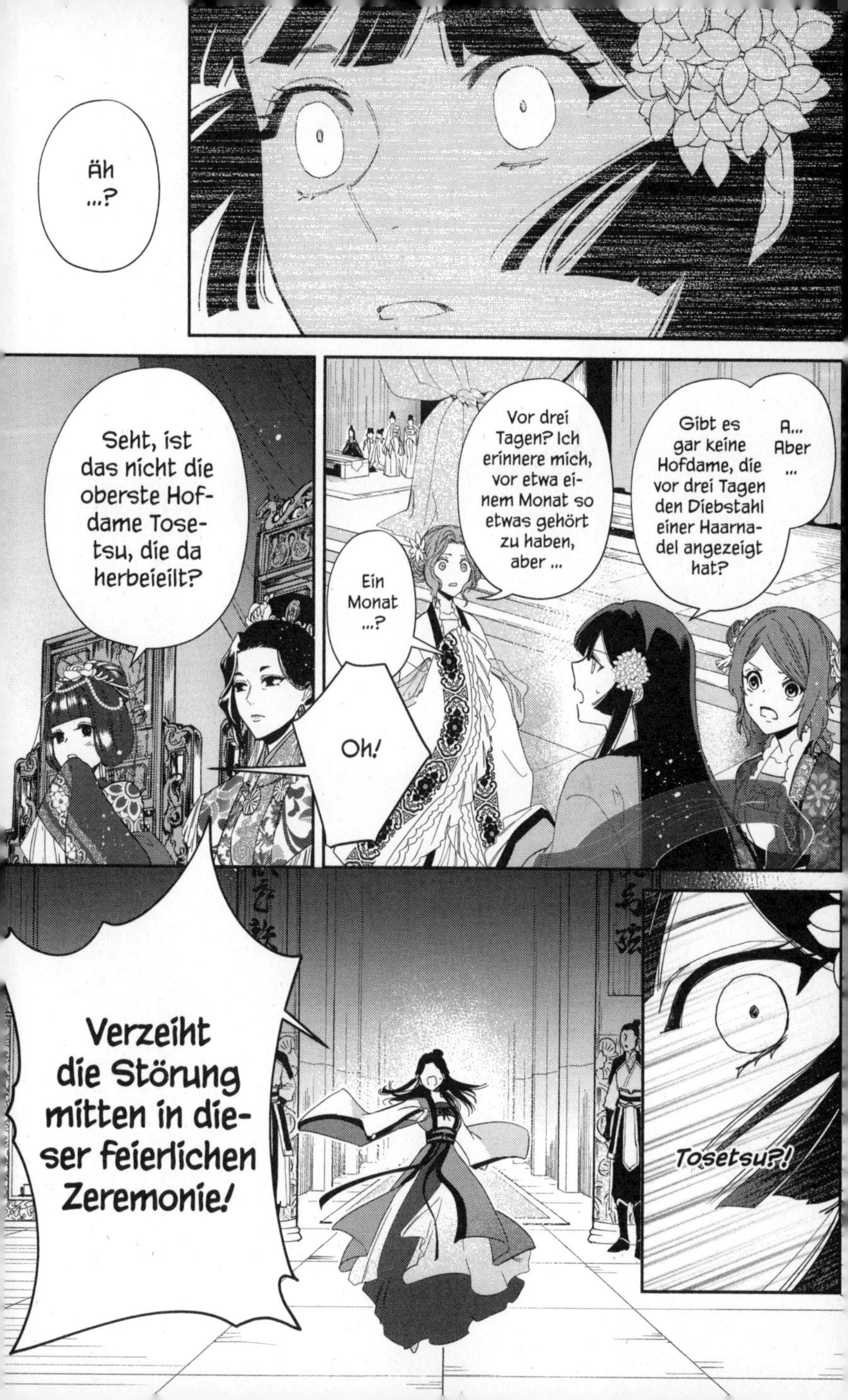
Äh …?
A… Aber …
Gibt es gar keine Hofdame, die vor drei Tagen den Diebstahl einer Haarnadel angezeigt hat?
Vor drei Tagen? Ich erinnere mich, vor etwa einem Monat so etwas gehört zu haben, aber …
Ein Monat …?
Oh!
Seht, ist das nicht die oberste Hofdame Tosetsu, die da herbeieilt?
Tosetsu?!
Verzeiht die Störung mitten in dieser feierlichen Zeremonie!

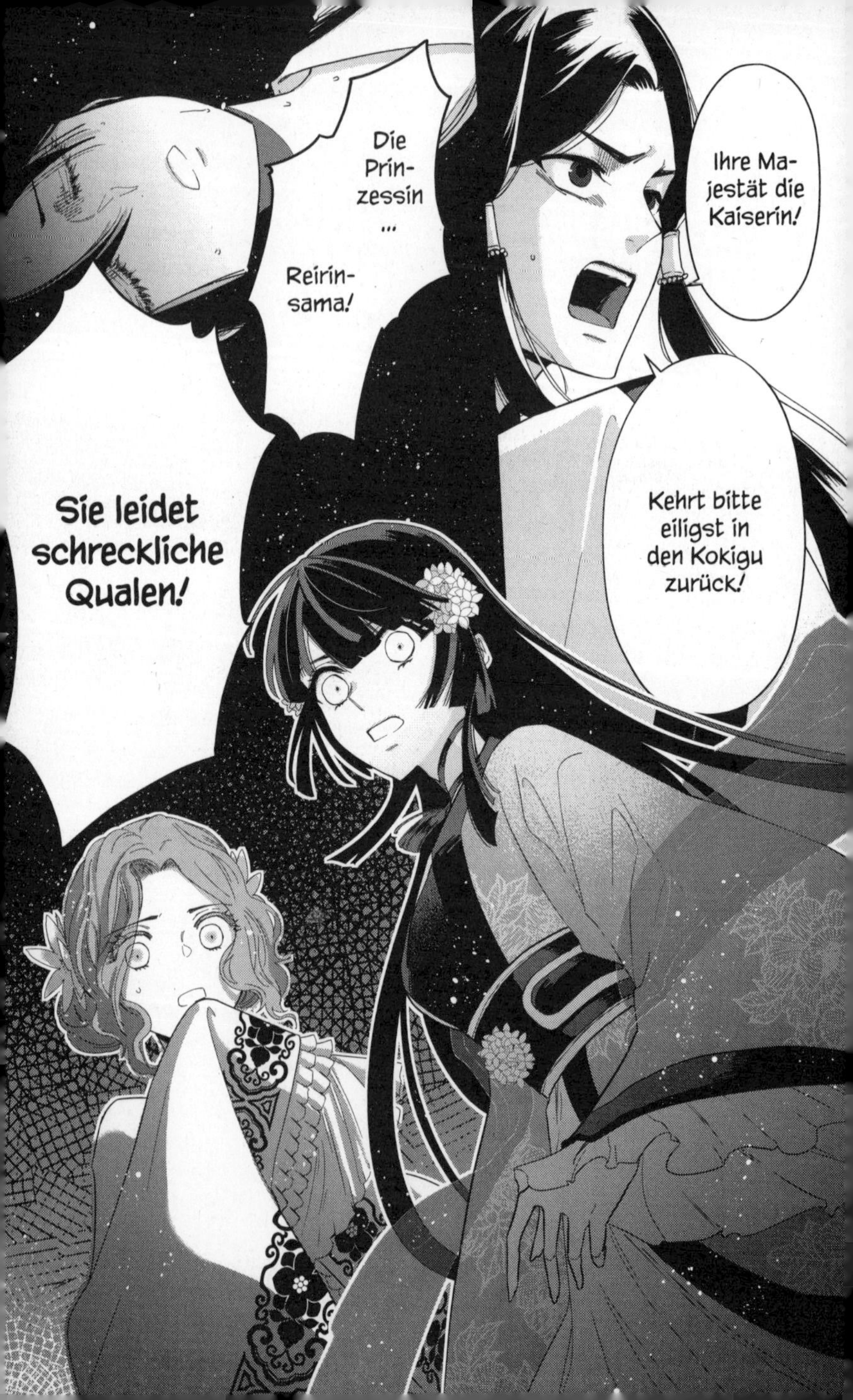
Ihre Majestät die Kaiserin!
Die Prinzessin …
Reirin-sama!
Kehrt bitte eiligst in den Kokigu zurück!
Sie leidet schreckliche Qualen!

Though I am an Inept Villainess

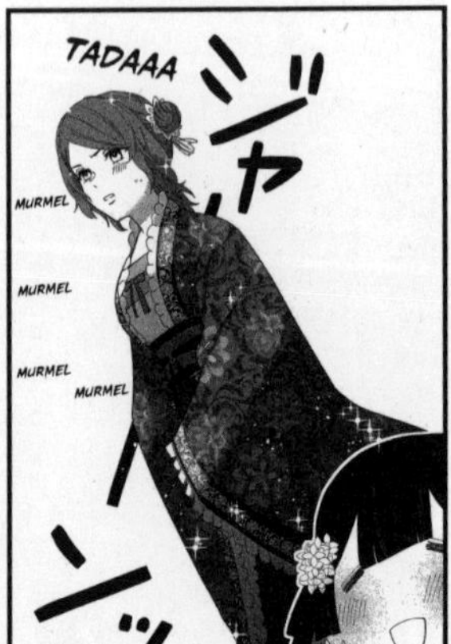
TADAAA
ジャーンッ
MURMEL
MURMEL
MURMEL
MURMEL

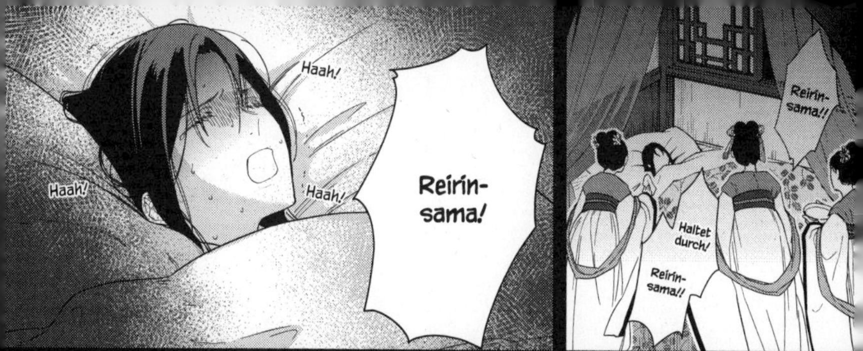

Kapitel 9 Reirins Bogenschießen (Teil 1)

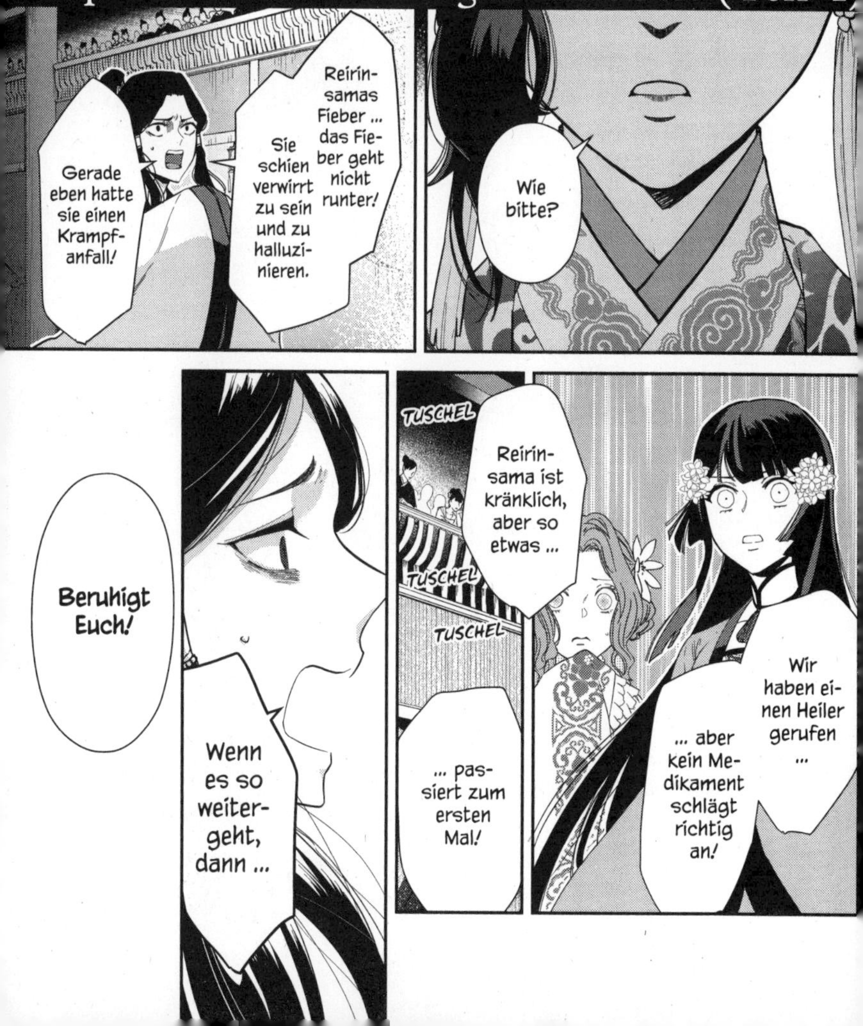

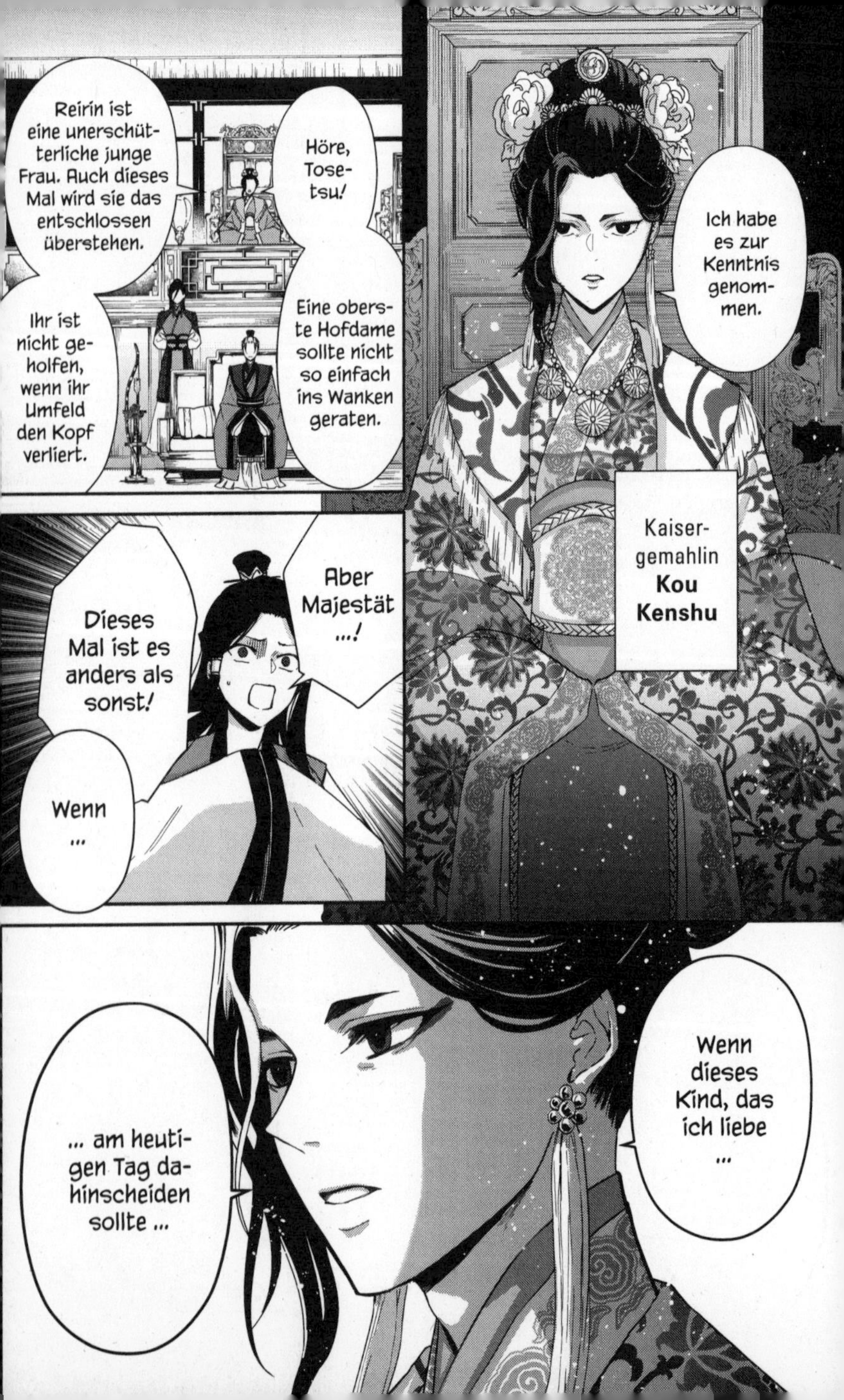
Ich habe es zur Kenntnis genommen.
Kaisergemahlin **Kou Kenshu**
Höre, Tosetsu!
Eine oberste Hofdame sollte nicht so einfach ins Wanken geraten.
Reirin ist eine unerschütterliche junge Frau. Auch dieses Mal wird sie das entschlossen überstehen.
Ihr ist nicht geholfen, wenn ihr Umfeld den Kopf verliert.
Aber Majestät ...!
Dieses Mal ist es anders als sonst!
Wenn ...
Wenn dieses Kind, das ich liebe ...
... am heutigen Tag dahinscheiden sollte ...

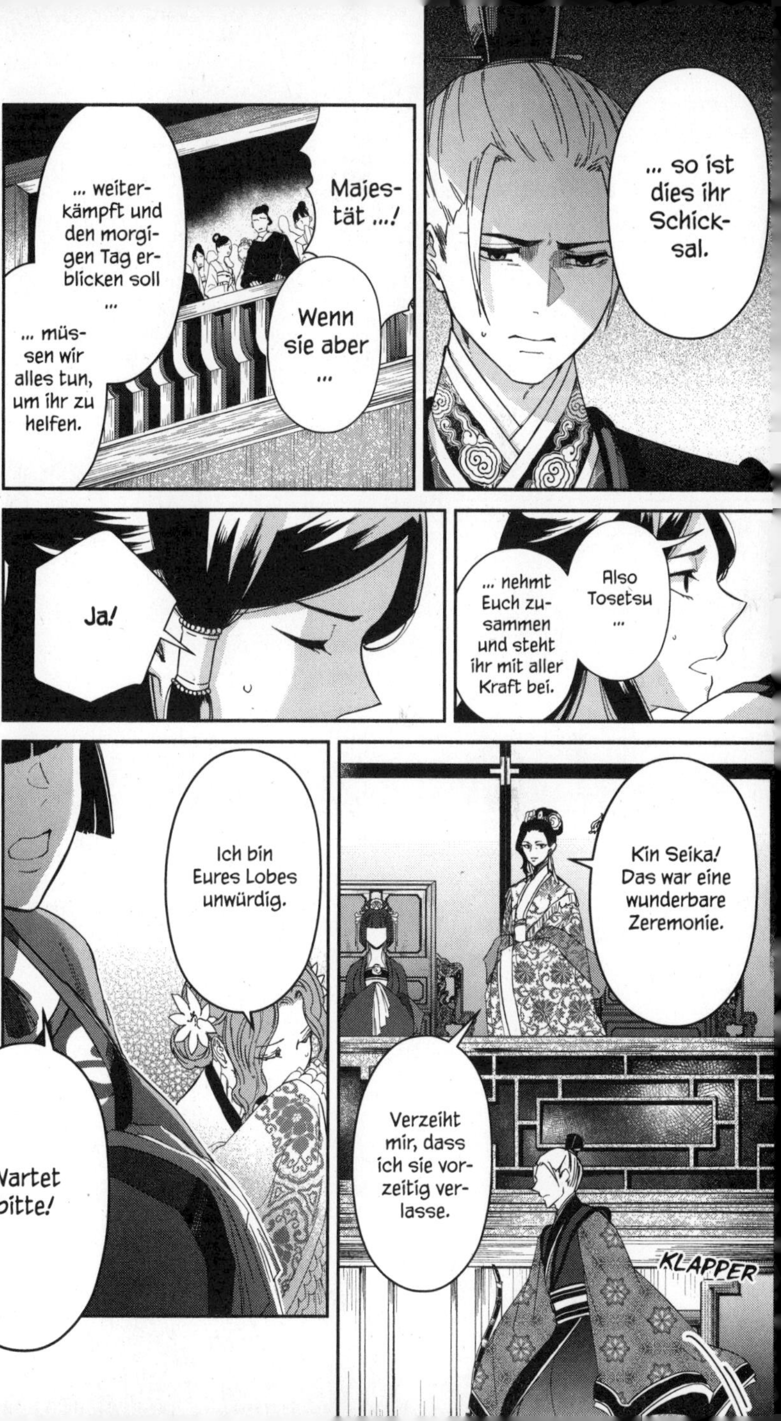
... so ist dies ihr Schicksal.
Majestät ...!
Wenn sie aber ...
... weiterkämpft und den morgigen Tag erblicken soll ...
... müssen wir alles tun, um ihr zu helfen.
Also Tosetsu ...
... nehmt Euch zusammen und steht ihr mit aller Kraft bei.
Ja!
Kin Seika! Das war eine wunderbare Zeremonie.
Verzeiht mir, dass ich sie vorzeitig verlasse.
KLAPPER
Ich bin Eures Lobes unwürdig.
Wartet bitte!

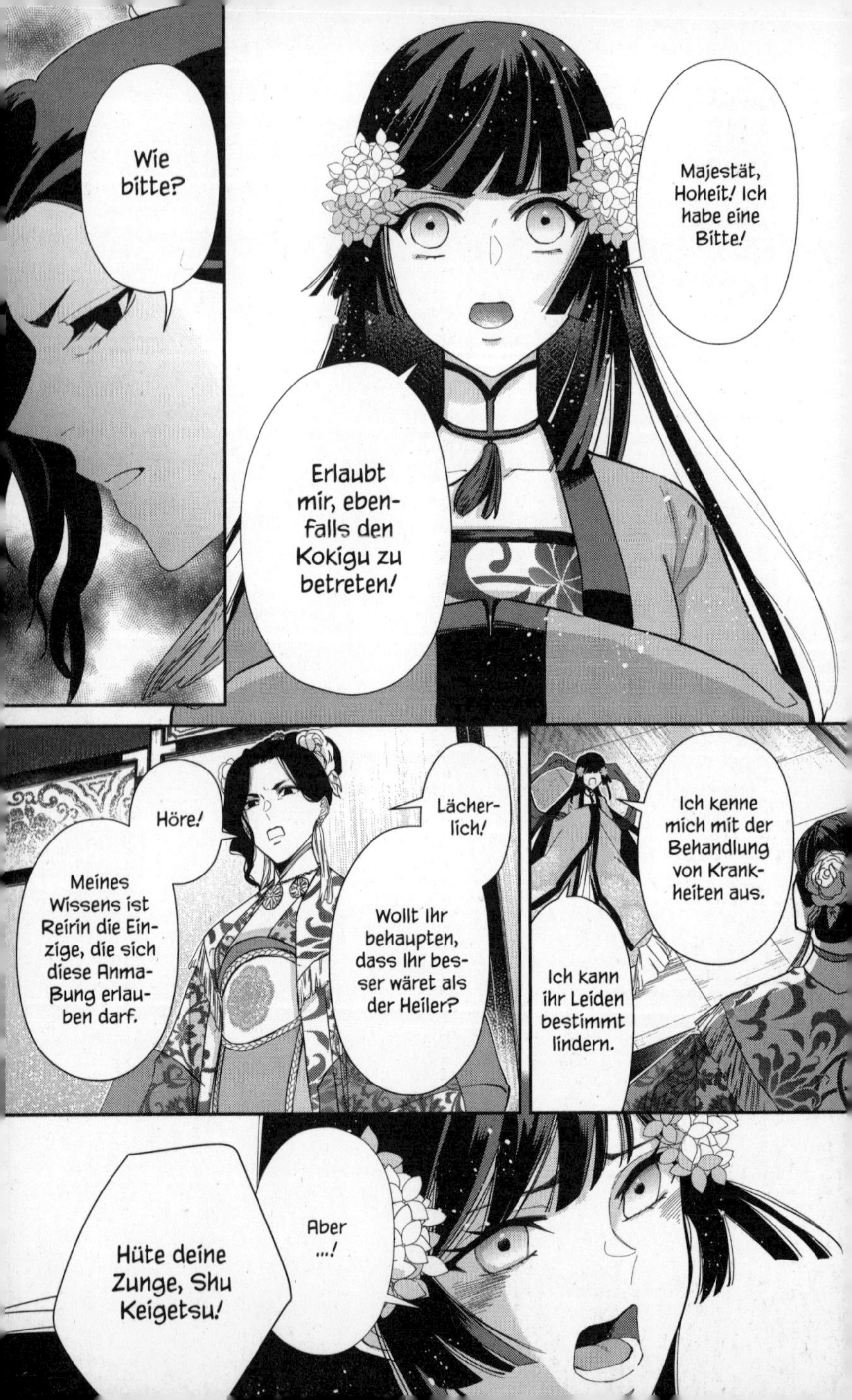

Majestät, Hoheit! Ich habe eine Bitte!
Erlaubt mir, ebenfalls den Kokigu zu betreten!
Wie bitte?
Ich kenne mich mit der Behandlung von Krankheiten aus.
Ich kann ihr Leiden bestimmt lindern.
Lächerlich!
Wollt Ihr behaupten, dass Ihr besser wäret als der Heiler?
Höre!
Meines Wissens ist Reirin die Einzige, die sich diese Anmaßung erlauben darf.
Aber ...!
Hüte deine Zunge, Shu Keigetsu!

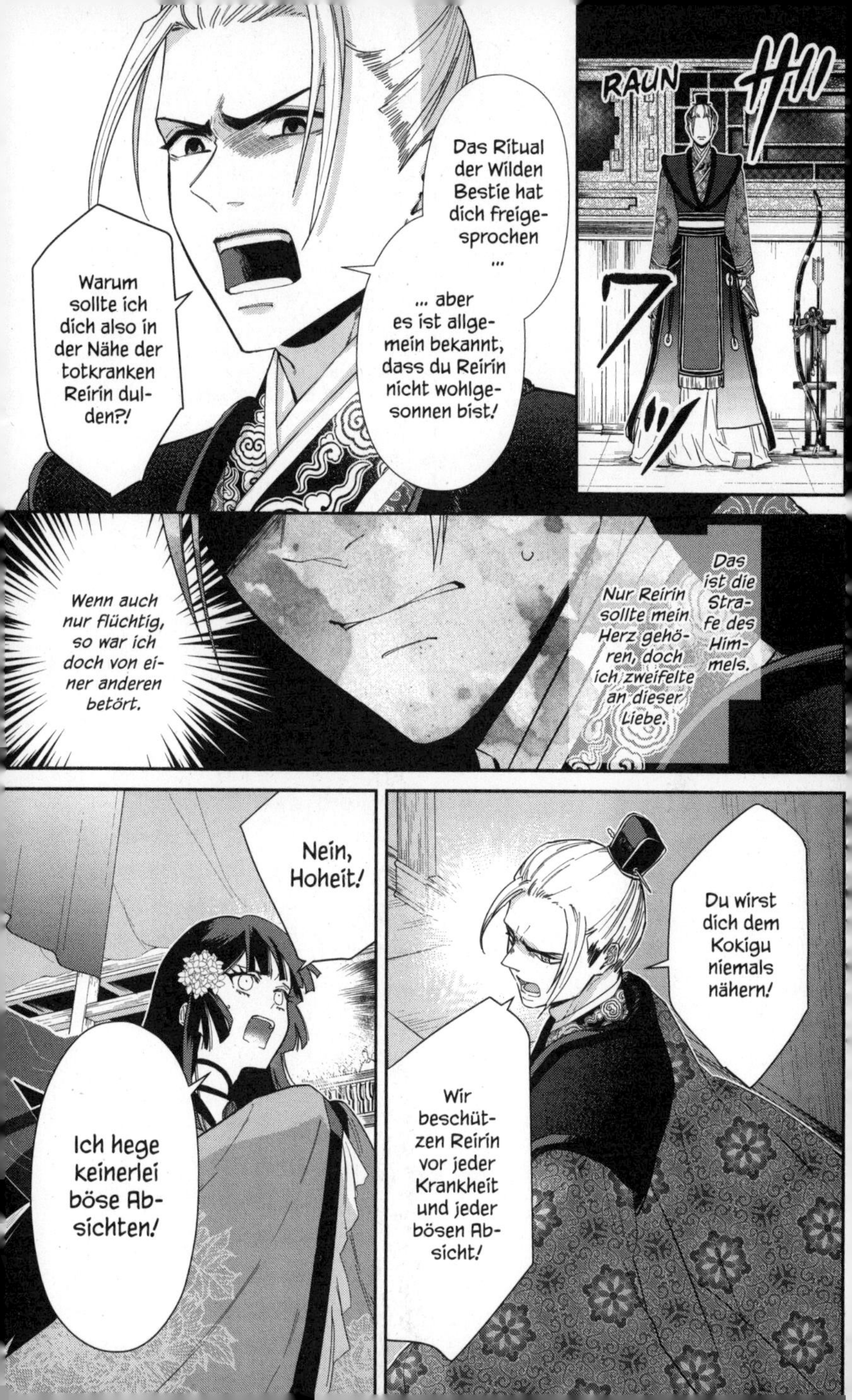
RAUN
Das Ritual der Wilden Bestie hat dich freigesprochen ...
... aber es ist allgemein bekannt, dass du Reirin nicht wohlgesonnen bist!
Warum sollte ich dich also in der Nähe der totkranken Reirin dulden?!
Das ist die Strafe des Himmels.
Nur Reirin sollte mein Herz gehören, doch ich zweifelte an dieser Liebe.
Wenn auch nur flüchtig, so war ich doch von einer anderen betört.
Du wirst dich dem Kokigu niemals nähern!
Wir beschützen Reirin vor jeder Krankheit und jeder bösen Absicht!
Nein, Hoheit!
Ich hege keinerlei böse Absichten!

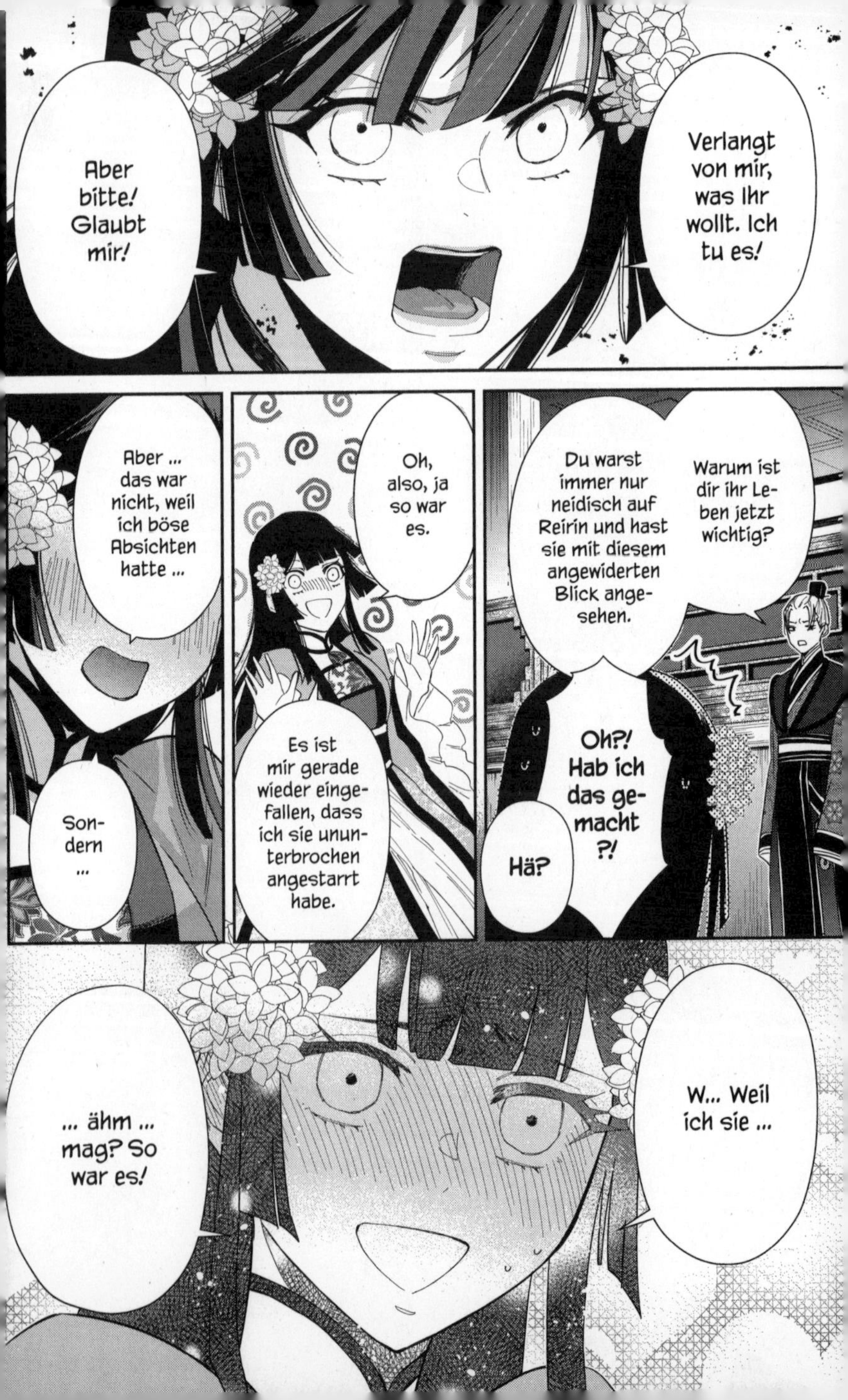
Verlangt von mir, was Ihr wollt. Ich tu es!
Aber bitte! Glaubt mir!
Warum ist dir ihr Leben jetzt wichtig?
Du warst immer nur neidisch auf Reirin und hast sie mit diesem angewiderten Blick angesehen.
Oh?! Hab ich das gemacht?!
Hä?
Oh, also, ja so war es.
Es ist mir gerade wieder eingefallen, dass ich sie ununterbrochen angestarrt habe.
Aber ... das war nicht, weil ich böse Absichten hatte ...
Sondern ...
W... Weil ich sie ...
... ähm ... mag? So war es!

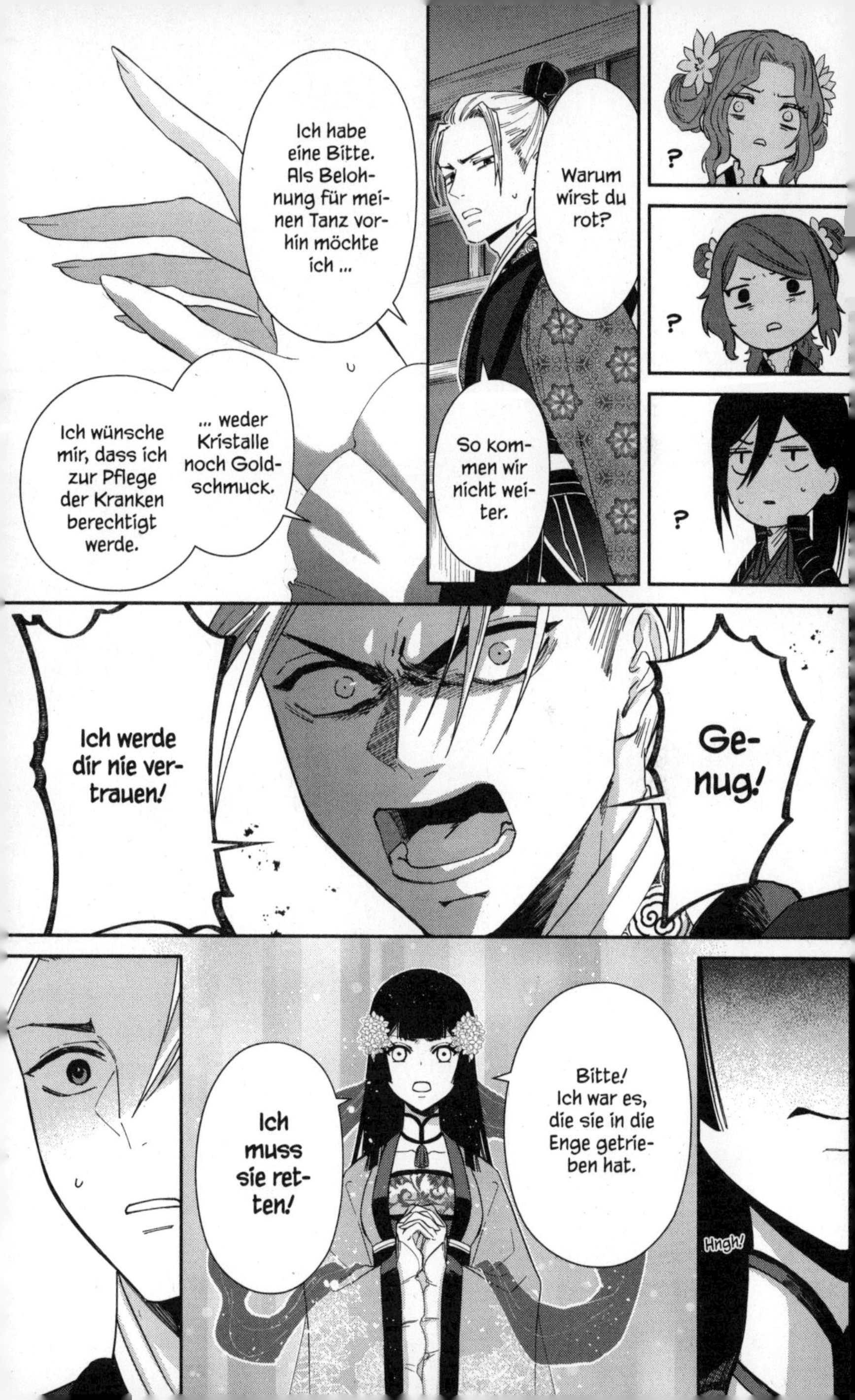
?
?
?
Warum wirst du rot?
So kommen wir nicht weiter.
Ich habe eine Bitte. Als Belohnung für meinen Tanz vorhin möchte ich ...
... weder Kristalle noch Goldschmuck.
Ich wünsche mir, dass ich zur Pflege der Kranken berechtigt werde.
Genug!
Ich werde dir nie vertrauen!
Hngh!
Bitte! Ich war es, die sie in die Enge getrieben hat.
Ich muss sie retten!

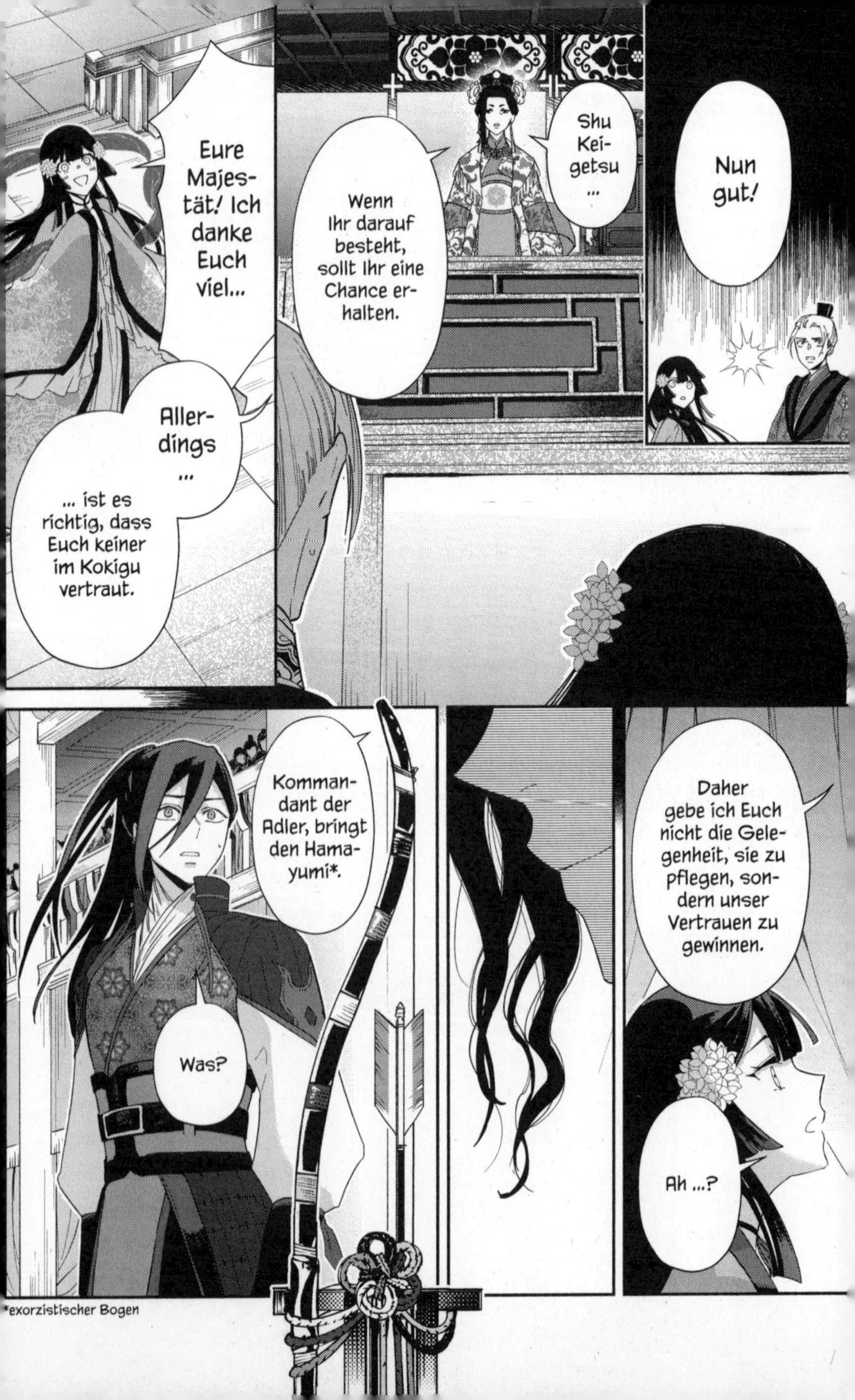

*exorzistischer Bogen

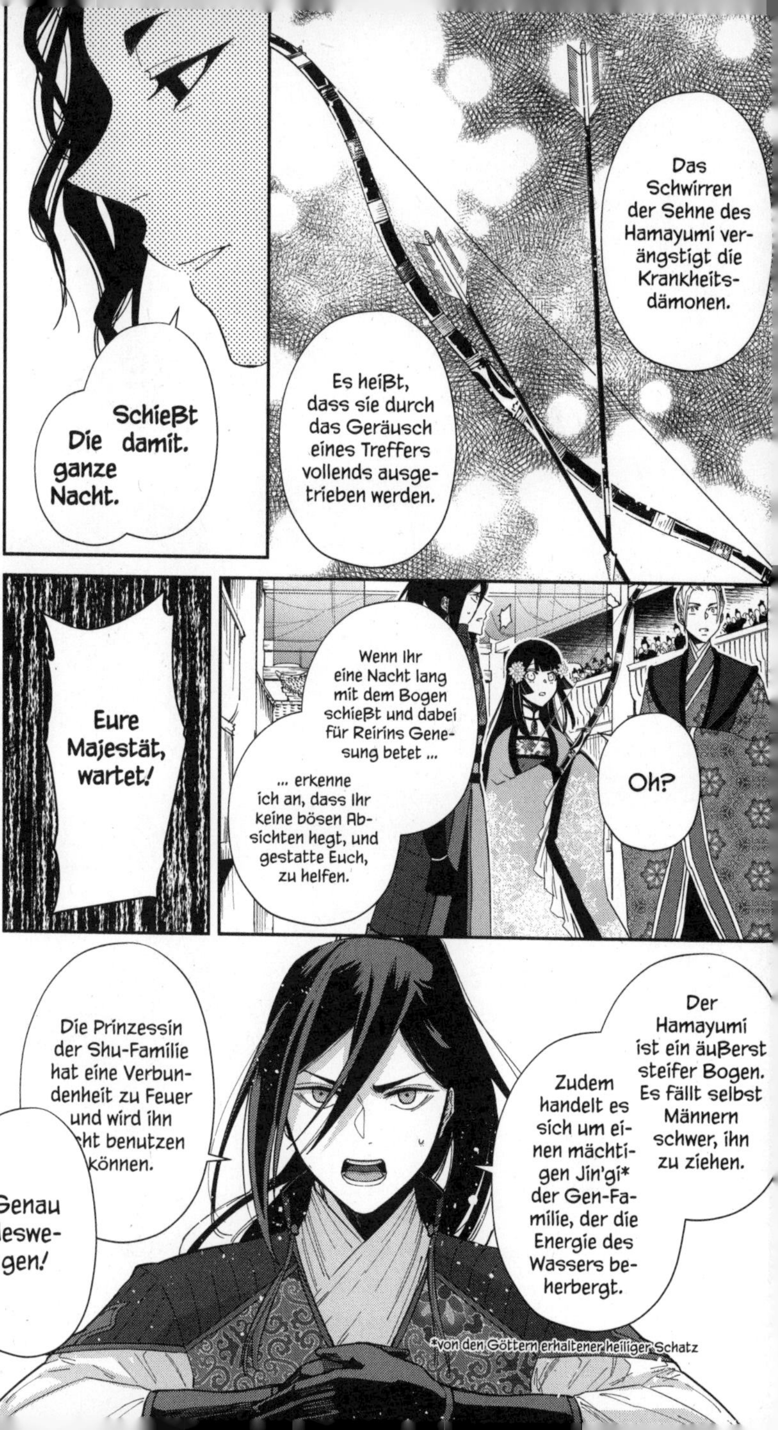

Das Schwirren der Sehne des Hamayumi verängstigt die Krankheitsdämonen.
Es heißt, dass sie durch das Geräusch eines Treffers vollends ausgetrieben werden.
Schießt damit.
Die ganze Nacht.
Oh?
Wenn Ihr eine Nacht lang mit dem Bogen schießt und dabei für Reirins Genesung betet ...
... erkenne ich an, dass Ihr keine bösen Absichten hegt, und gestatte Euch, zu helfen.
Eure Majestät, wartet!
Der Hamayumi ist ein äußerst steifer Bogen. Es fällt selbst Männern schwer, ihn zu ziehen.
Zudem handelt es sich um einen mächtigen Jin'gi* der Gen-Familie, der die Energie des Wassers beherbergt.
Die Prinzessin der Shu-Familie hat eine Verbundenheit zu Feuer und wird ihn
können.
Genau deswegen!
*von den Göttern erhaltener heiliger Schatz

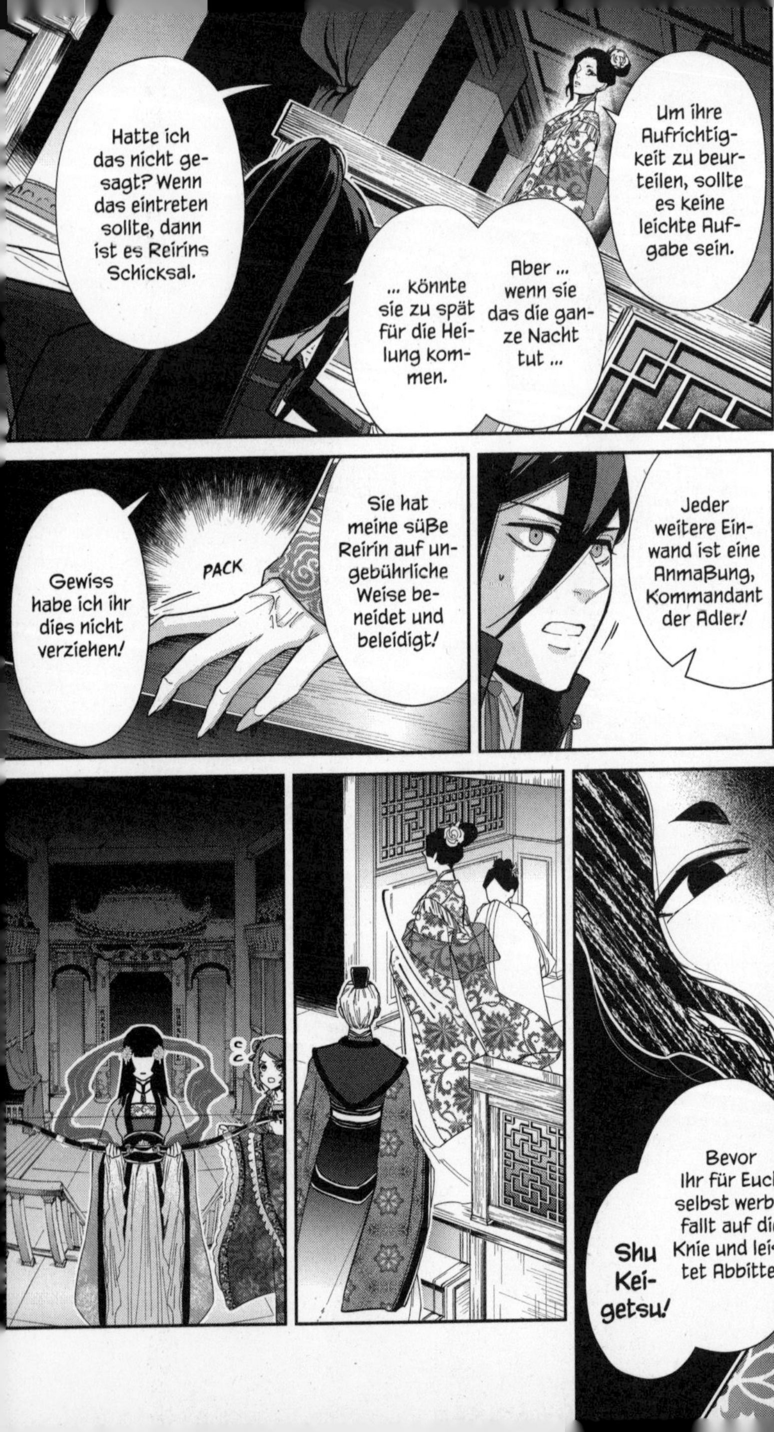
Um ihre Aufrichtigkeit zu beurteilen, sollte es keine leichte Aufgabe sein.
Aber ... wenn sie das die ganze Nacht tut ...
... könnte sie zu spät für die Heilung kommen.
Hatte ich das nicht gesagt? Wenn das eintreten sollte, dann ist es Reirins Schicksal.
Jeder weitere Einwand ist eine Anmaßung, Kommandant der Adler!
Sie hat meine süße Reirin auf ungebührliche Weise beneidet und beleidigt!
PACK
Gewiss habe ich ihr dies nicht verziehen!
Bevor Ihr für Euch selbst werbt, fallt auf die Knie und leistet Abbitte.
Shu Keigetsu!

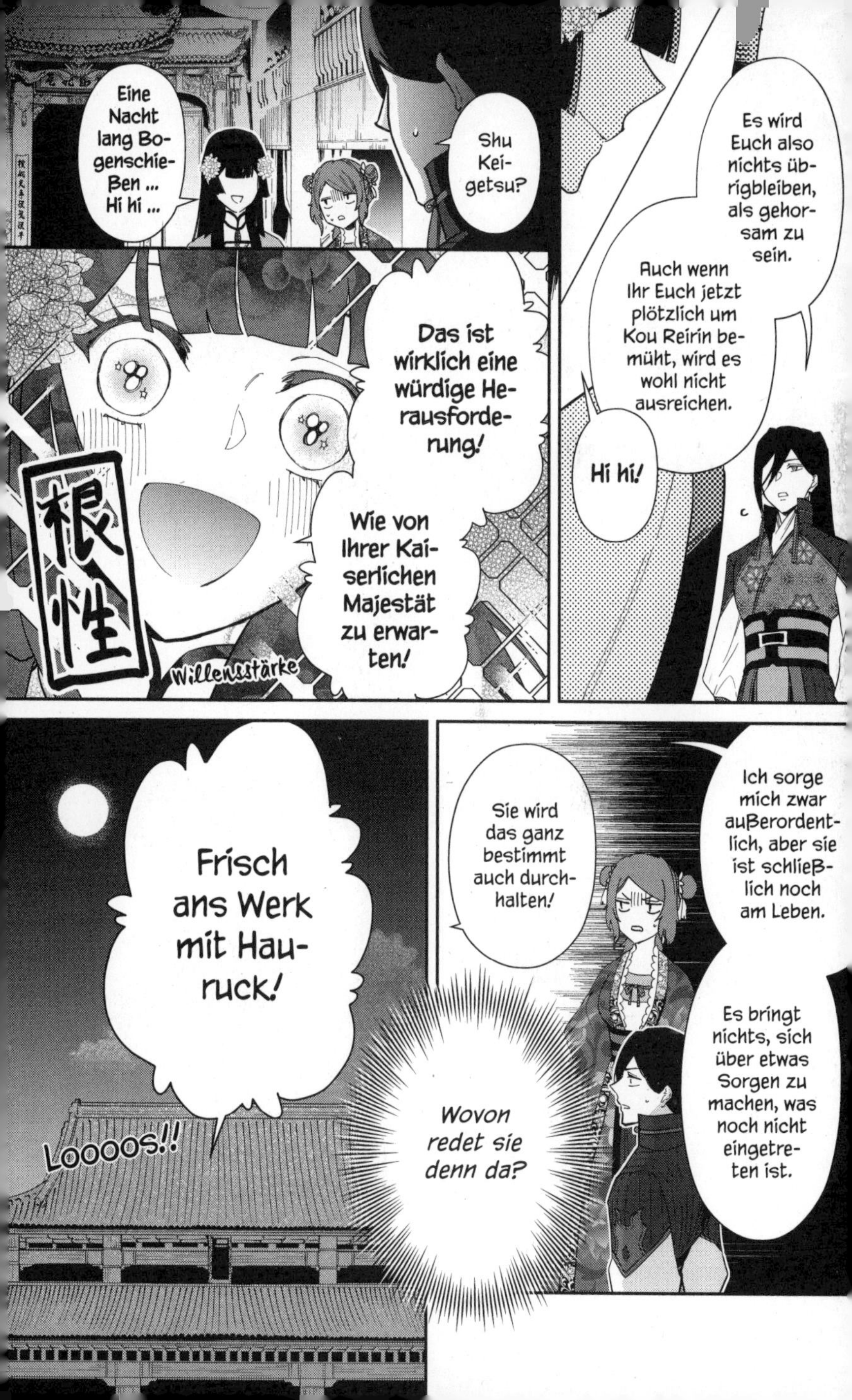
Es wird Euch also nichts übrigbleiben, als gehorsam zu sein.
Auch wenn Ihr Euch jetzt plötzlich um Kou Reirin bemüht, wird es wohl nicht ausreichen.
Hi hi!
Shu Keigetsu?
Eine Nacht lang Bogenschießen ... Hi hi ...
Das ist wirklich eine würdige Herausforderung!
Wie von Ihrer Kaiserlichen Majestät zu erwarten!
根性
Willensstärke
Ich sorge mich zwar außerordentlich, aber sie ist schließlich noch am Leben.
Es bringt nichts, sich über etwas Sorgen zu machen, was noch nicht eingetreten ist.
Sie wird das ganz bestimmt auch durchhalten!
Wovon redet sie denn da?
Frisch ans Werk mit Hauruck!
Looooos!!

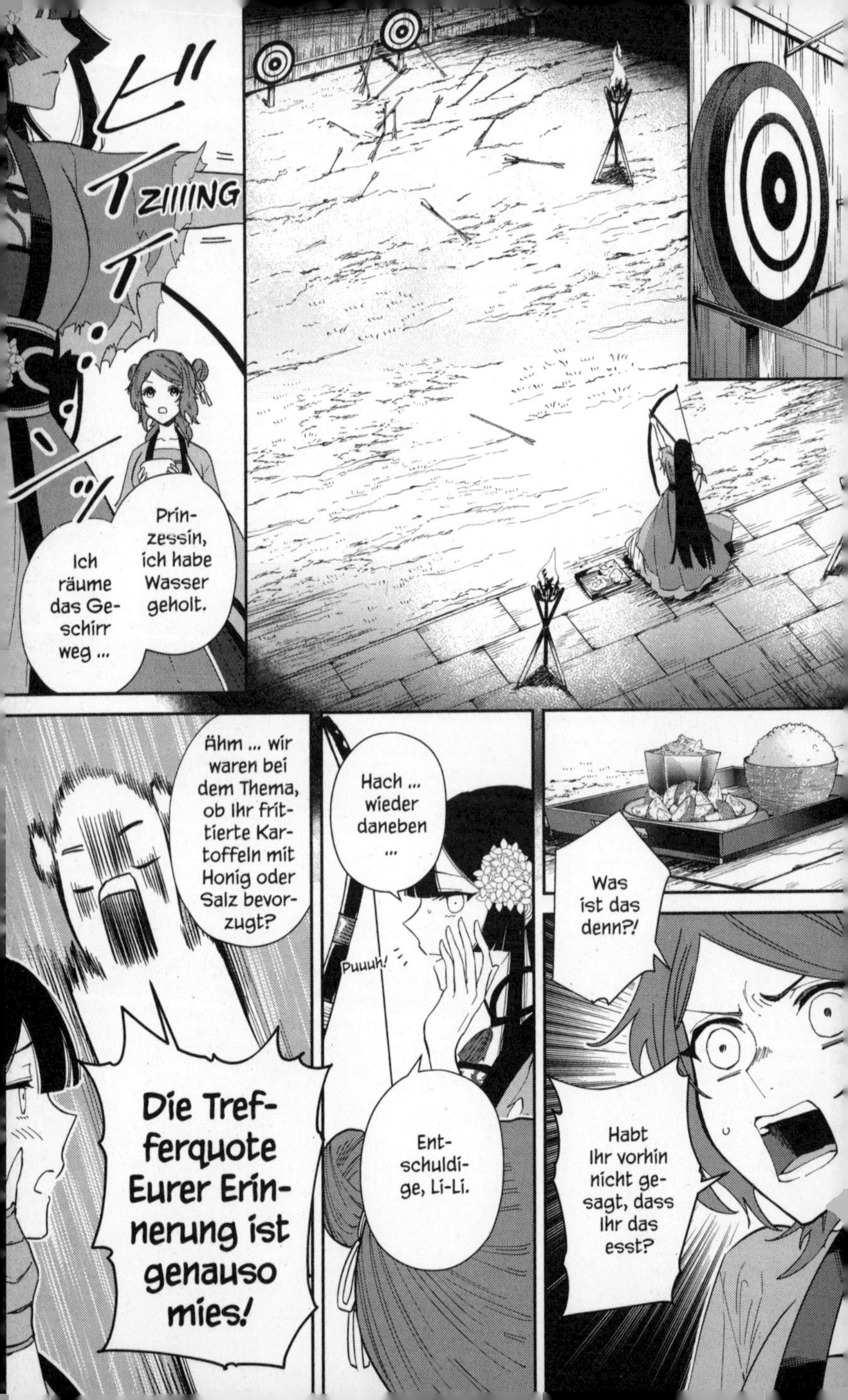
ZIIIING
Prinzessin, ich habe Wasser geholt.
Ich räume das Geschirr weg ...
Was ist das denn?!
Habt Ihr vorhin nicht gesagt, dass Ihr das esst?
Hach ... wieder daneben ...
Puuuh!
Entschuldige, Li-Li.
Ähm ... wir waren bei dem Thema, ob Ihr frittierte Kartoffeln mit Honig oder Salz bevorzugt?
Die Trefferquote Eurer Erinnerung ist genauso mies!

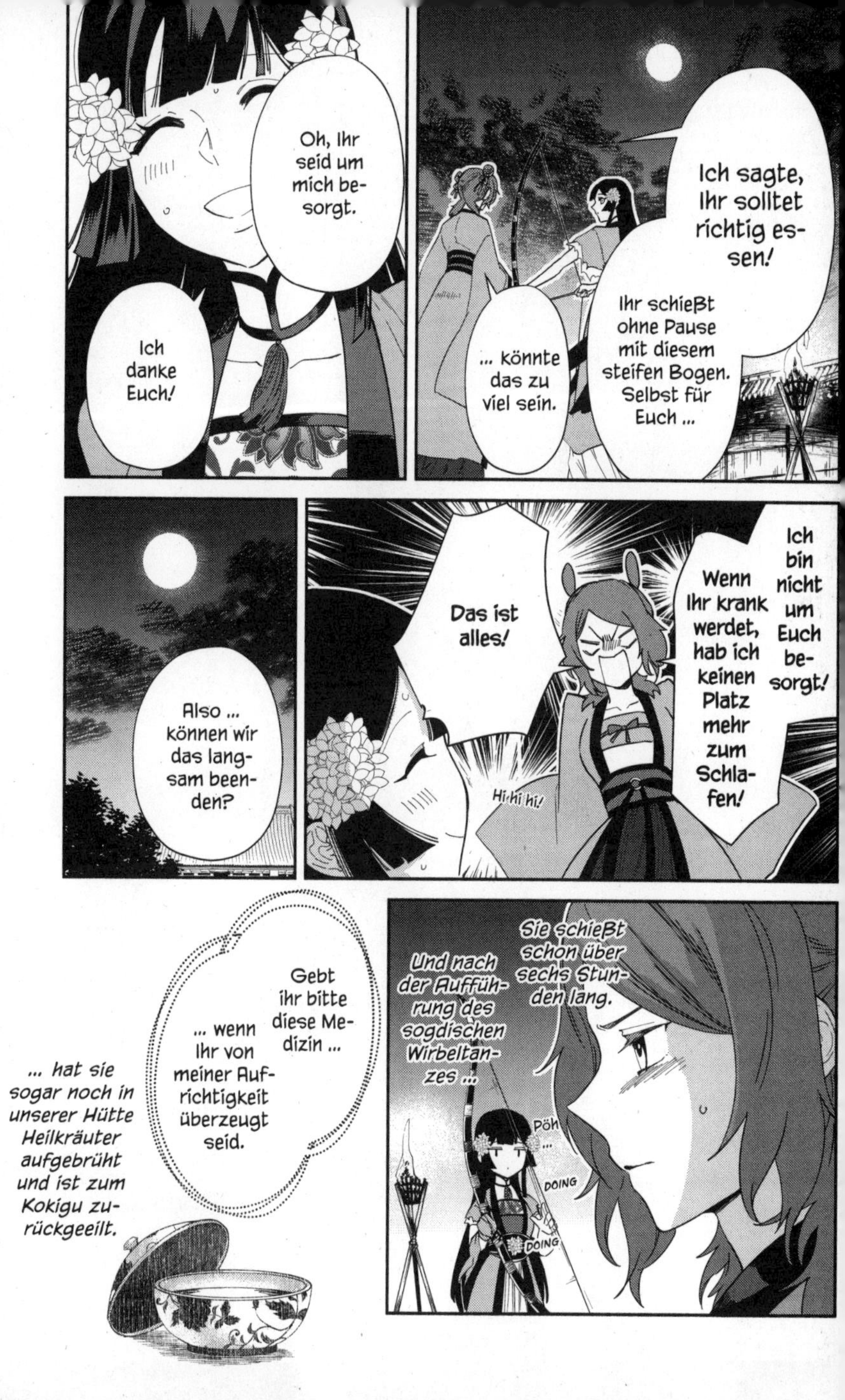
Ich sagte, Ihr solltet richtig essen!
Ihr schießt ohne Pause mit diesem steifen Bogen. Selbst für Euch ...
... könnte das zu viel sein.
Oh, Ihr seid um mich besorgt.
Ich danke Euch!
Ich bin nicht um Euch besorgt!
Wenn Ihr krank werdet, hab ich keinen Platz mehr zum Schlafen!
Das ist alles!
Hi hi hi!
Also ... können wir das langsam beenden?
Sie schießt schon über sechs Stunden lang.
Und nach der Aufführung des sogdischen Wirbeltanzes ...
Pöh ...
DOING
DOING
Gebt ihr bitte diese Medizin ...
... wenn Ihr von meiner Aufrichtigkeit überzeugt seid.
... hat sie sogar noch in unserer Hütte Heilkräuter aufgebrüht und ist zum Kokigu zurückgeeilt.

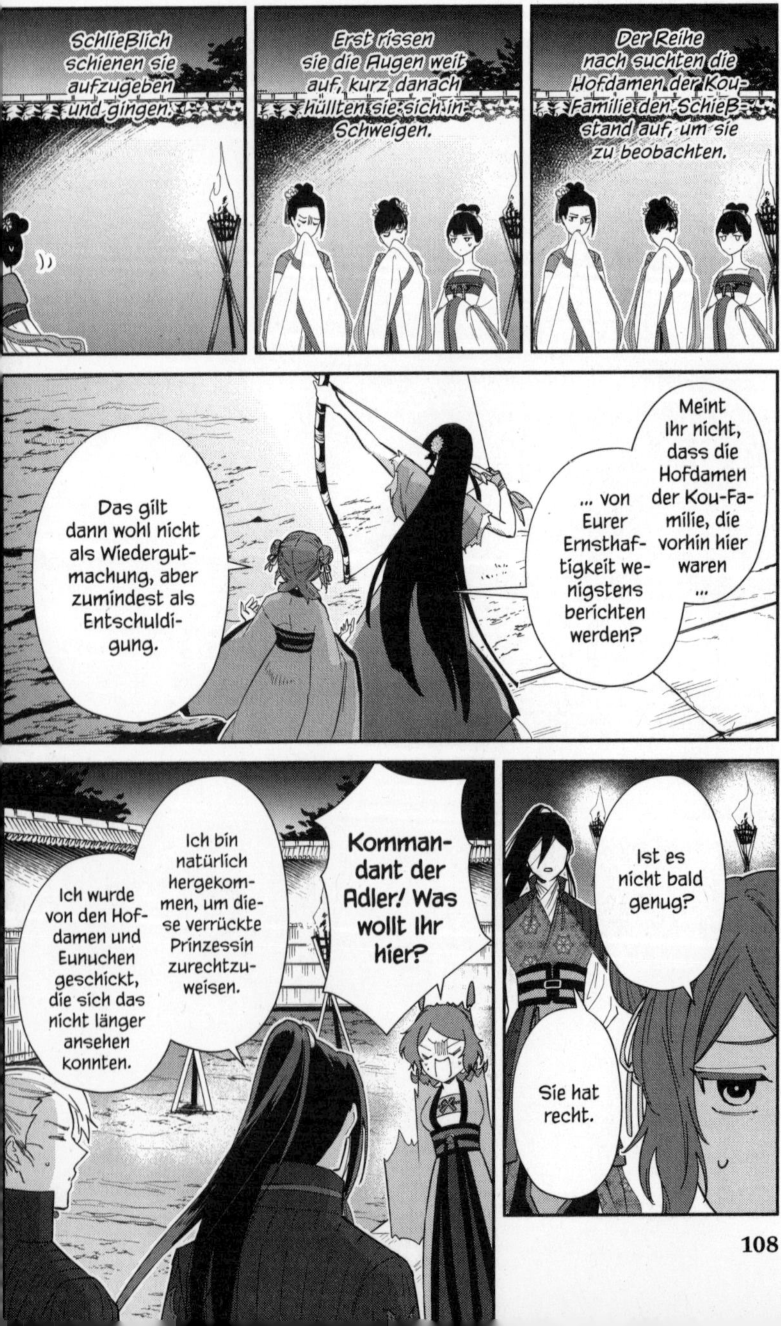
Der Reihe nach suchten die Hofdamen der Kou-Familie den Schießstand auf, um sie zu beobachten.
Erst rissen sie die Augen weit auf, kurz danach hüllten sie sich in Schweigen.
Schließlich schienen sie aufzugeben und gingen.
Meint Ihr nicht, dass die Hofdamen der Kou-Familie, die vorhin hier waren ...
... von Eurer Ernsthaftigkeit wenigstens berichten werden?
Das gilt dann wohl nicht als Wiedergutmachung, aber zumindest als Entschuldigung.
Ist es nicht bald genug?
Sie hat recht.
Kommandant der Adler! Was wollt Ihr hier?
Ich bin natürlich hergekommen, um diese verrückte Prinzessin zurechtzuweisen.
Ich wurde von den Hofdamen und Eunuchen geschickt, die sich das nicht länger ansehen konnten.

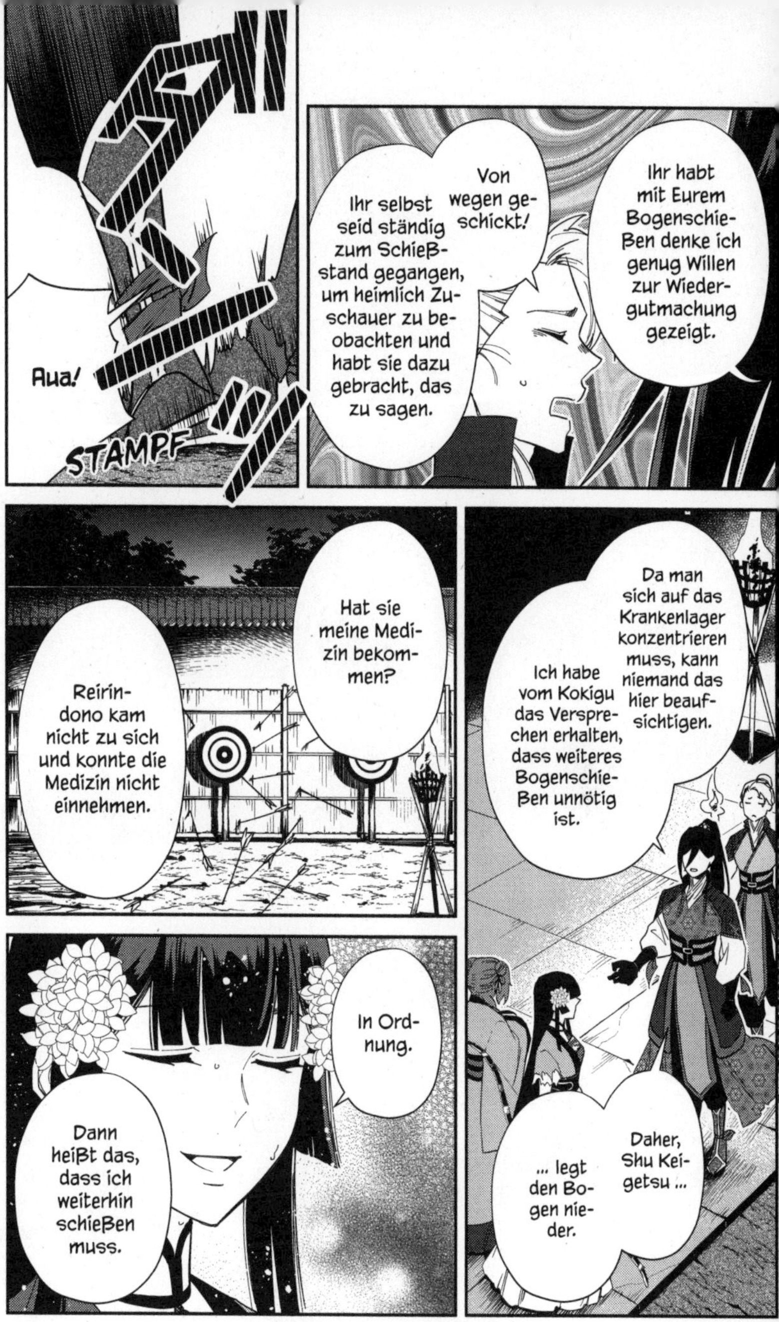
Ihr habt mit Eurem Bogenschie-ßen denke ich genug Willen zur Wieder-gutmachung gezeigt.
Von wegen ge-schickt!
Ihr selbst seid ständig zum Schieß-stand gegangen, um heimlich Zu-schauer zu be-obachten und habt sie dazu gebracht, das zu sagen.
STAMPF
Aua!
Da man sich auf das Krankenlager konzentrieren muss, kann niemand das hier beauf-sichtigen.
Ich habe vom Kokigu das Verspre-chen erhalten, dass weiteres Bogenschie-ßen unnötig ist.
Hat sie meine Medi-zin bekom-men?
Reirin-dono kam nicht zu sich und konnte die Medizin nicht einnehmen.
Daher, Shu Kei-getsu ...
... legt den Bo-gen nie-der.
In Ord-nung.
Dann heißt das, dass ich weiterhin schießen muss.

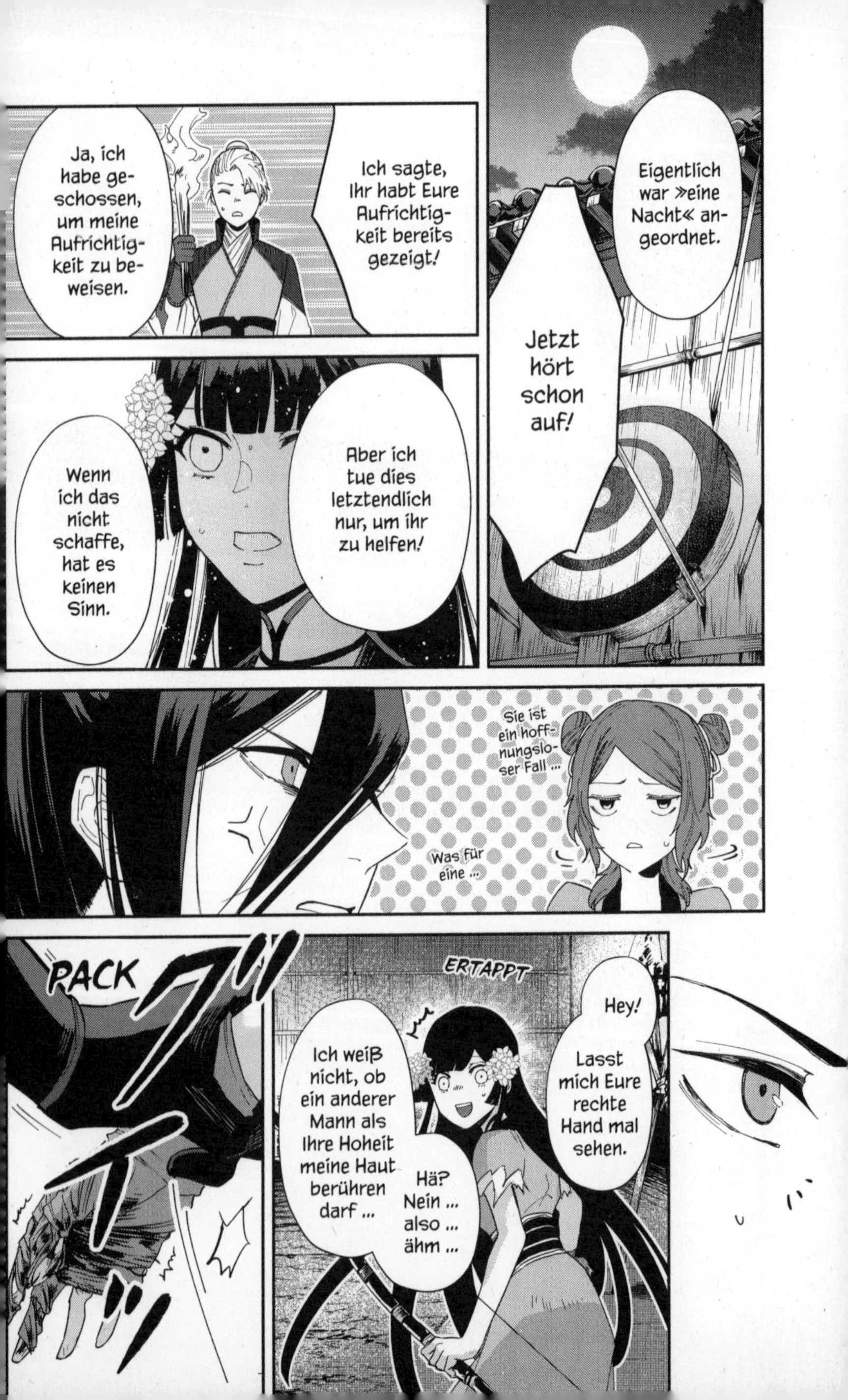
Eigentlich war »eine Nacht« angeordnet.
Jetzt hört schon auf!
Ich sagte, Ihr habt Eure Aufrichtigkeit bereits gezeigt!
Ja, ich habe geschossen, um meine Aufrichtigkeit zu beweisen.
Aber ich tue dies letztendlich nur, um ihr zu helfen!
Wenn ich das nicht schaffe, hat es keinen Sinn.
Sie ist ein hoffnungsloser Fall ...
Was für eine ...
ERTAPPT
Hey!
Lasst mich Eure rechte Hand mal sehen.
Ich weiß nicht, ob ein anderer Mann als Ihre Hoheit meine Haut berühren darf ...
Hä? Nein ... also ... ähm ...
PACK

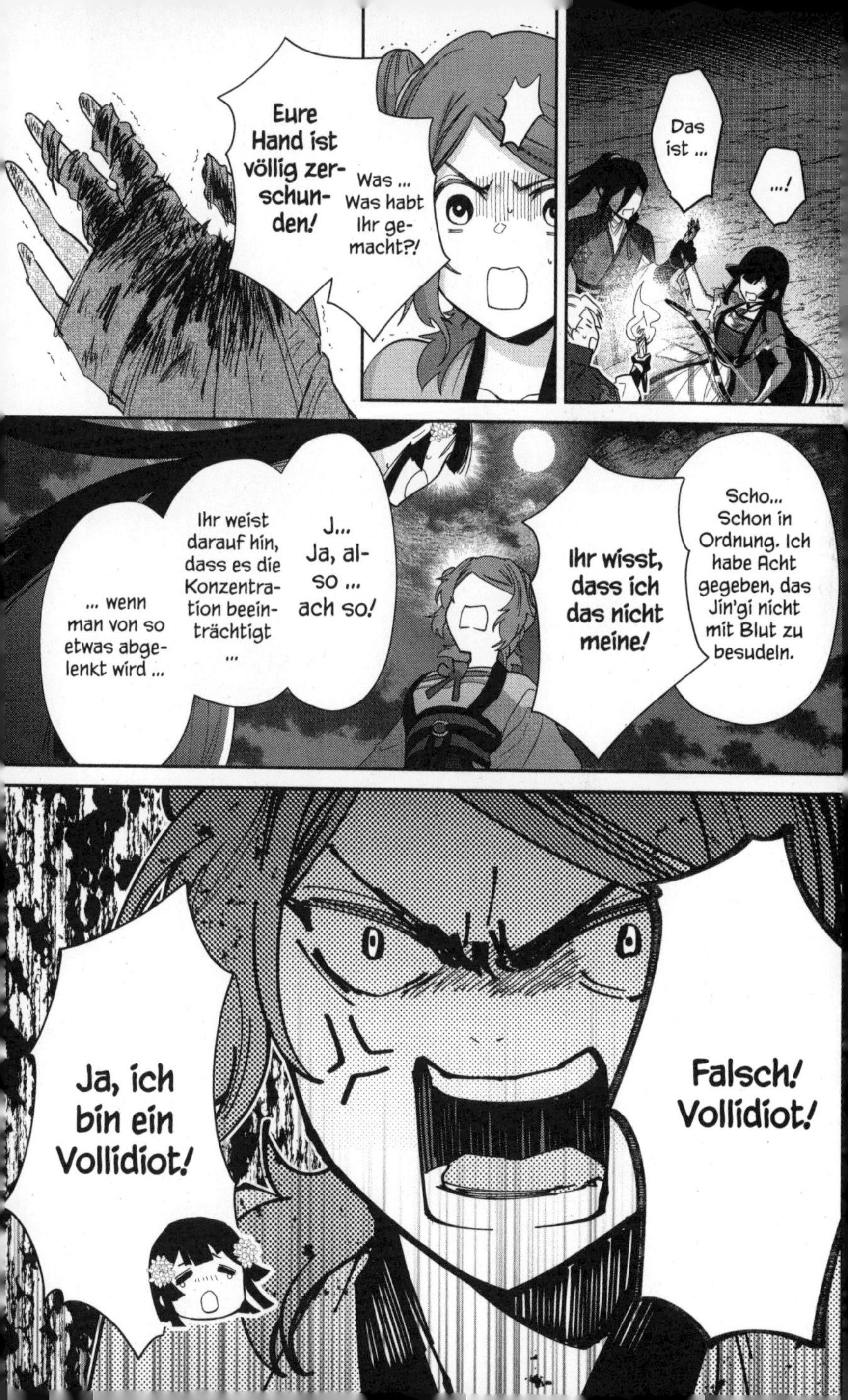

Das ist ...
...!
Was ... Was habt Ihr gemacht?!
Eure Hand ist völlig zerschunden!
Scho... Schon in Ordnung. Ich habe Acht gegeben, das Jin'gi nicht mit Blut zu besudeln.
Ihr wisst, dass ich das nicht meine!
J... Ja, also ... ach so!
Ihr weist darauf hin, dass es die Konzentration beeinträchtigt ...
... wenn man von so etwas abgelenkt wird ...
Falsch! Vollidiot!
Ja, ich bin ein Vollidiot!

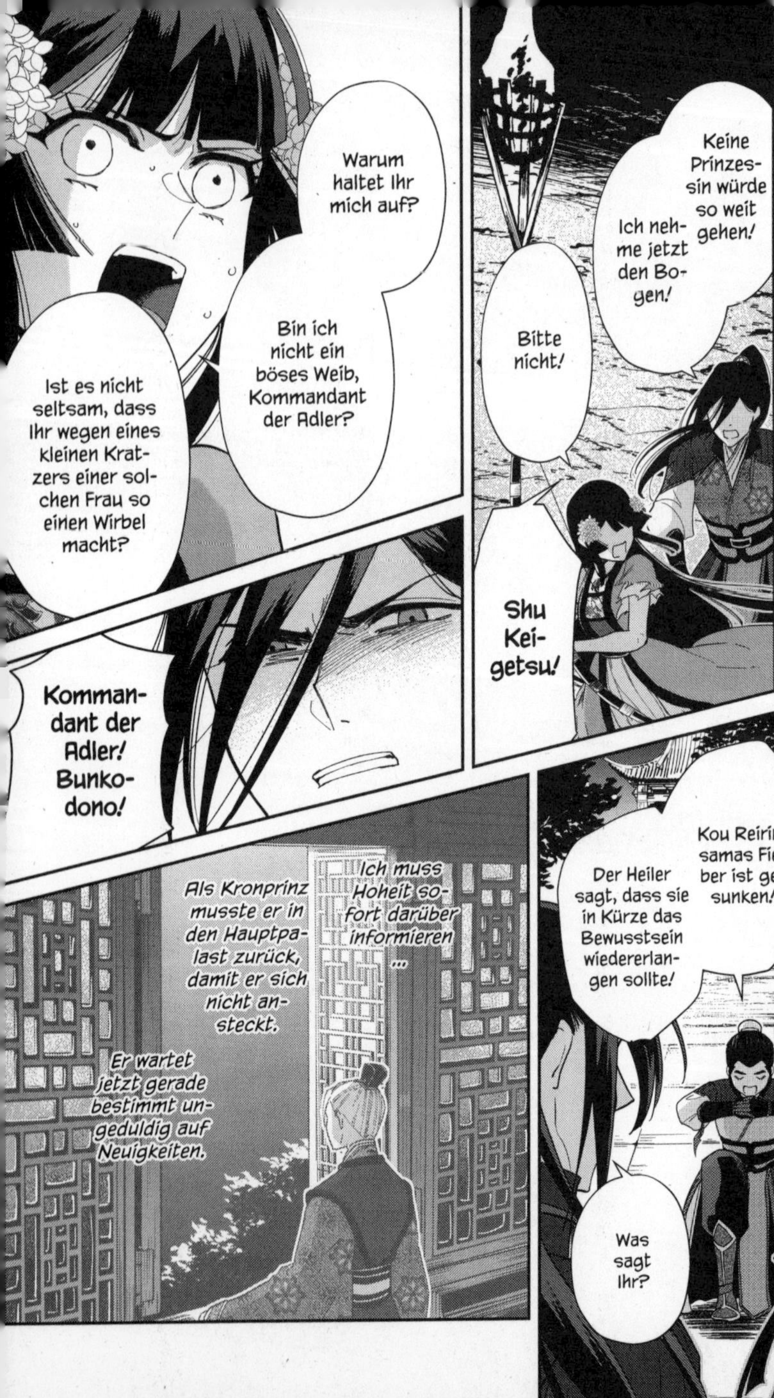

Keine Prinzessin würde so weit gehen!
Ich nehme jetzt den Bogen!
Bitte nicht!
Shu Keigetsu!
Warum haltet Ihr mich auf?
Bin ich nicht ein böses Weib, Kommandant der Adler?
Ist es nicht seltsam, dass Ihr wegen eines kleinen Kratzers einer solchen Frau so einen Wirbel macht?
Kommandant der Adler! Bunko-dono!
Kou Reirin-samas Fieber ist gesunken!
Der Heiler sagt, dass sie in Kürze das Bewusstsein wiedererlangen sollte!
Was sagt Ihr?
Ich muss Hoheit sofort darüber informieren ...
Als Kronprinz musste er in den Hauptpalast zurück, damit er sich nicht ansteckt.
Er wartet jetzt gerade bestimmt ungeduldig auf Neuigkeiten.

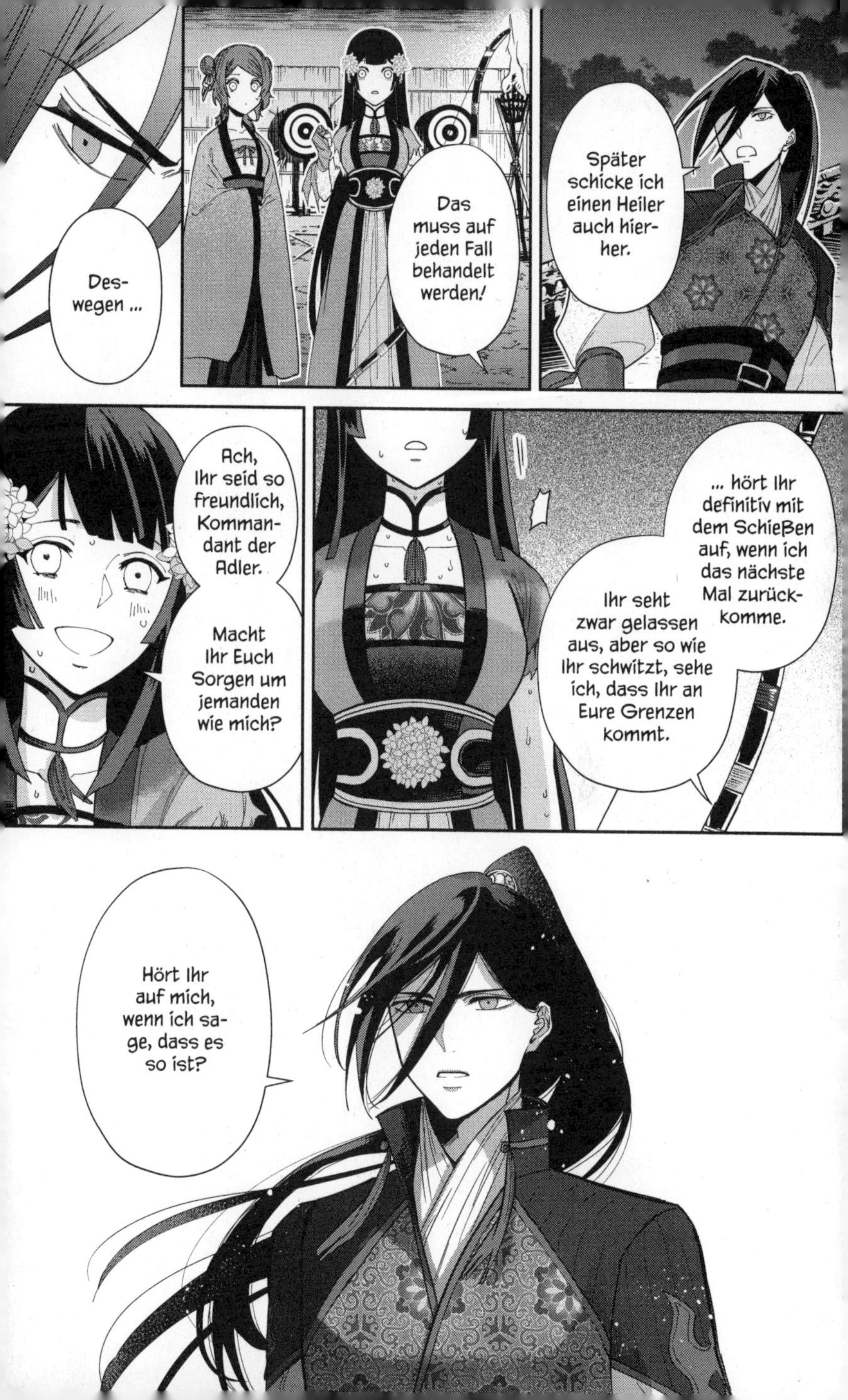
Später schicke ich einen Heiler auch hierher.
Das muss auf jeden Fall behandelt werden!
Deswegen ...
... hört Ihr definitiv mit dem Schießen auf, wenn ich das nächste Mal zurückkomme.
Ihr seht zwar gelassen aus, aber so wie Ihr schwitzt, sehe ich, dass Ihr an Eure Grenzen kommt.
Ach, Ihr seid so freundlich, Kommandant der Adler.
Macht Ihr Euch Sorgen um jemanden wie mich?
Hört Ihr auf mich, wenn ich sage, dass es so ist?

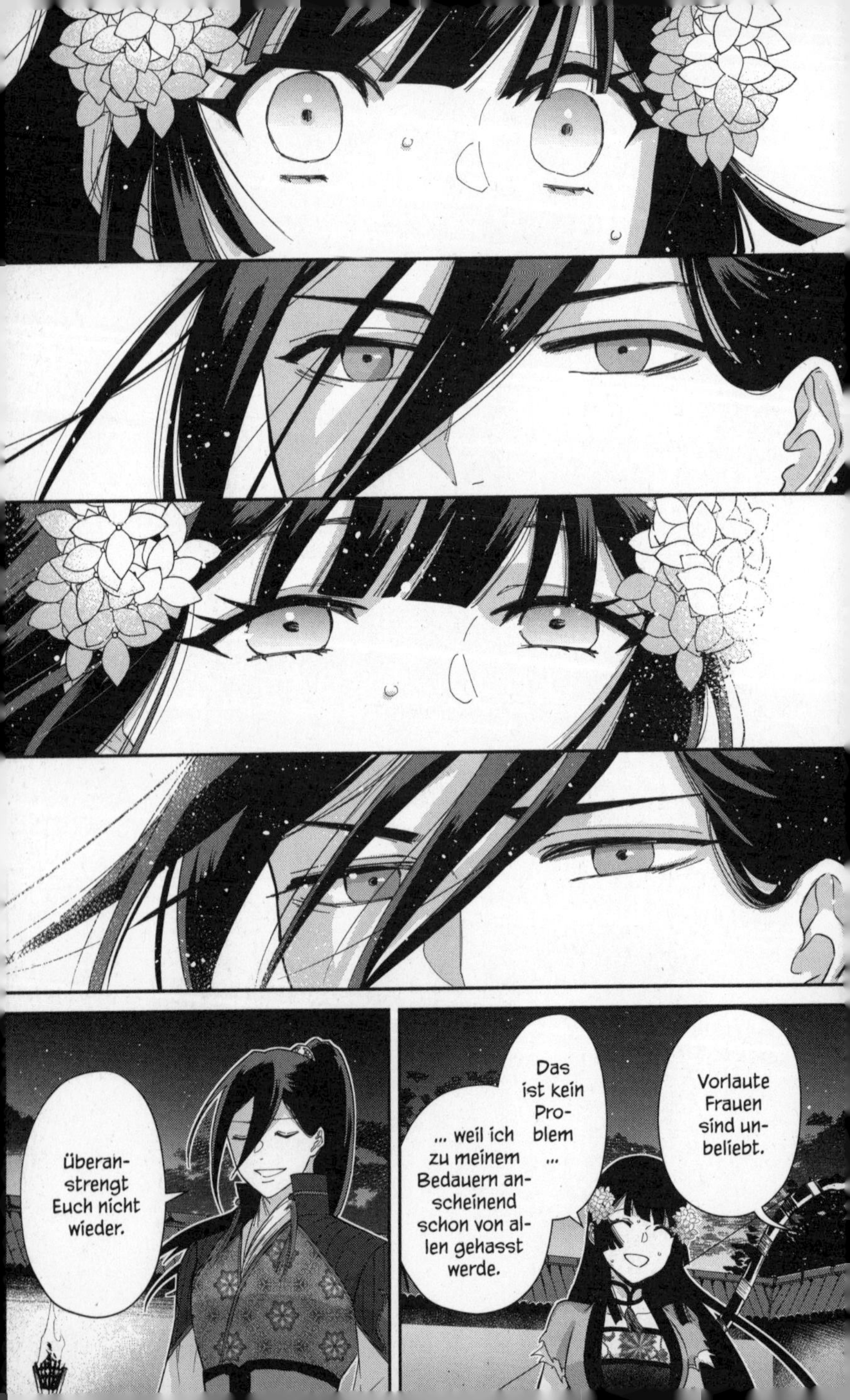
Vorlaute Frauen sind unbeliebt.
Das ist kein Problem ...
... weil ich zu meinem Bedauern anscheinend schon von allen gehasst werde.
Überanstrengt Euch nicht wieder.

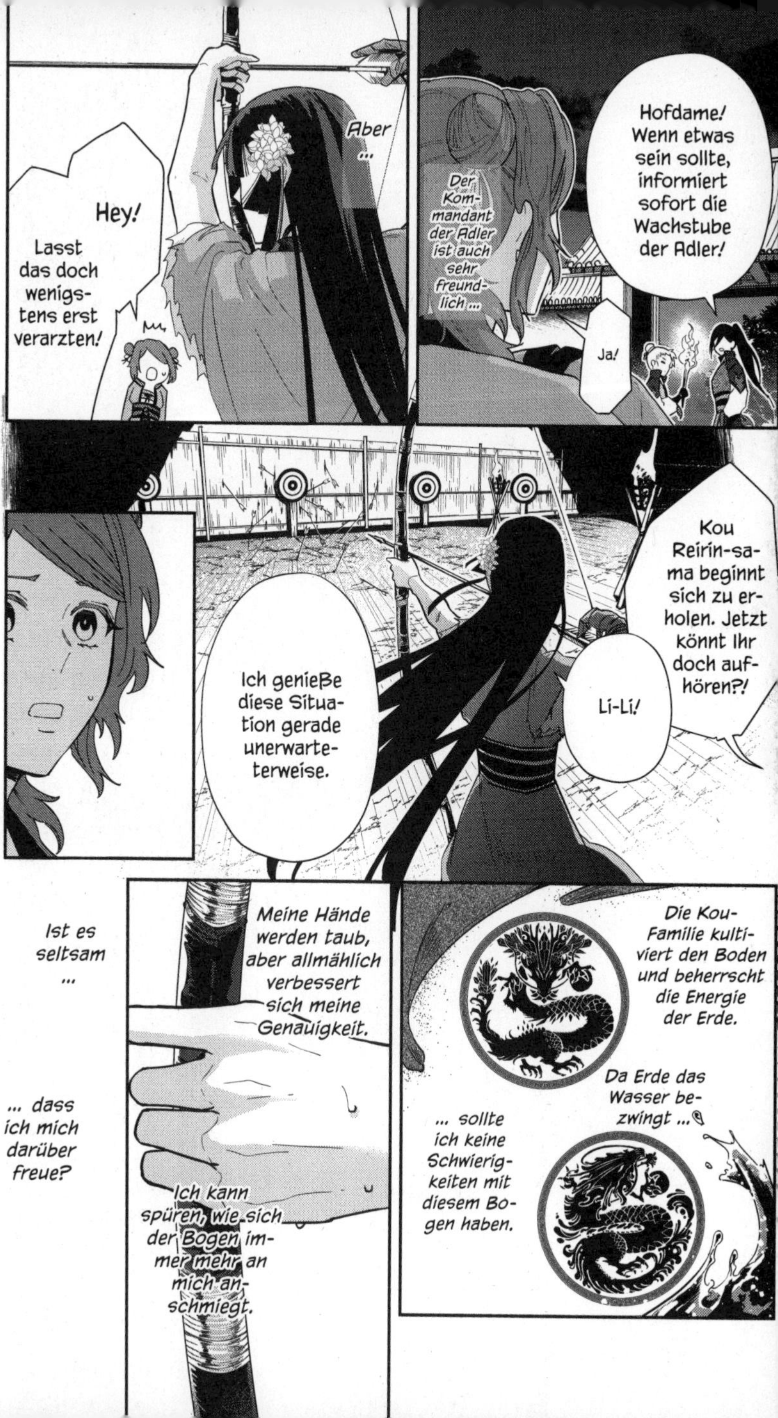
Hofdame! Wenn etwas sein sollte, informiert sofort die Wachstube der Adler!
Ja!
Der Kommandant der Adler ist auch sehr freundlich ...
Aber ...
Hey!
Lasst das doch wenigstens erst verarzten!
Kou Reirin-sama beginnt sich zu erholen. Jetzt könnt Ihr doch aufhören?!
Li-Li!
Ich genieße diese Situation gerade unerwarteterweise.
Die Kou-Familie kultiviert den Boden und beherrscht die Energie der Erde.
Da Erde das Wasser bezwingt ...
... sollte ich keine Schwierigkeiten mit diesem Bogen haben.
Meine Hände werden taub, aber allmählich verbessert sich meine Genauigkeit.
Ich kann spüren, wie sich der Bogen immer mehr an mich anschmiegt.
Ist es seltsam ...
... dass ich mich darüber freue?

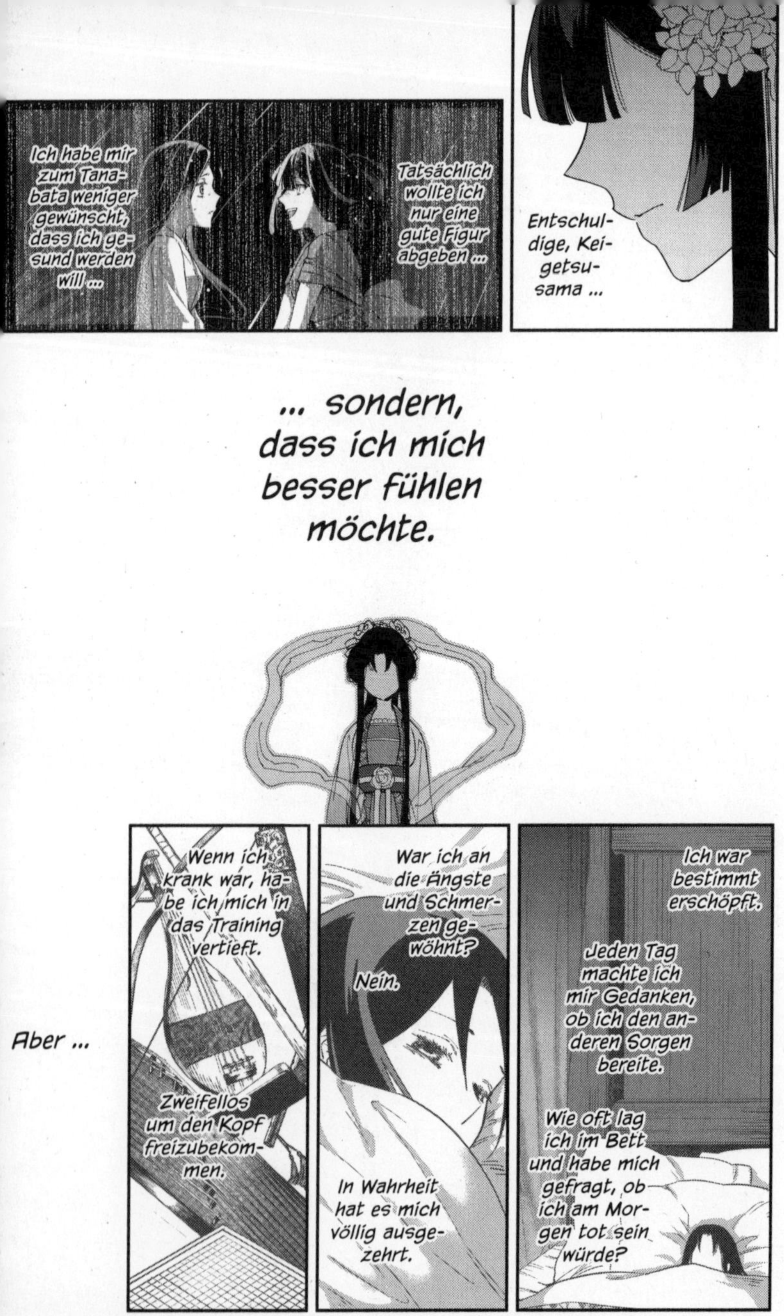
Entschuldige, Keigetsu-sama ...
Tatsächlich wollte ich nur eine gute Figur abgeben ...
Ich habe mir zum Tanabata weniger gewünscht, dass ich gesund werden will ...
... sondern, dass ich mich besser fühlen möchte.
Ich war bestimmt erschöpft.
Jeden Tag machte ich mir Gedanken, ob ich den anderen Sorgen bereite.
Wie oft lag ich im Bett und habe mich gefragt, ob ich am Morgen tot sein würde?
War ich an die Ängste und Schmerzen gewöhnt?
Nein.
In Wahrheit hat es mich völlig ausgezehrt.
Wenn ich krank war, habe ich mich in das Training vertieft.
Zweifellos um den Kopf freizubekommen.
Aber ...

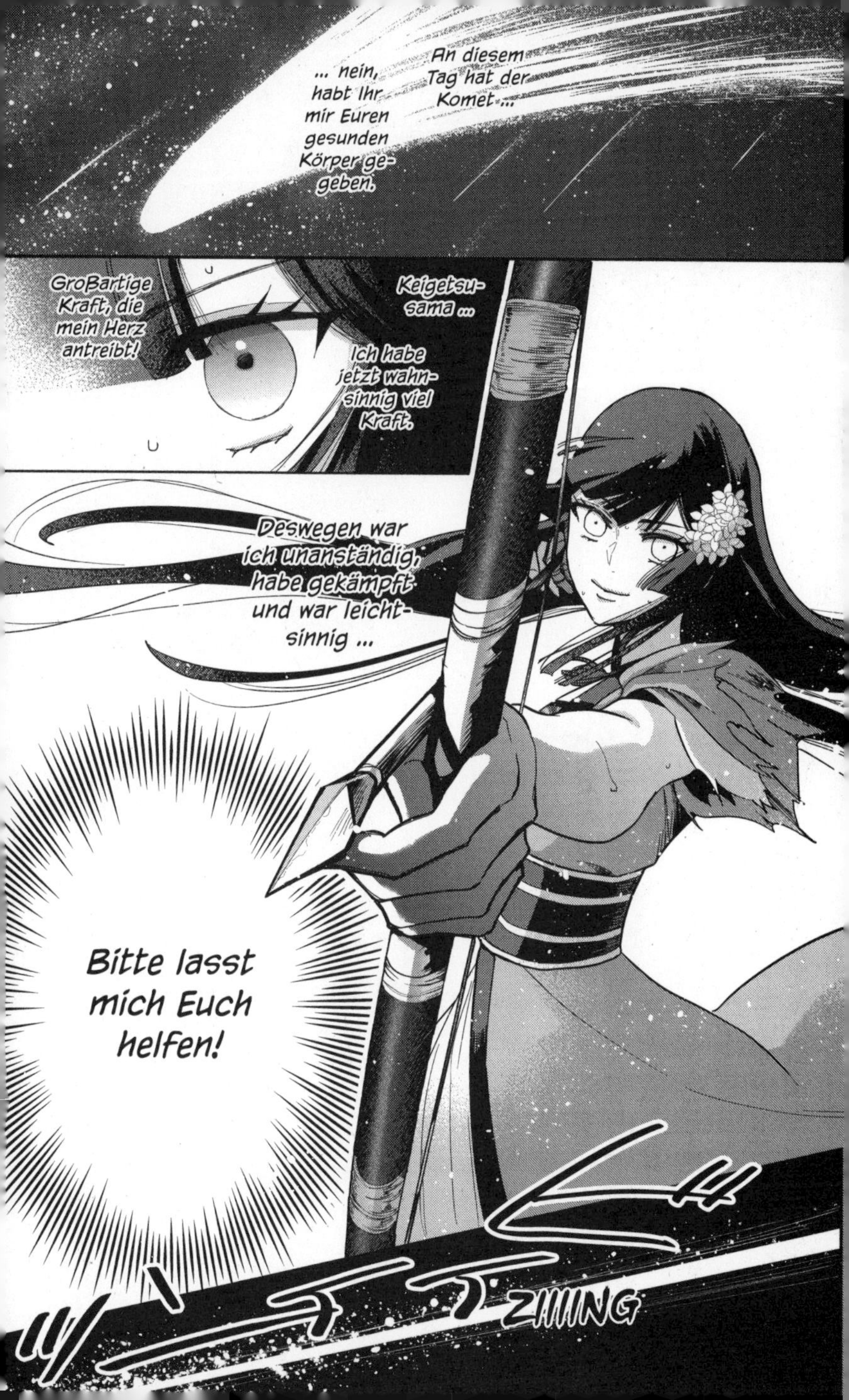
An diesem Tag hat der Komet ...
... nein, habt Ihr mir Euren gesunden Körper gegeben.
Keigetsu-sama ...
Ich habe jetzt wahnsinnig viel Kraft.
Großartige Kraft, die mein Herz antreibt!
Deswegen war ich unanständig, habe gekämpft und war leichtsinnig ...
Bitte lasst mich Euch helfen!
ZIIIING

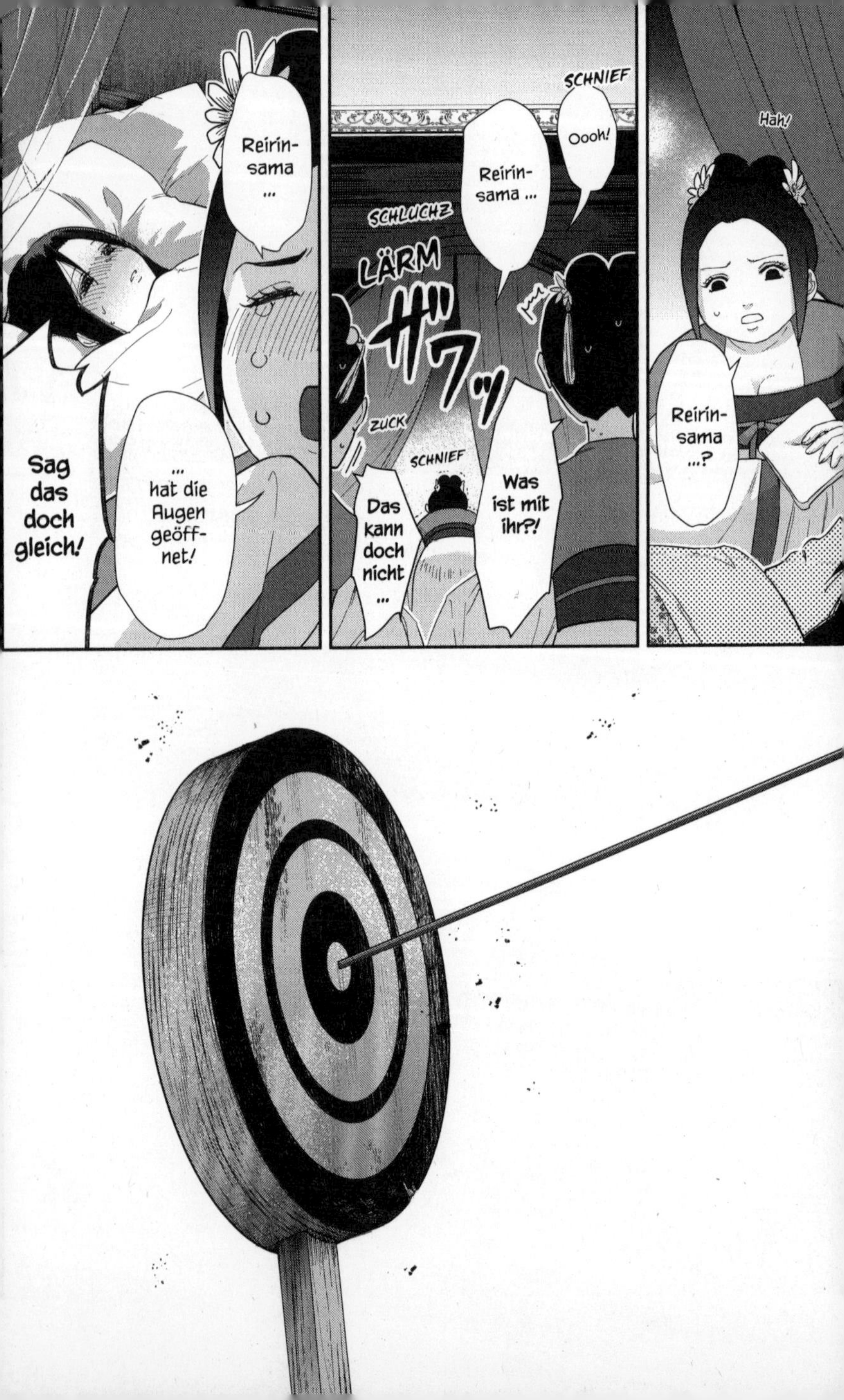

Hah!
Reirin-sama ...?
SCHNIEF
Oooh!
Reirin-sama ...
SCHLUCHZ
LÄRM
ザワッ
ZUCK
SCHNIEF
Was ist mit ihr?!
Das kann doch nicht ...
Reirin-sama ...
... hat die Augen geöff-net!
Sag das doch gleich!

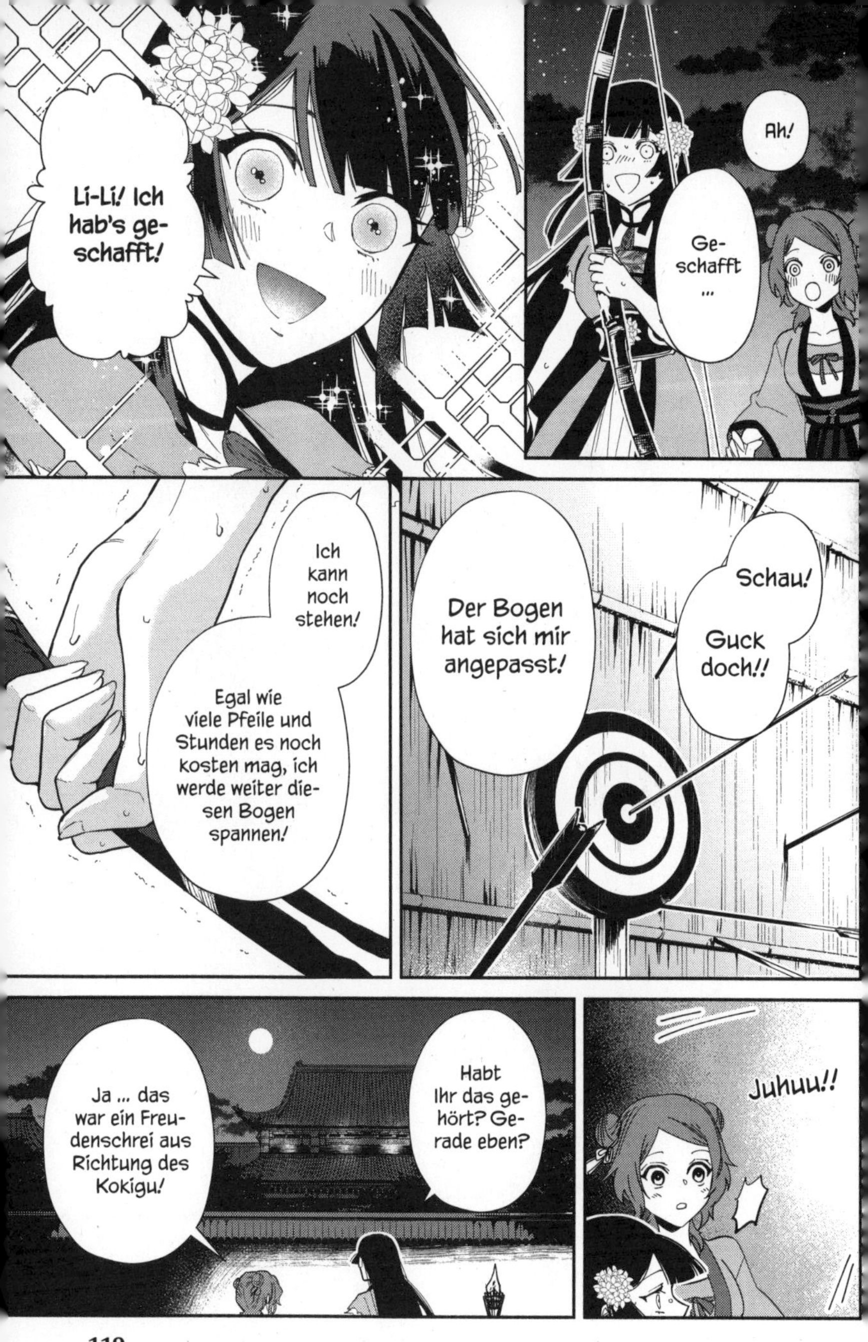
Ah!
Ge-schafft ...
Li-Li! Ich hab's ge-schafft!
Schau! Guck doch!!
Der Bogen hat sich mir angepasst!
Ich kann noch stehen!
Egal wie viele Pfeile und Stunden es noch kosten mag, ich werde weiter die-sen Bogen spannen!
Juhuu!!
Habt Ihr das ge-hört? Ge-rade eben?
Ja ... das war ein Freu-denschrei aus Richtung des Kokigu!

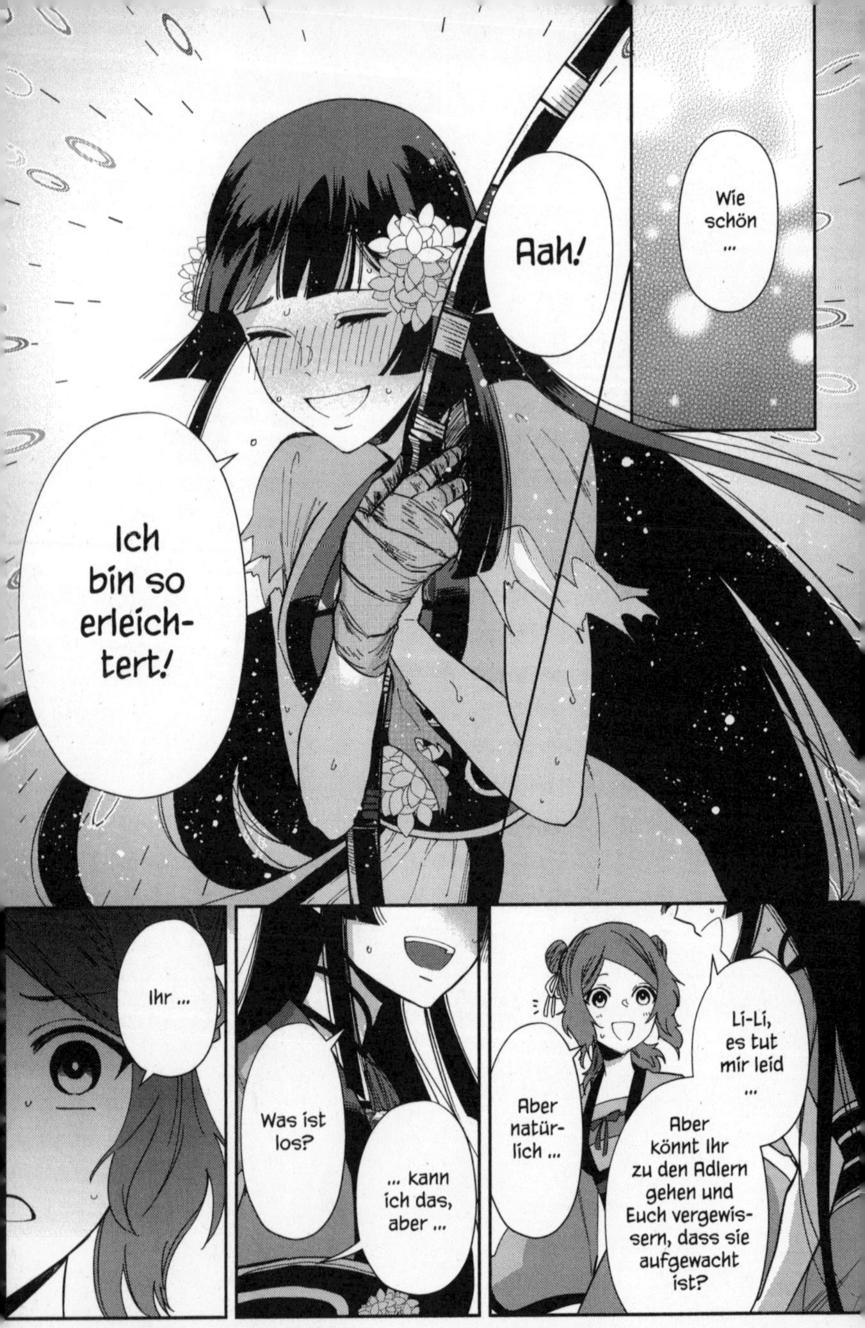
Wie schön ...
Aah!
Ich bin so erleichtert!
Li-Li, es tut mir leid ...
Aber könnt Ihr zu den Adlern gehen und Euch vergewissern, dass sie aufgewacht ist?
Aber natürlich ...
... kann ich das, aber ...
Was ist los?
Ihr ...

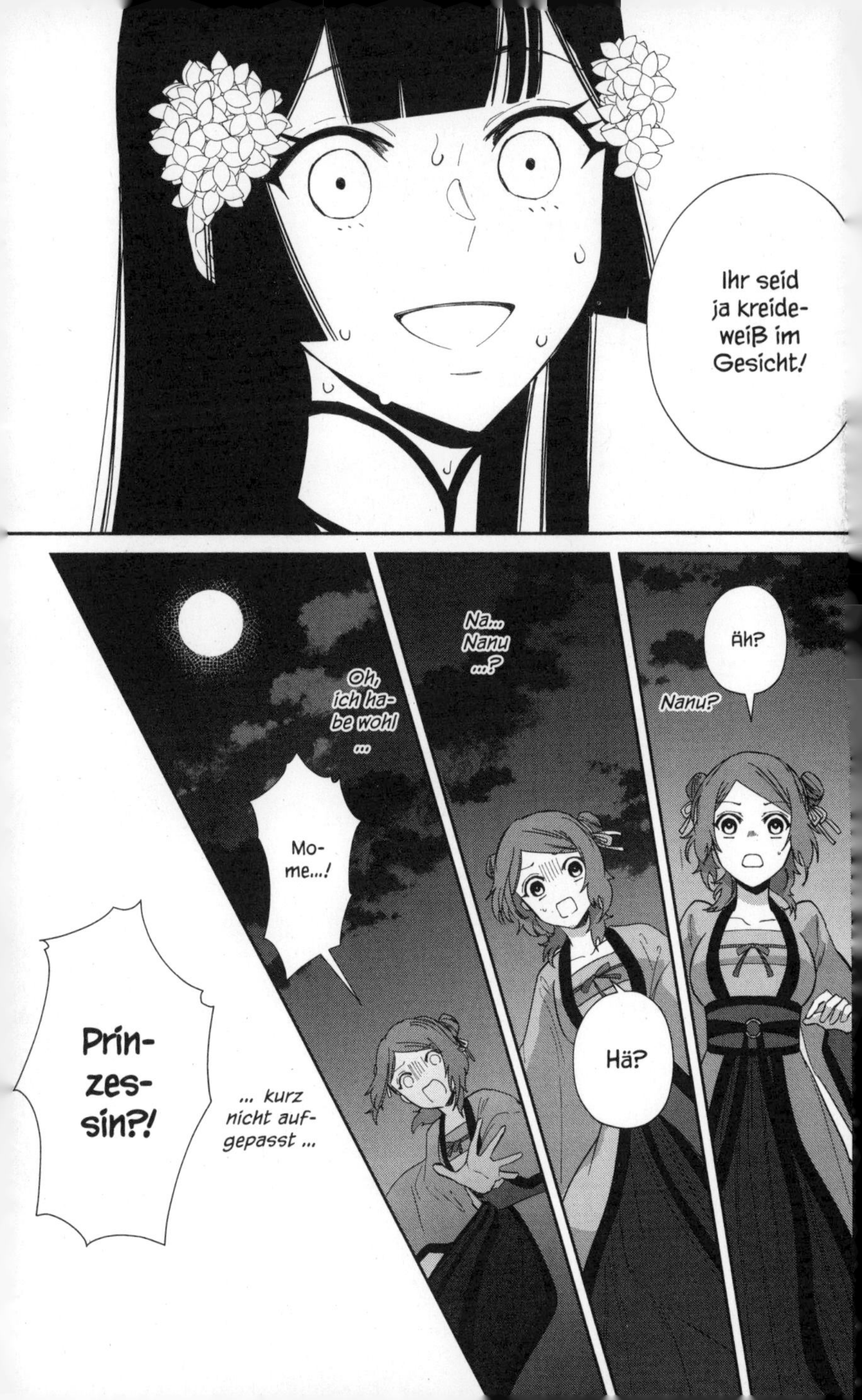
Ihr seid ja kreideweiß im Gesicht!
Äh?
Nanu?
Hä?
Na... Nanu ...?
Oh, ich habe wohl ...
Mo-me...!
... kurz nicht aufgepasst ...
Prinzessin?!

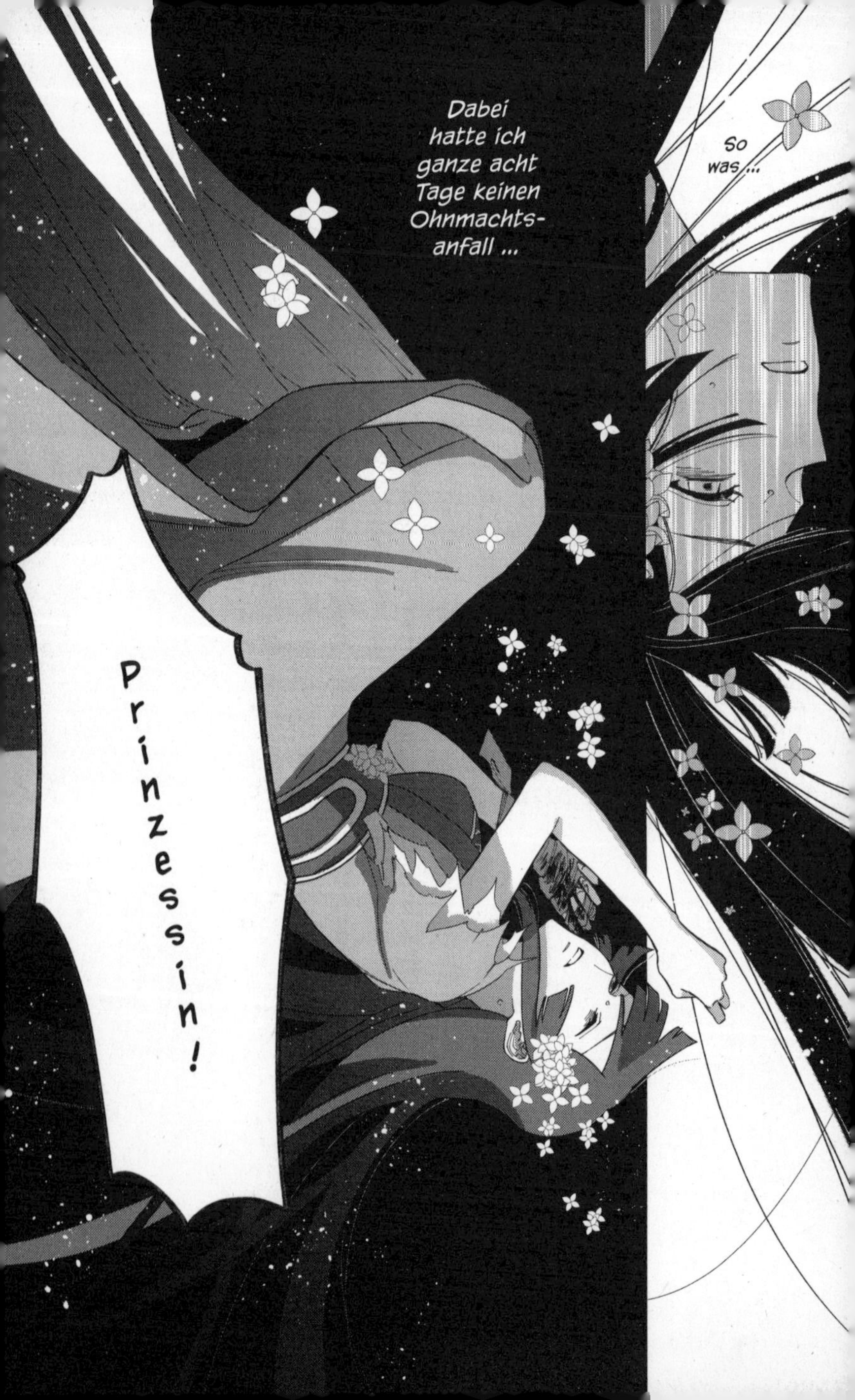
So was ...
Dabei hatte ich ganze acht Tage keinen Ohnmachtsanfall ...
Prinzessin!

Though I am an Inept Villainess

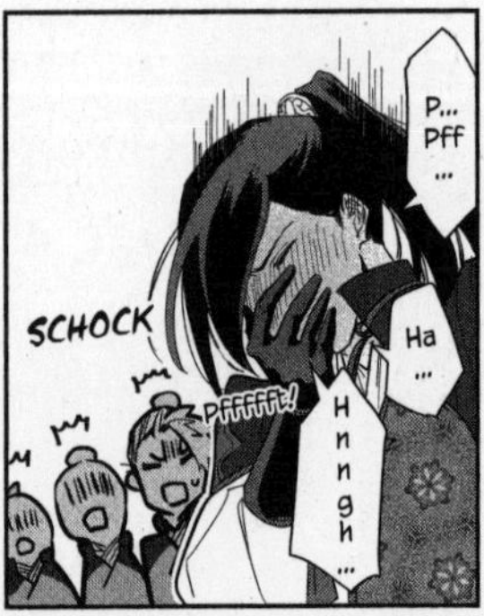
P... Pff ...
Ha ...
Hnngh ...
Pffffft!
SCHOCK

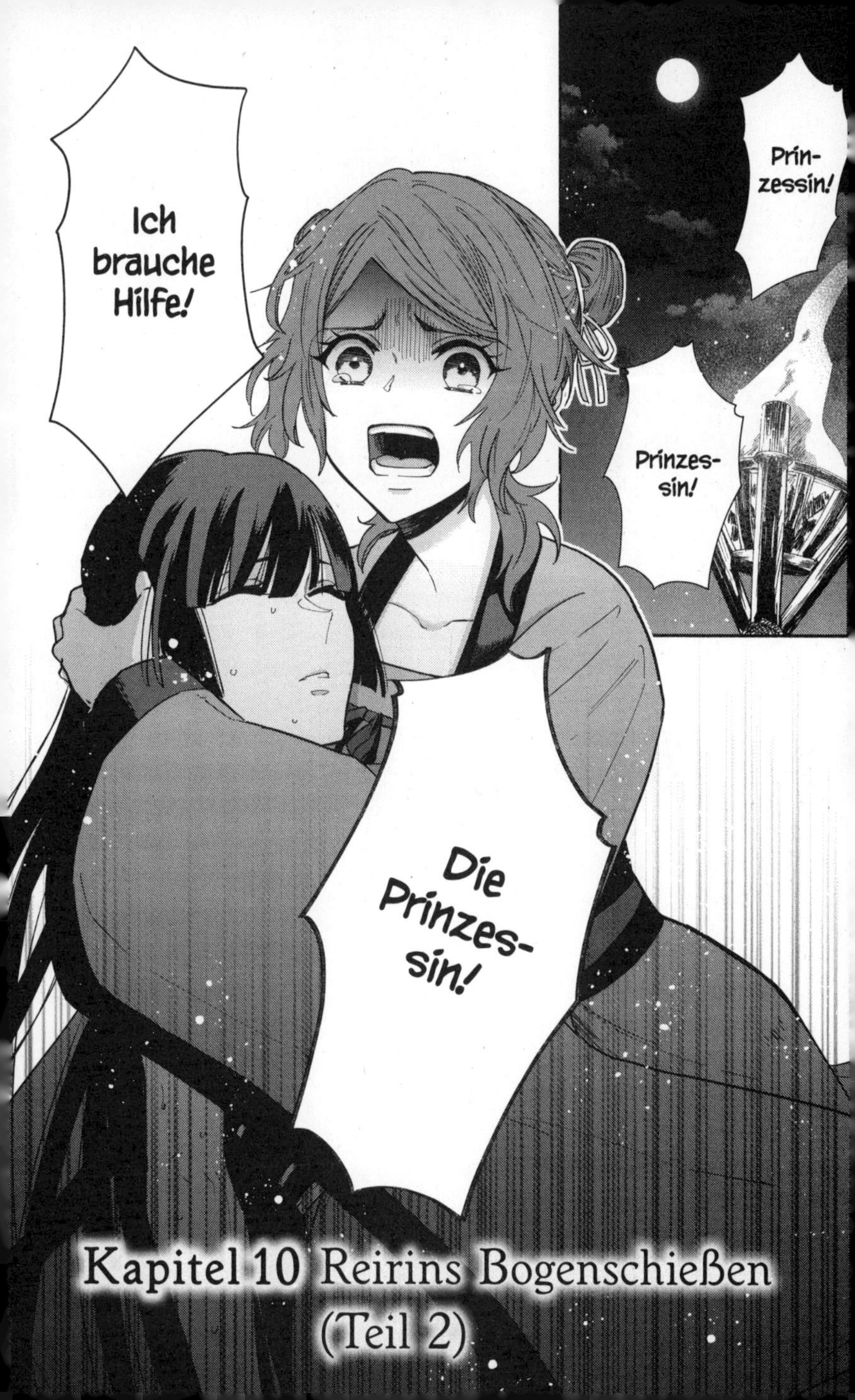

Kapitel 10 Reirins Bogenschießen (Teil 2)

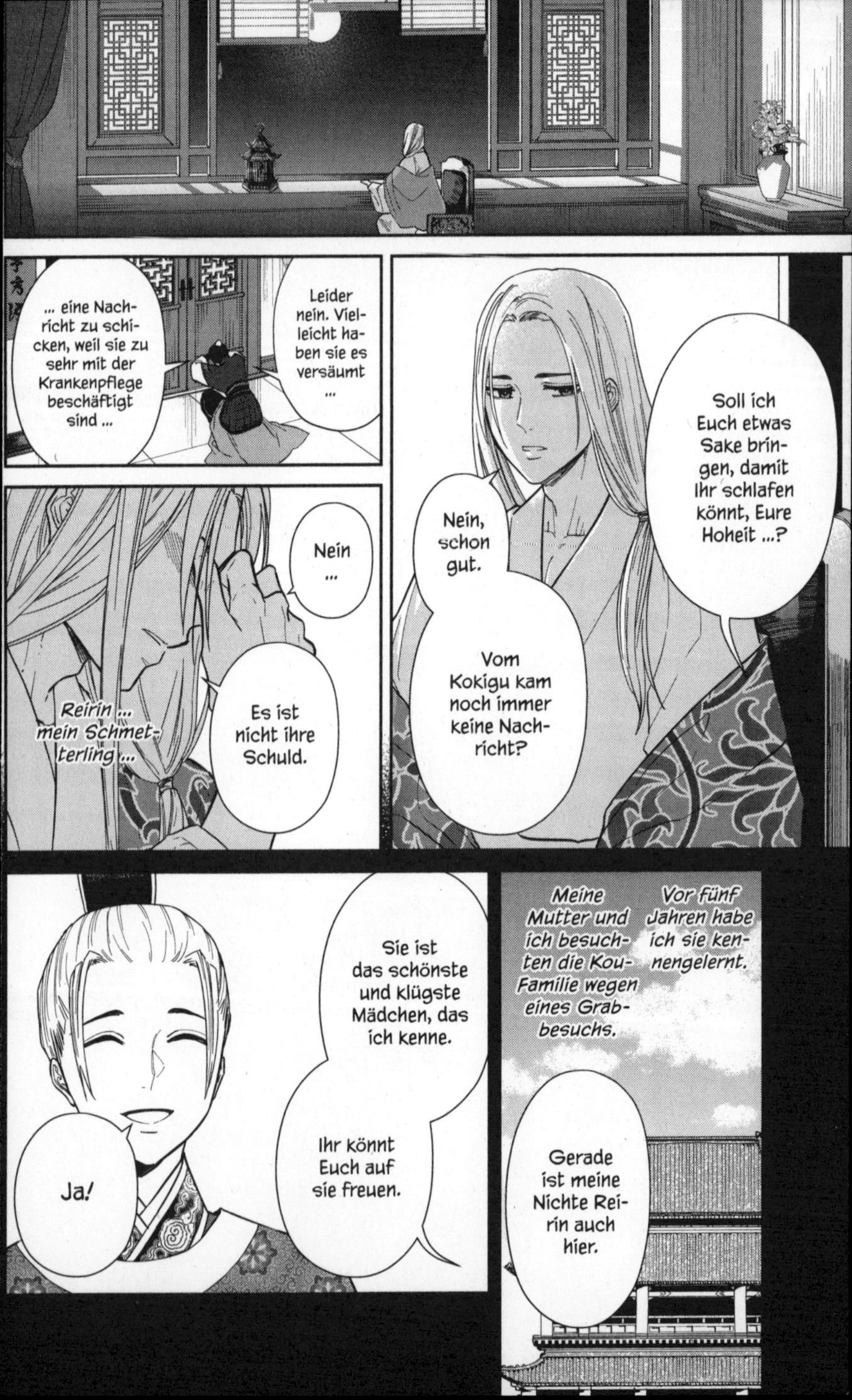

Soll ich Euch etwas Sake bringen, damit Ihr schlafen könnt, Eure Hoheit ...?
Nein, schon gut.
Vom Kokigu kam noch immer keine Nachricht?
Leider nein. Vielleicht haben sie es versäumt ...
... eine Nachricht zu schicken, weil sie zu sehr mit der Krankenpflege beschäftigt sind ...
Nein ...
Es ist nicht ihre Schuld.
Reirin ... mein Schmetterling ...
Vor fünf Jahren habe ich sie kennengelernt.
Meine Mutter und ich besuchten die Kou-Familie wegen eines Grabbesuchs.
Gerade ist meine Nichte Reirin auch hier.
Sie ist das schönste und klügste Mädchen, das ich kenne.
Ihr könnt Euch auf sie freuen.
Ja!

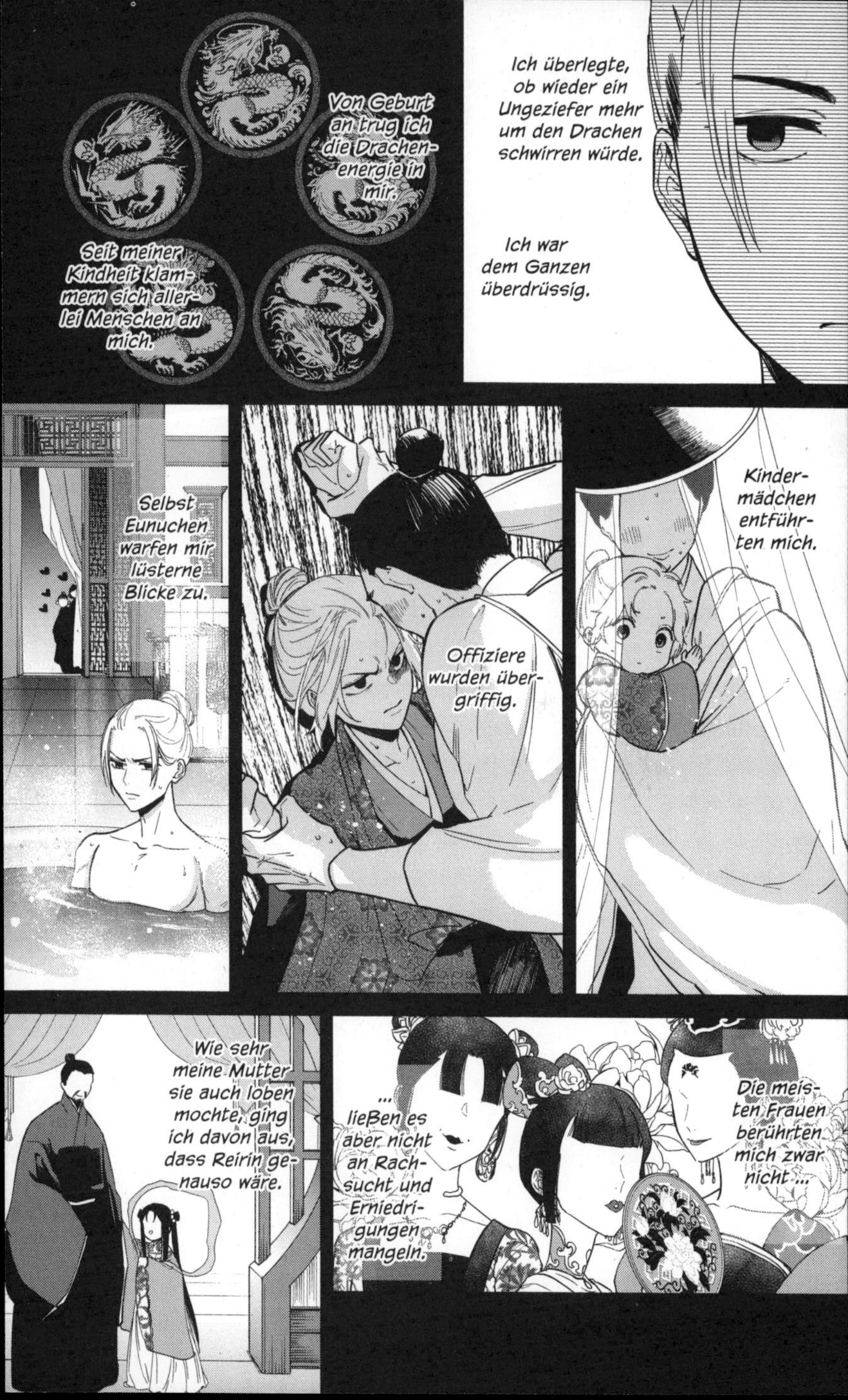
Ich überlegte, ob wieder ein Ungeziefer mehr um den Drachen schwirren würde.
Ich war dem Ganzen überdrüssig.
Von Geburt an trug ich die Drachenenergie in mir.
Seit meiner Kindheit klammern sich allerlei Menschen an mich.
Kindermädchen entführten mich.
Offiziere wurden übergriffig.
Selbst Eunuchen warfen mir lüsterne Blicke zu.
Die meisten Frauen berührten mich zwar nicht ...
... ließen es aber nicht an Rachsucht und Erniedrigungen mangeln.
Wie sehr meine Mutter sie auch loben mochte, ging ich davon aus, dass Reirin genauso wäre.

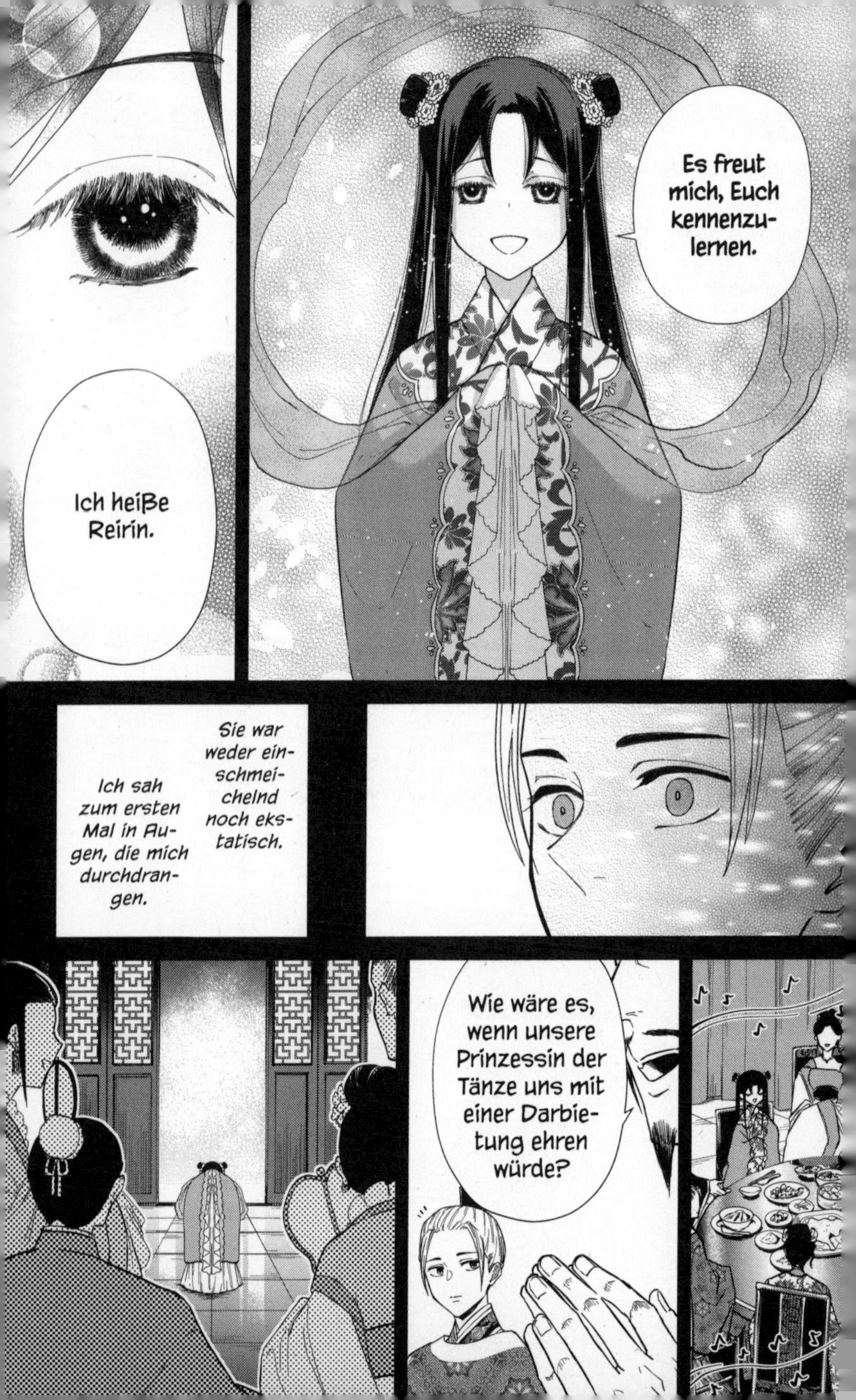

Es freut mich, Euch kennenzulernen.
Ich heiße Reirin.
Sie war weder einschmeichelnd noch ekstatisch.
Ich sah zum ersten Mal in Augen, die mich durchdrangen.
Wie wäre es, wenn unsere Prinzessin der Tänze uns mit einer Darbietung ehren würde?

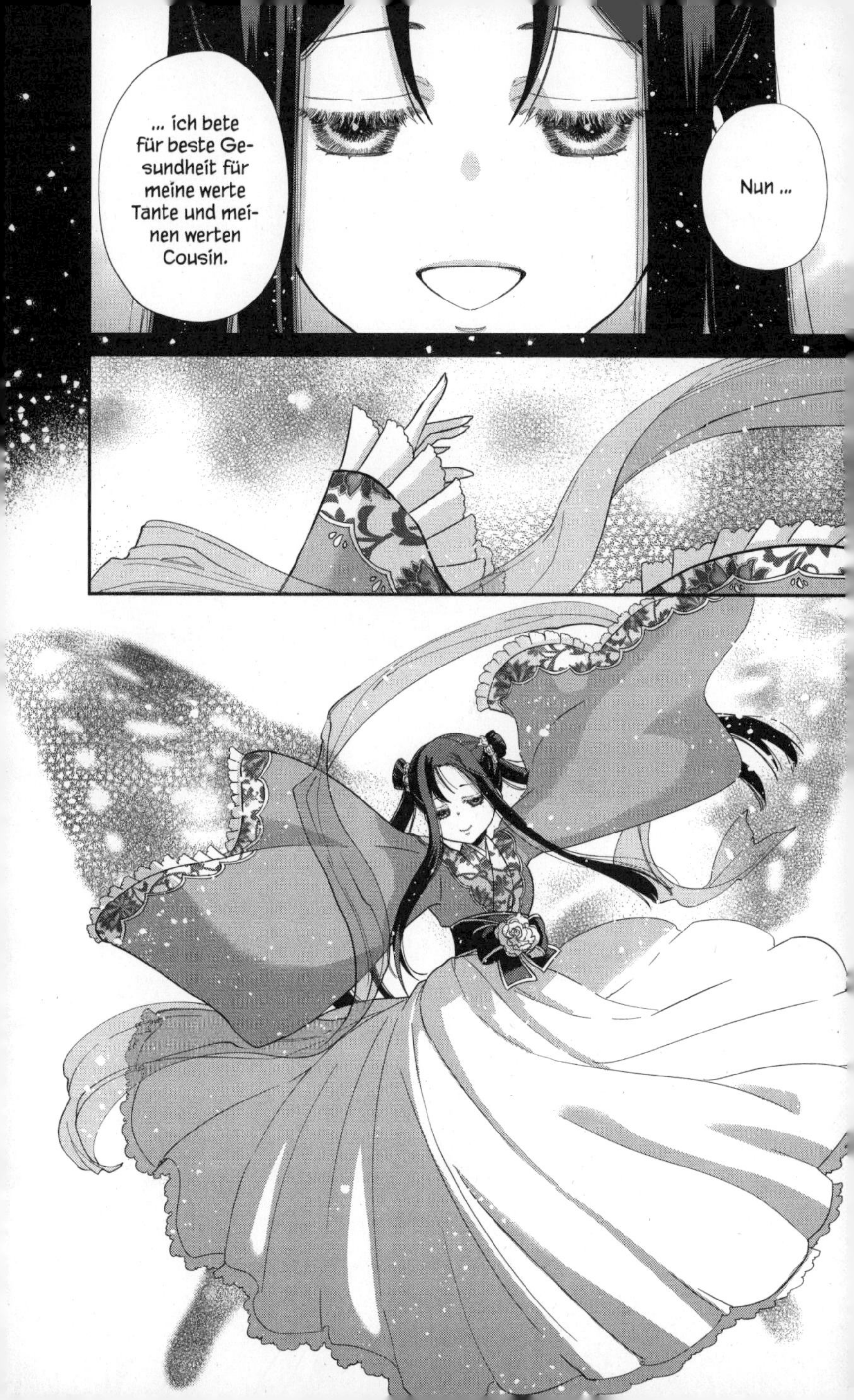
Nun ...
... ich bete für beste Gesundheit für meine werte Tante und meinen werten Cousin.

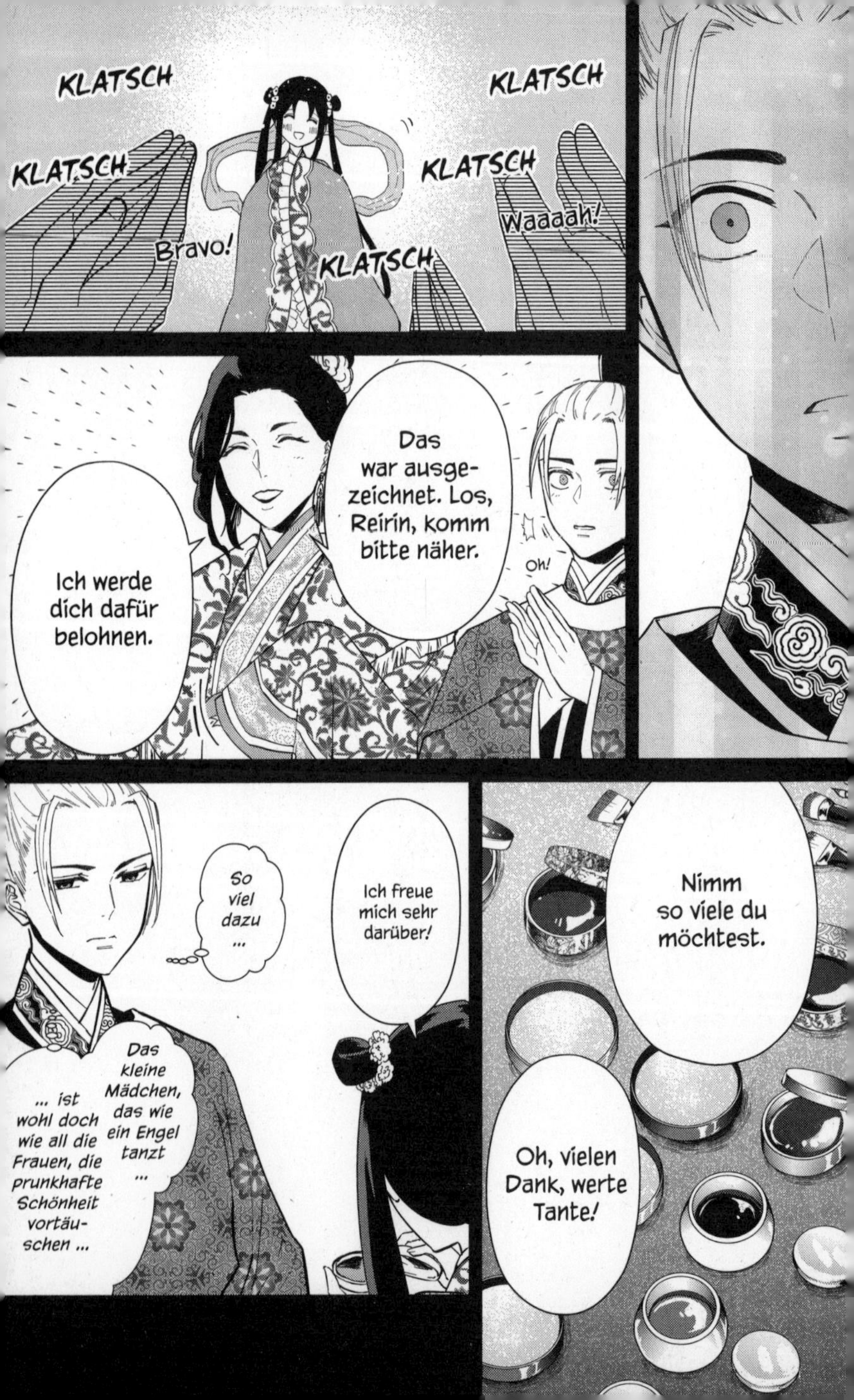
KLATSCH
KLATSCH
KLATSCH
KLATSCH
Waaaah!
Bravo!
KLATSCH
Das war ausge-zeichnet. Los, Reirin, komm bitte näher.
Oh!
Ich werde dich dafür belohnen.
Nimm so viele du möchtest.
Oh, vielen Dank, werte Tante!
Ich freue mich sehr darüber!
So viel dazu ...
Das kleine Mädchen, das wie ein Engel tanzt ...
... ist wohl doch wie all die Frauen, die prunkhafte Schönheit vortäu-schen ...

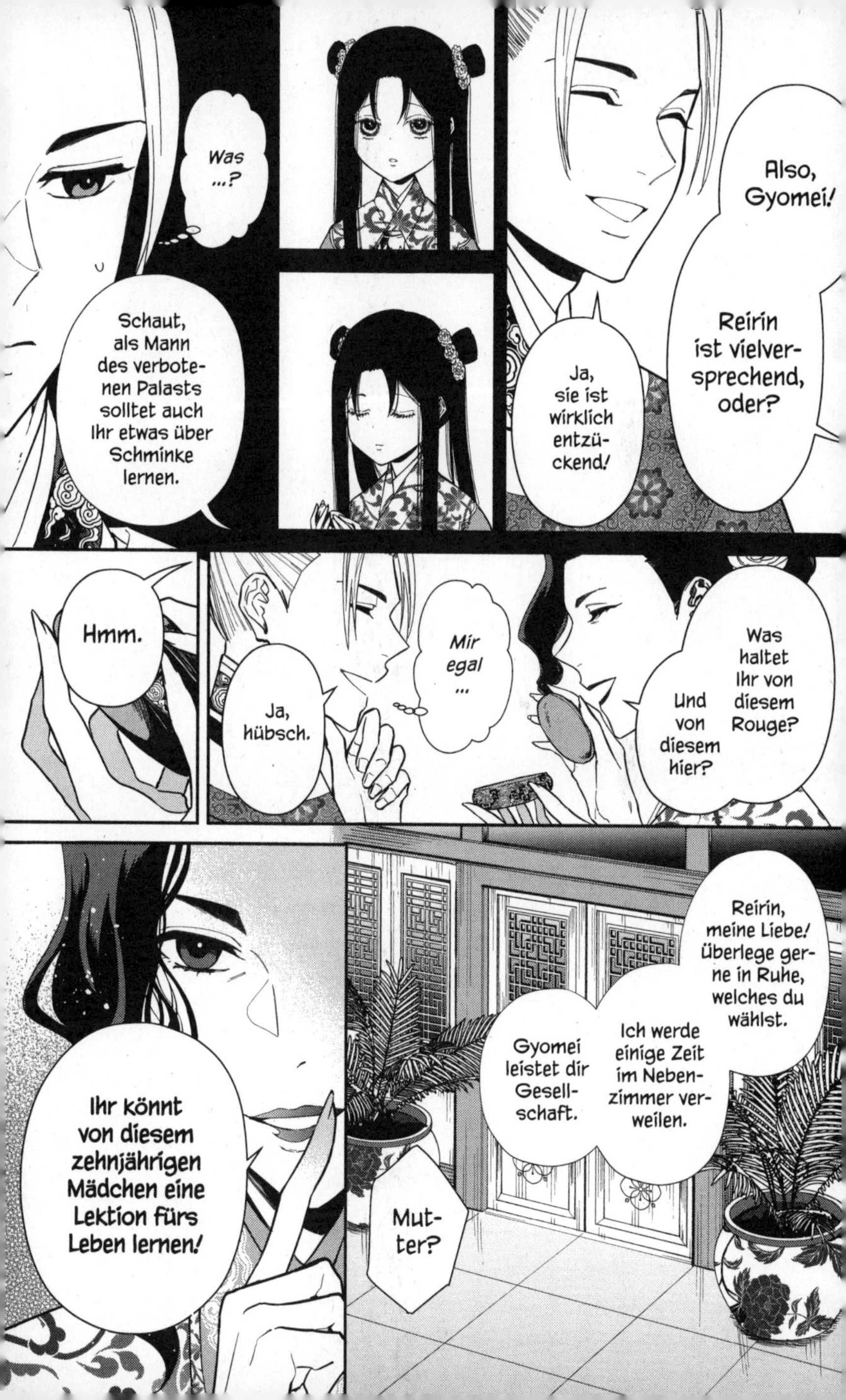
Also, Gyomei!
Reirin ist vielversprechend, oder?
Ja, sie ist wirklich entzückend!
Was ...?
Schaut, als Mann des verbotenen Palasts solltet auch Ihr etwas über Schminke lernen.
Was haltet Ihr von diesem Rouge?
Und von diesem hier?
Mir egal ...
Ja, hübsch.
Hmm.
Reirin, meine Liebe! überlege gerne in Ruhe, welches du wählst.
Ich werde einige Zeit im Nebenzimmer verweilen.
Gyomei leistet dir Gesellschaft.
Mutter?
Ihr könnt von diesem zehnjährigen Mädchen eine Lektion fürs Leben lernen!

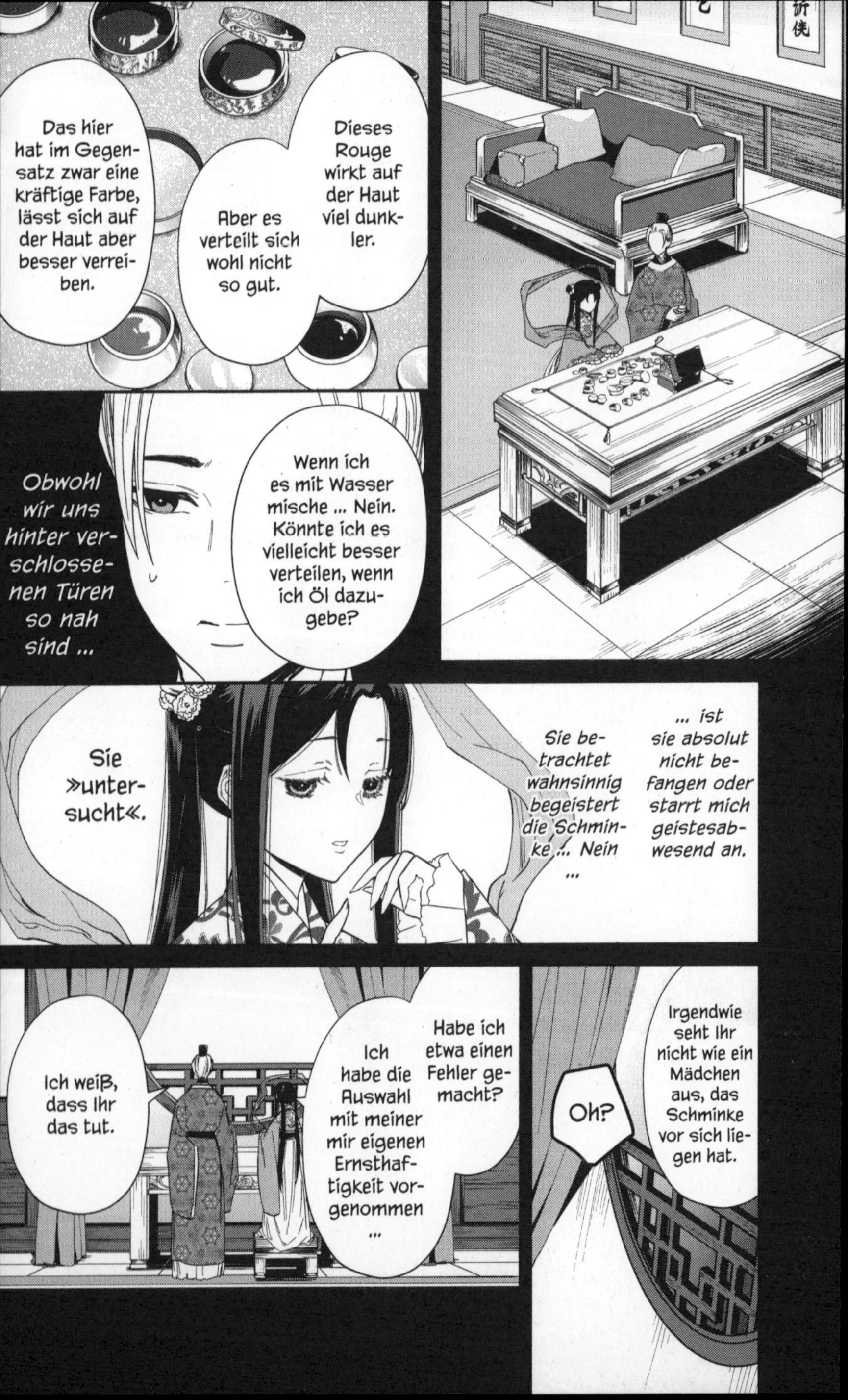

Dieses Rouge wirkt auf der Haut viel dunkler.
Aber es verteilt sich wohl nicht so gut.
Das hier hat im Gegensatz zwar eine kräftige Farbe, lässt sich auf der Haut aber besser verreiben.
Wenn ich es mit Wasser mische ... Nein. Könnte ich es vielleicht besser verteilen, wenn ich Öl dazugebe?
Obwohl wir uns hinter verschlossenen Türen so nah sind ...
... ist sie absolut nicht befangen oder starrt mich geistesabwesend an.
Sie betrachtet wahnsinnig begeistert die Schminke ... Nein ...
Sie »untersucht«.
Irgendwie seht Ihr nicht wie ein Mädchen aus, das Schminke vor sich liegen hat.
Oh?
Habe ich etwa einen Fehler gemacht?
Ich habe die Auswahl mit meiner mir eigenen Ernsthaftigkeit vorgenommen ...
Ich weiß, dass Ihr das tut.

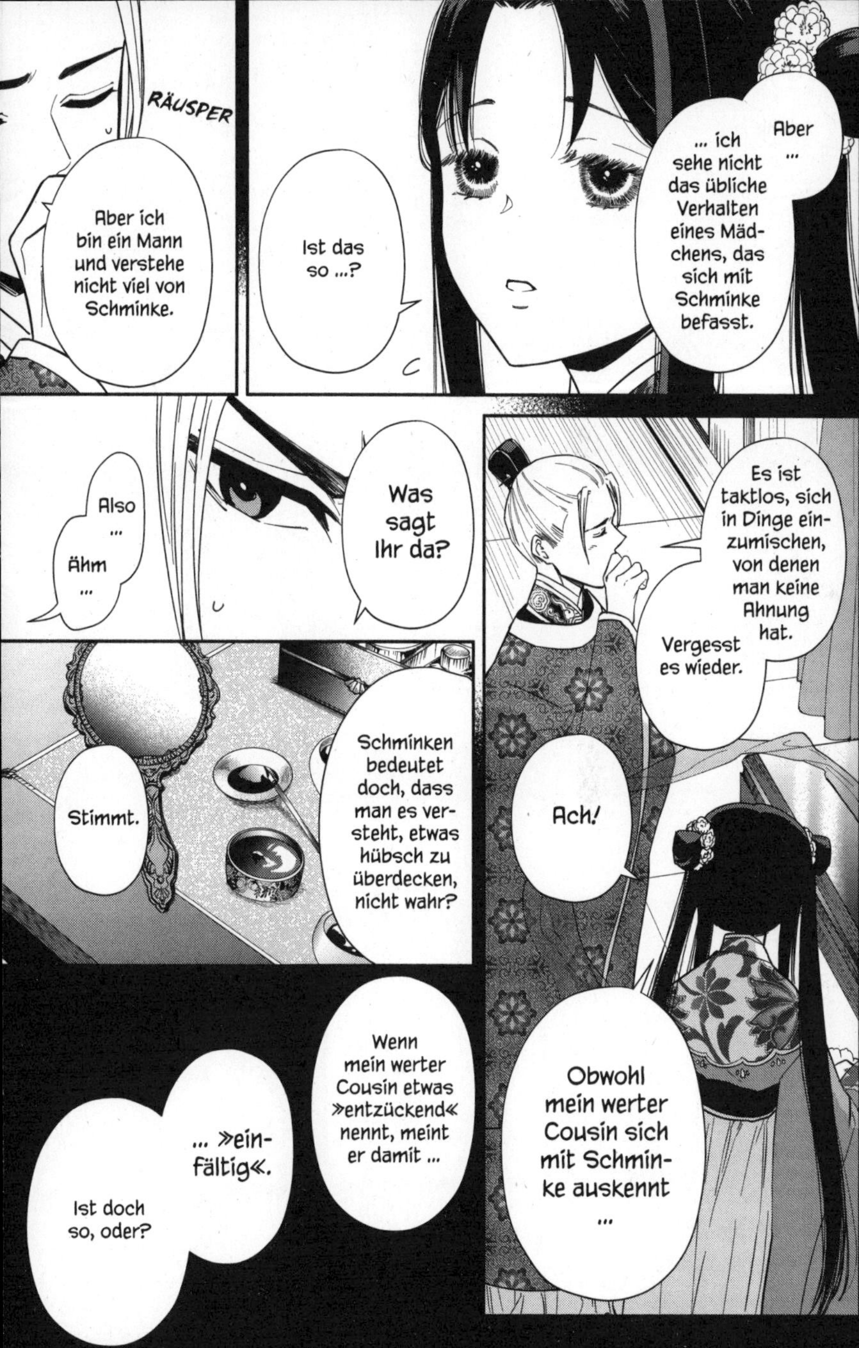
Aber …
… ich sehe nicht das übliche Verhalten eines Mädchens, das sich mit Schminke befasst.
Ist das so …?
RÄUSPER
Aber ich bin ein Mann und verstehe nicht viel von Schminke.
Es ist taktlos, sich in Dinge einzumischen, von denen man keine Ahnung hat.
Vergesst es wieder.
Was sagt Ihr da?
Also …
Ähm …
Ach!
Schminken bedeutet doch, dass man es versteht, etwas hübsch zu überdecken, nicht wahr?
Stimmt.
Obwohl mein werter Cousin sich mit Schminke auskennt …
Wenn mein werter Cousin etwas »entzückend« nennt, meint er damit …
… »einfältig«.
Ist doch so, oder?

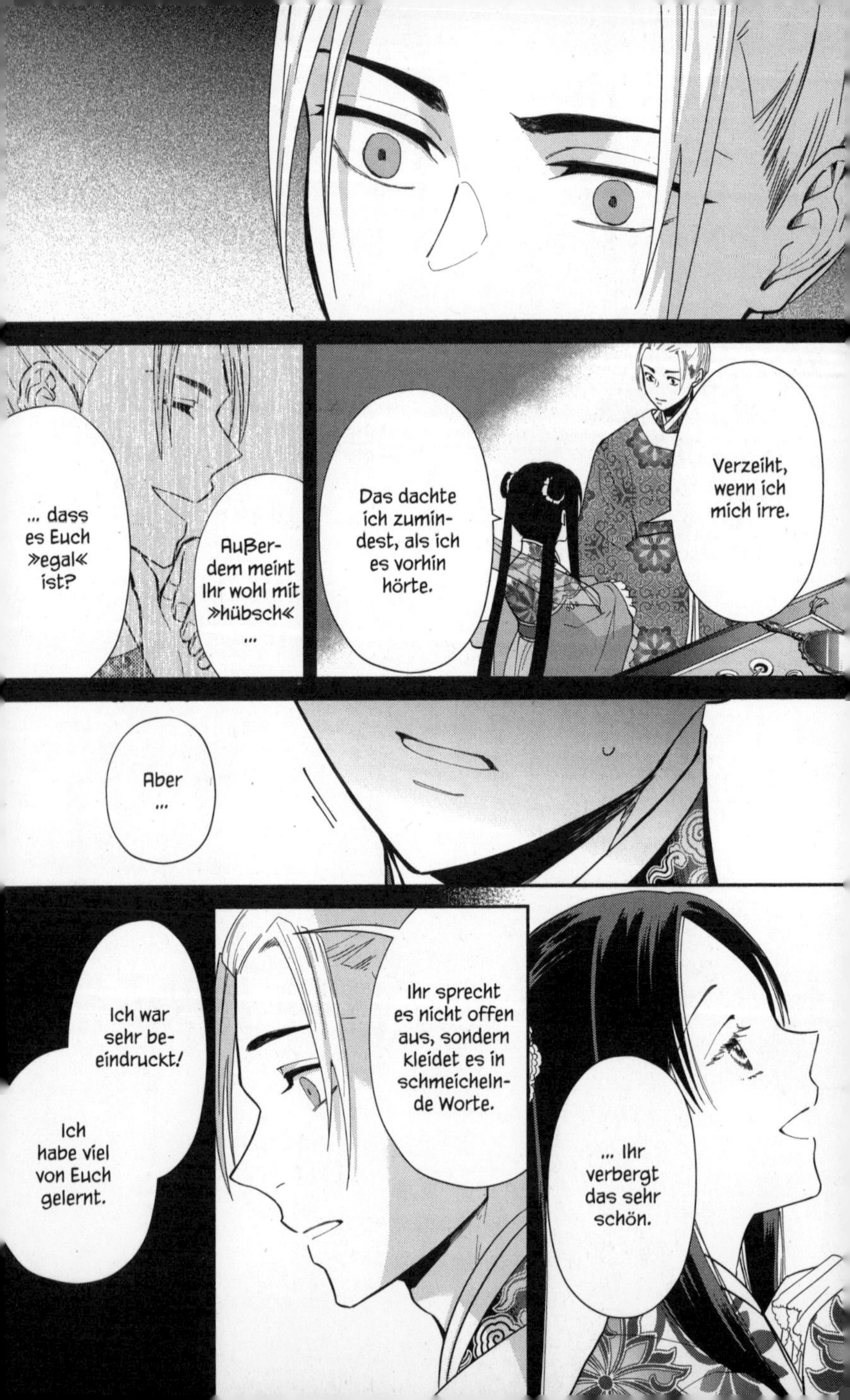
Verzeiht, wenn ich mich irre.
Das dachte ich zumindest, als ich es vorhin hörte.
Außerdem meint Ihr wohl mit »hübsch« ...
... dass es Euch »egal« ist?
Aber ...
... Ihr verbergt das sehr schön.
Ihr sprecht es nicht offen aus, sondern kleidet es in schmeichelnde Worte.
Ich war sehr beeindruckt!
Ich habe viel von Euch gelernt.

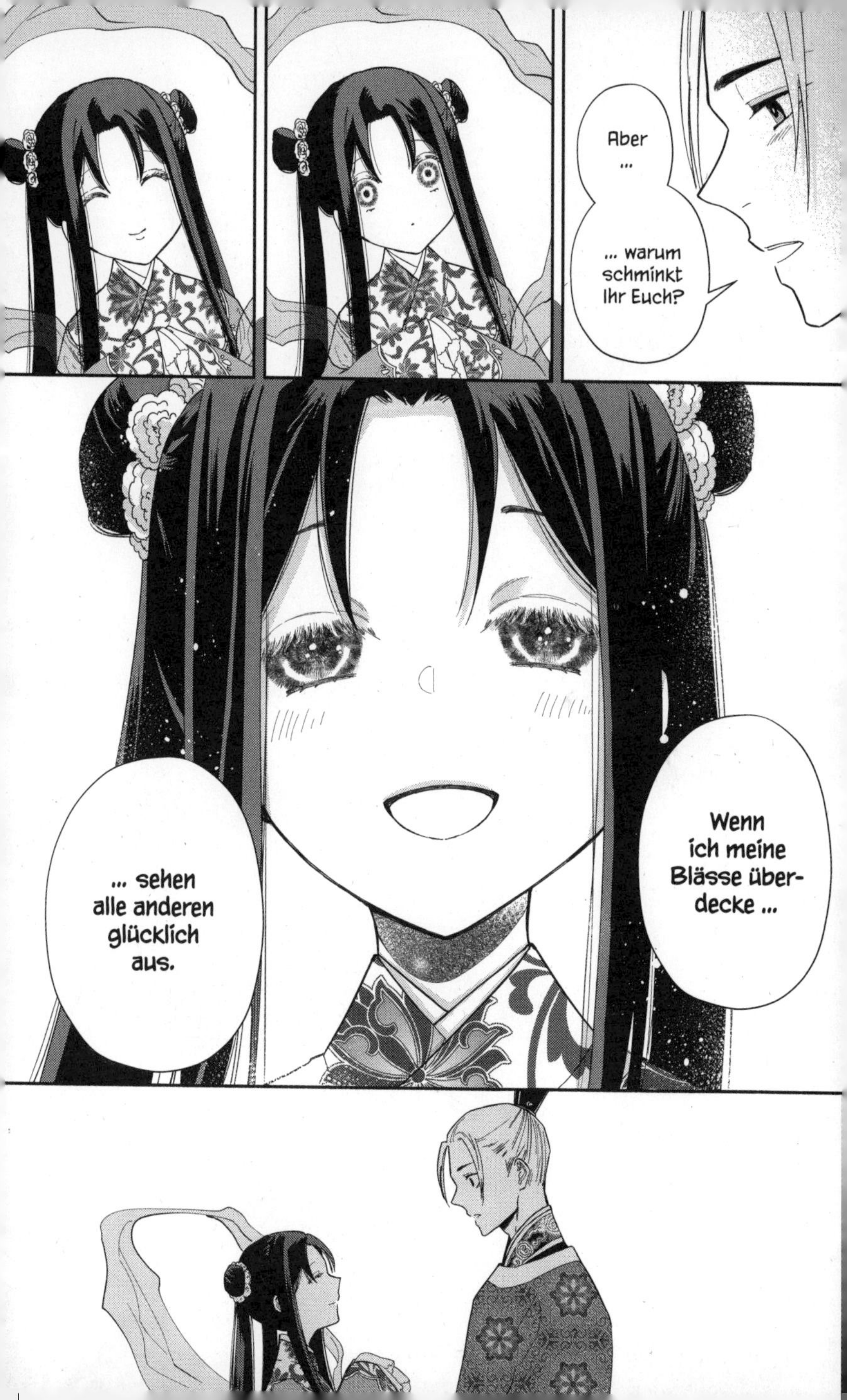
Aber ...
... warum schminkt Ihr Euch?
Wenn ich meine Blässe überdecke ...
... sehen alle anderen glücklich aus.

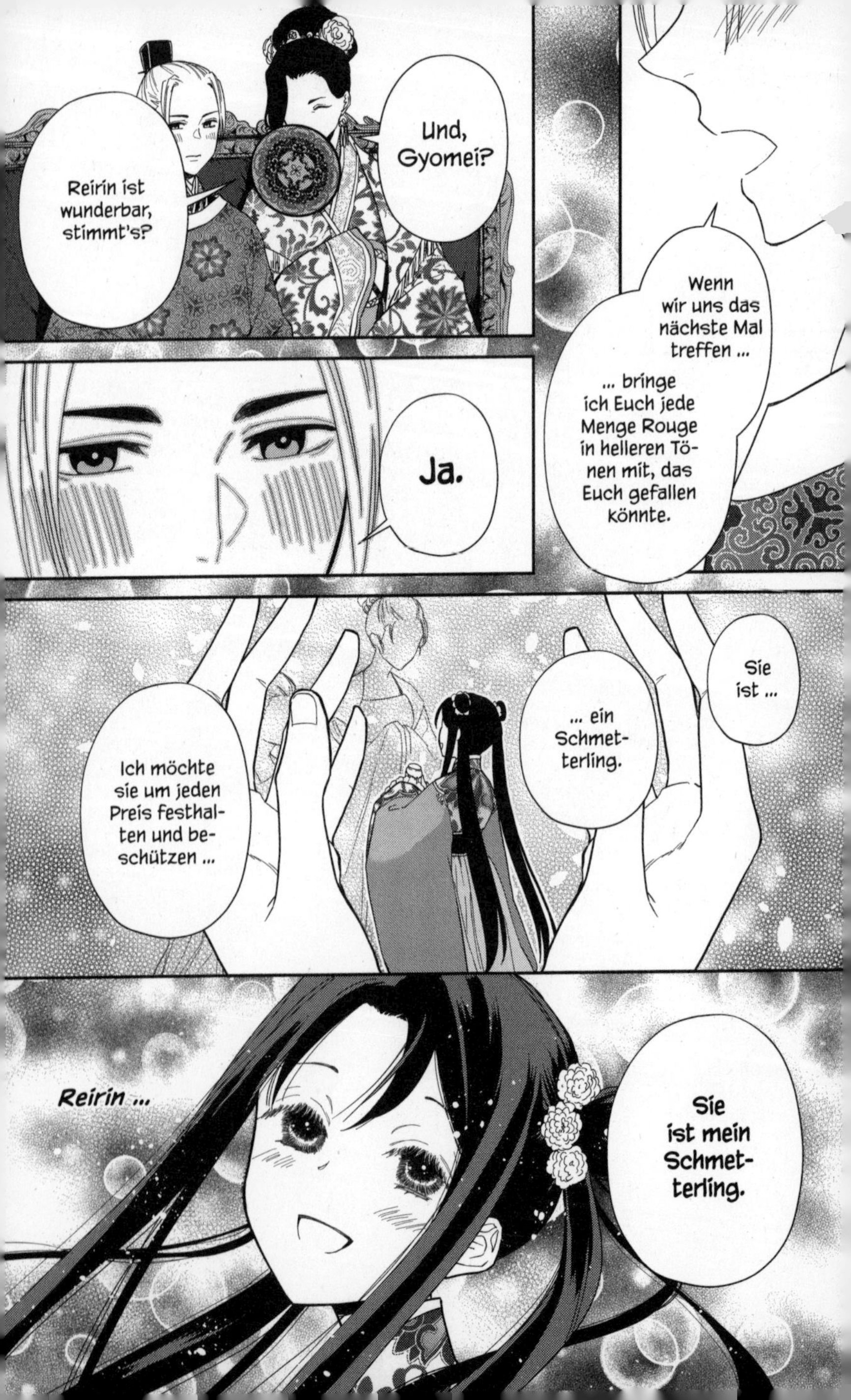
Wenn wir uns das nächste Mal treffen ...
... bringe ich Euch jede Menge Rouge in helleren Tönen mit, das Euch gefallen könnte.
Und, Gyomei?
Reirin ist wunderbar, stimmt's?
Ja.
Sie ist ...
... ein Schmetterling.
Ich möchte sie um jeden Preis festhalten und beschützen ...
Sie ist mein Schmetterling.
Reirin ...

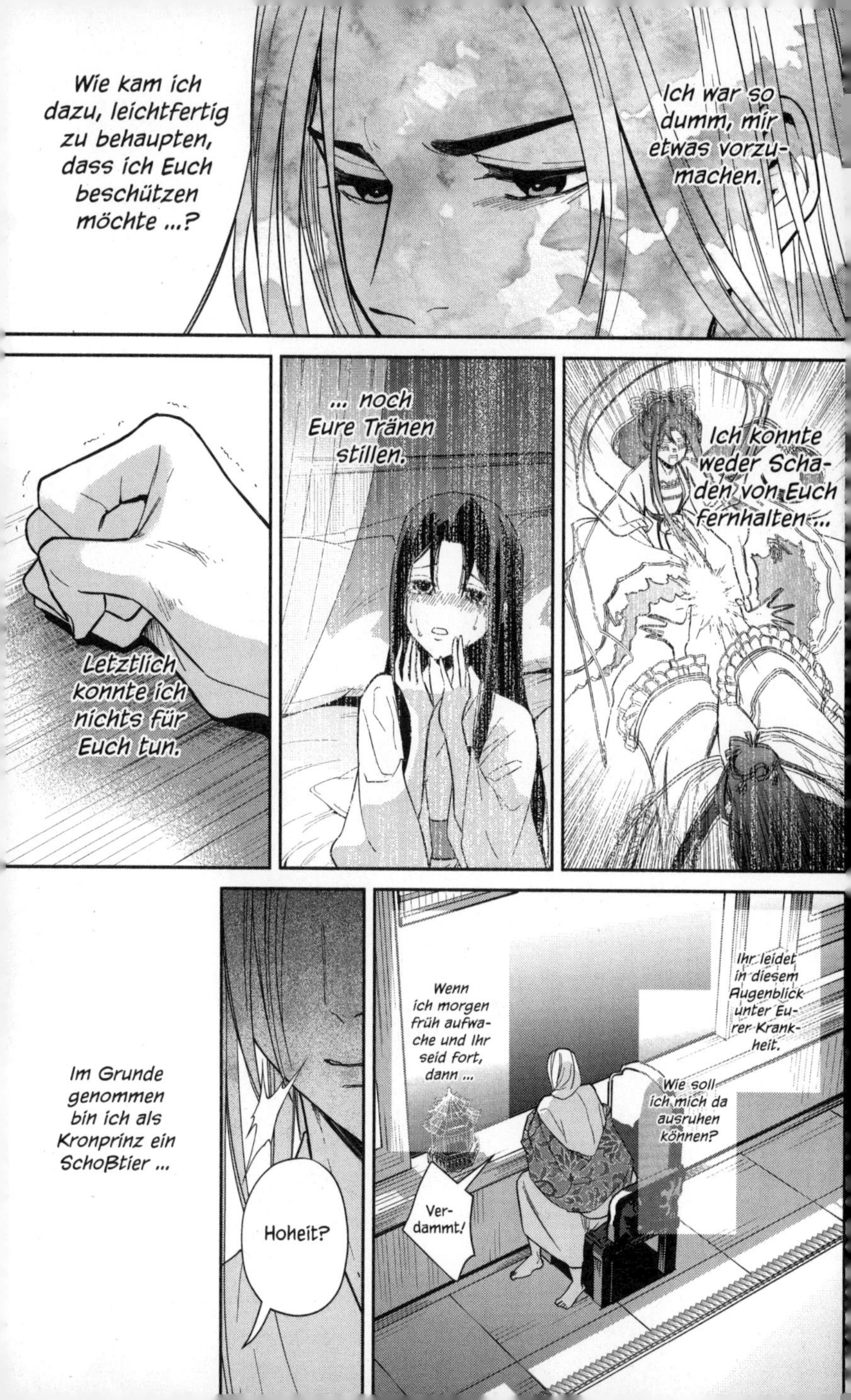
Ich war so dumm, mir etwas vorzumachen.
Wie kam ich dazu, leichtfertig zu behaupten, dass ich Euch beschützen möchte ...?
Ich konnte weder Schaden von Euch fernhalten ...
... noch Eure Tränen stillen.
Letztlich konnte ich nichts für Euch tun.
Ihr leidet in diesem Augenblick unter Eurer Krankheit.
Wie soll ich mich da ausruhen können?
Wenn ich morgen früh aufwache und Ihr seid fort, dann ...
Verdammt!
Im Grunde genommen bin ich als Kronprinz ein Schoßtier ...
Hoheit?

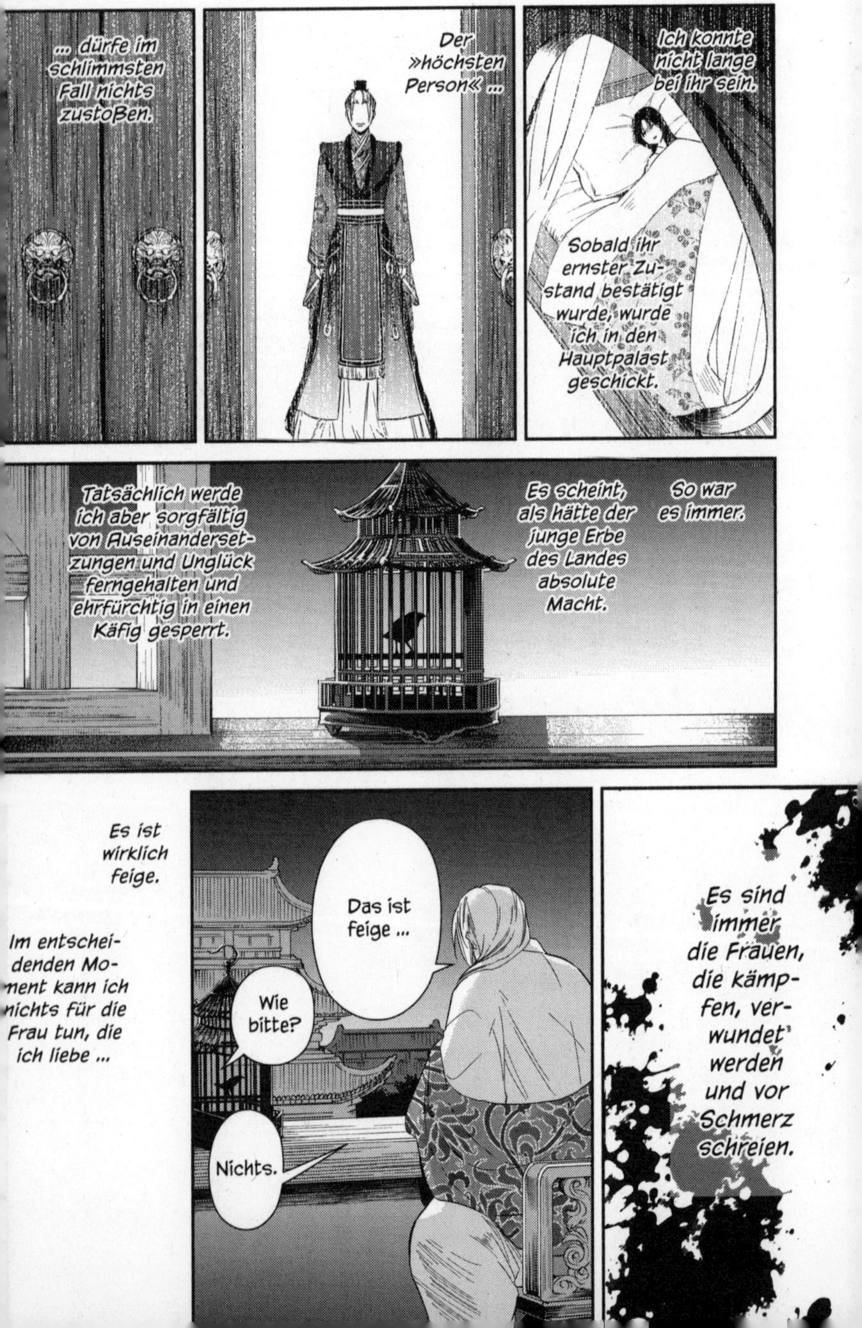
Ich konnte nicht lange bei ihr sein.
Sobald ihr ernster Zustand bestätigt wurde, wurde ich in den Hauptpalast geschickt.
Der »höchsten Person« ...
... dürfe im schlimmsten Fall nichts zustoßen.
So war es immer.
Es scheint, als hätte der junge Erbe des Landes absolute Macht.
Tatsächlich werde ich aber sorgfältig von Auseinandersetzungen und Unglück ferngehalten und ehrfürchtig in einen Käfig gesperrt.
Es sind immer die Frauen, die kämpfen, verwundet werden und vor Schmerz schreien.
Das ist feige ...
Wie bitte?
Nichts.
Es ist wirklich feige.
Im entscheidenden Moment kann ich nichts für die Frau tun, die ich liebe ...

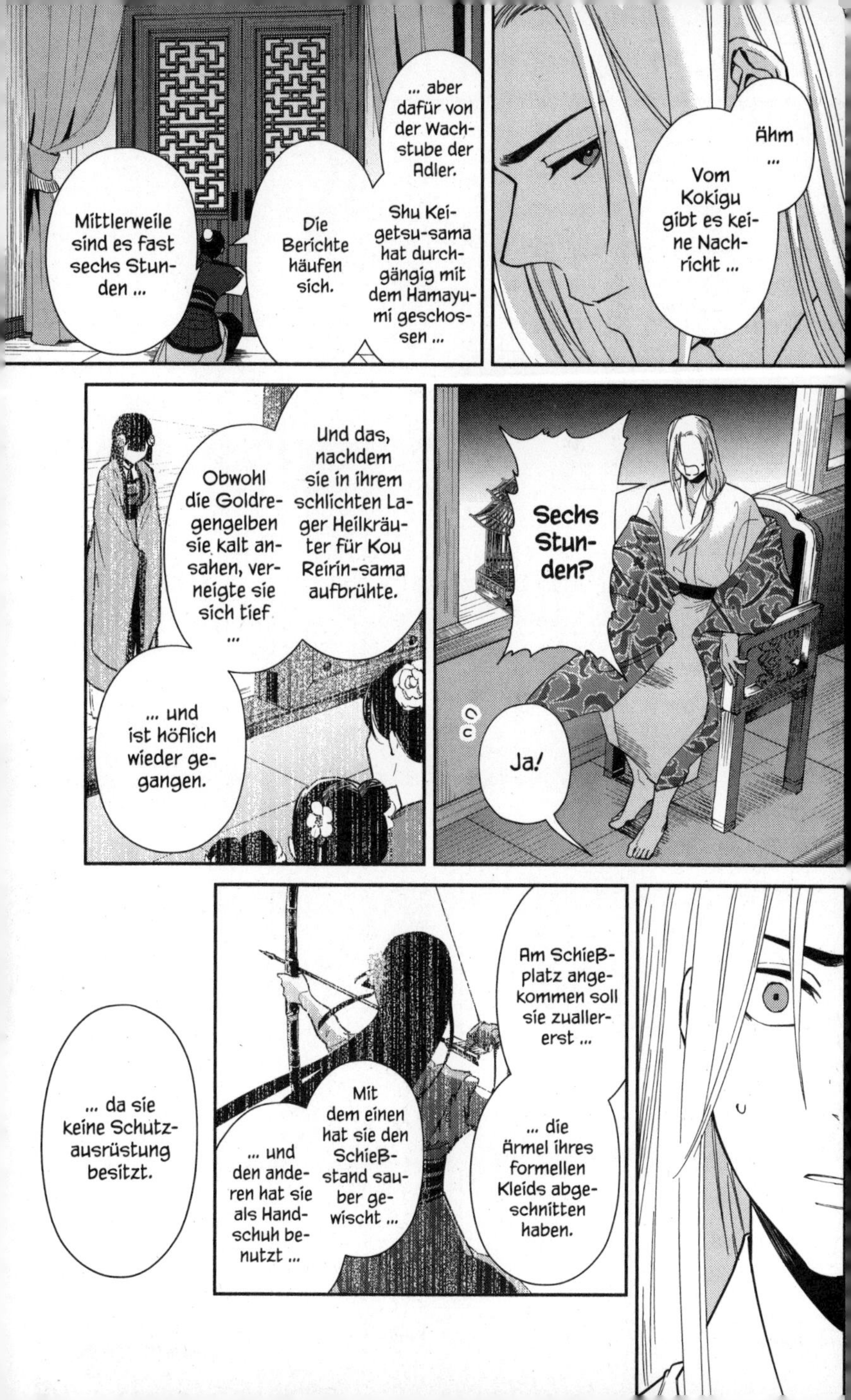
Ähm ...
Vom Kokigu gibt es keine Nachricht ...
... aber dafür von der Wachstube der Adler.
Shu Keigetsu-sama hat durchgängig mit dem Hamayumi geschossen ...
Die Berichte häufen sich.
Mittlerweile sind es fast sechs Stunden ...
Sechs Stunden?
Ja!
Und das, nachdem sie in ihrem schlichten Lager Heilkräuter für Kou Reirin-sama aufbrühte.
Obwohl die Goldregengelben sie kalt ansahen, verneigte sie sich tief ...
... und ist höflich wieder gegangen.
Am Schießplatz angekommen soll sie zuallererst ...
... die Ärmel ihres formellen Kleids abgeschnitten haben.
Mit dem einen hat sie den Schießstand sauber gewischt ...
... und den anderen hat sie als Handschuh benutzt ...
... da sie keine Schutzausrüstung besitzt.

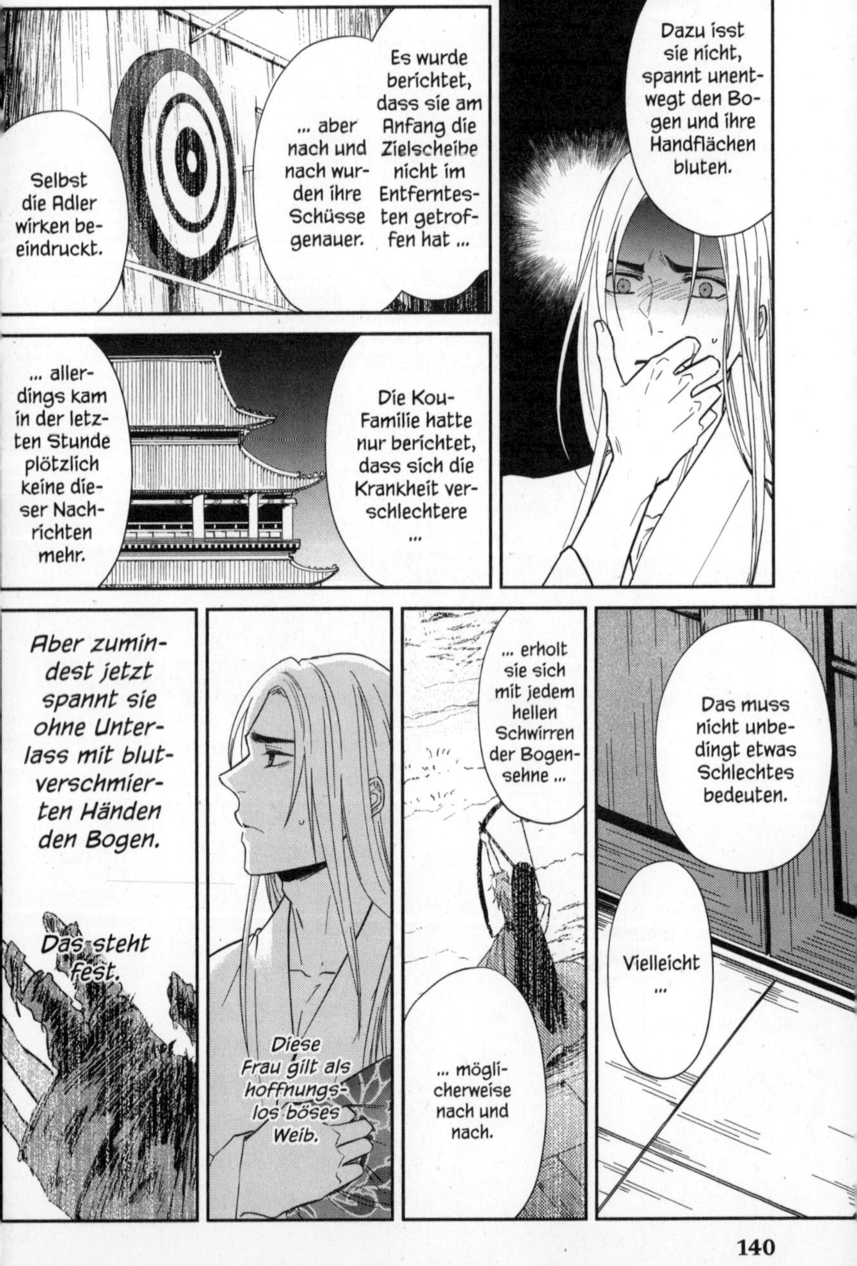

Dazu isst sie nicht, spannt unentwegt den Bogen und ihre Handflächen bluten.
Es wurde berichtet, dass sie am Anfang die Zielscheibe nicht im Entferntesten getroffen hat ...
... aber nach und nach wurden ihre Schüsse genauer.
Selbst die Adler wirken beeindruckt.
Die Kou-Familie hatte nur berichtet, dass sich die Krankheit verschlechtere ...
... allerdings kam in der letzten Stunde plötzlich keine dieser Nachrichten mehr.
Das muss nicht unbedingt etwas Schlechtes bedeuten.
Vielleicht ...
... erholt sie sich mit jedem hellen Schwirren der Bogensehne ...
... möglicherweise nach und nach.
Diese Frau gilt als hoffnungslos böses Weib.
Aber zumindest jetzt spannt sie ohne Unterlass mit blutverschmierten Händen den Bogen.
Das steht fest.

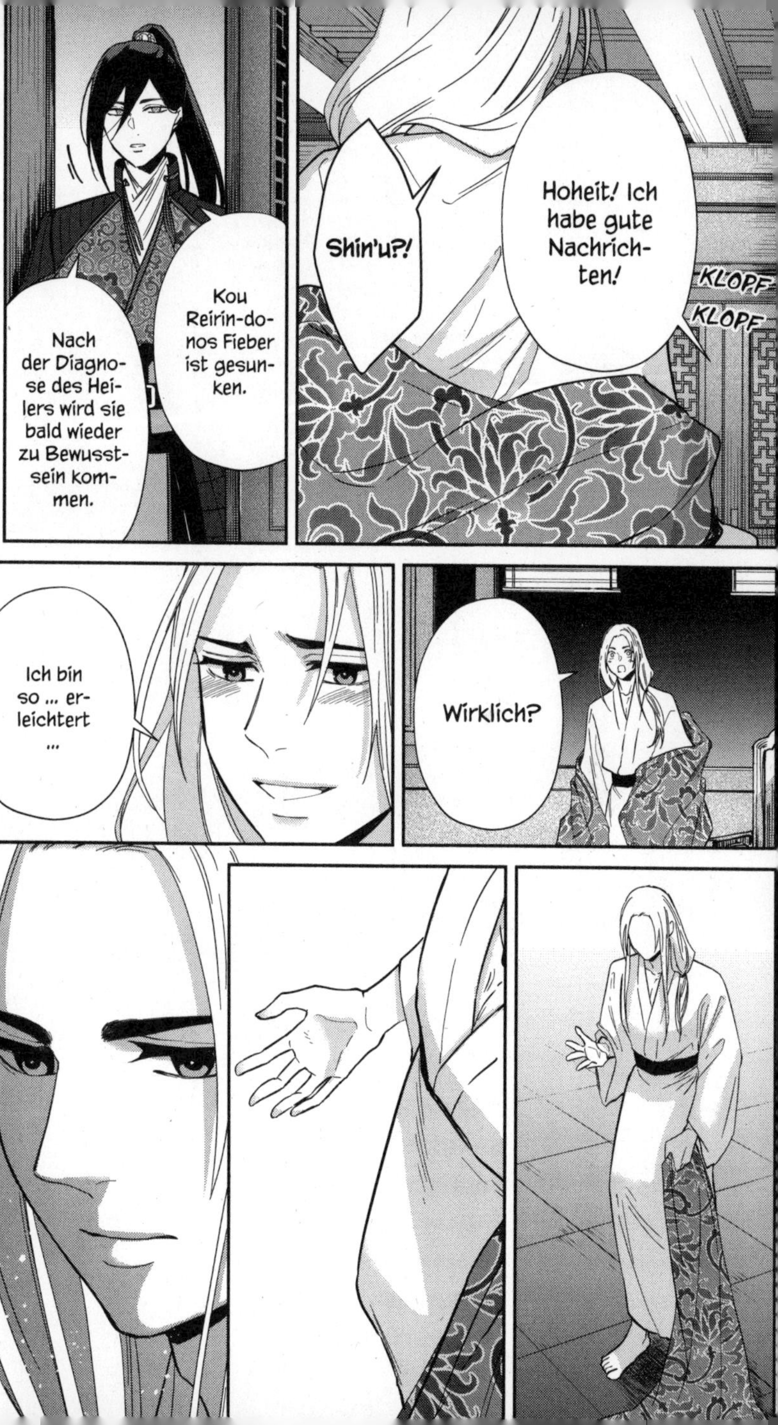
KLOPF
KLOPF
Hoheit! Ich habe gute Nachrichten!
Shin'u?!
Kou Reirin-donos Fieber ist gesunken.
Nach der Diagnose des Heilers wird sie bald wieder zu Bewusstsein kommen.
Wirklich?
Ich bin so ... erleichtert ...

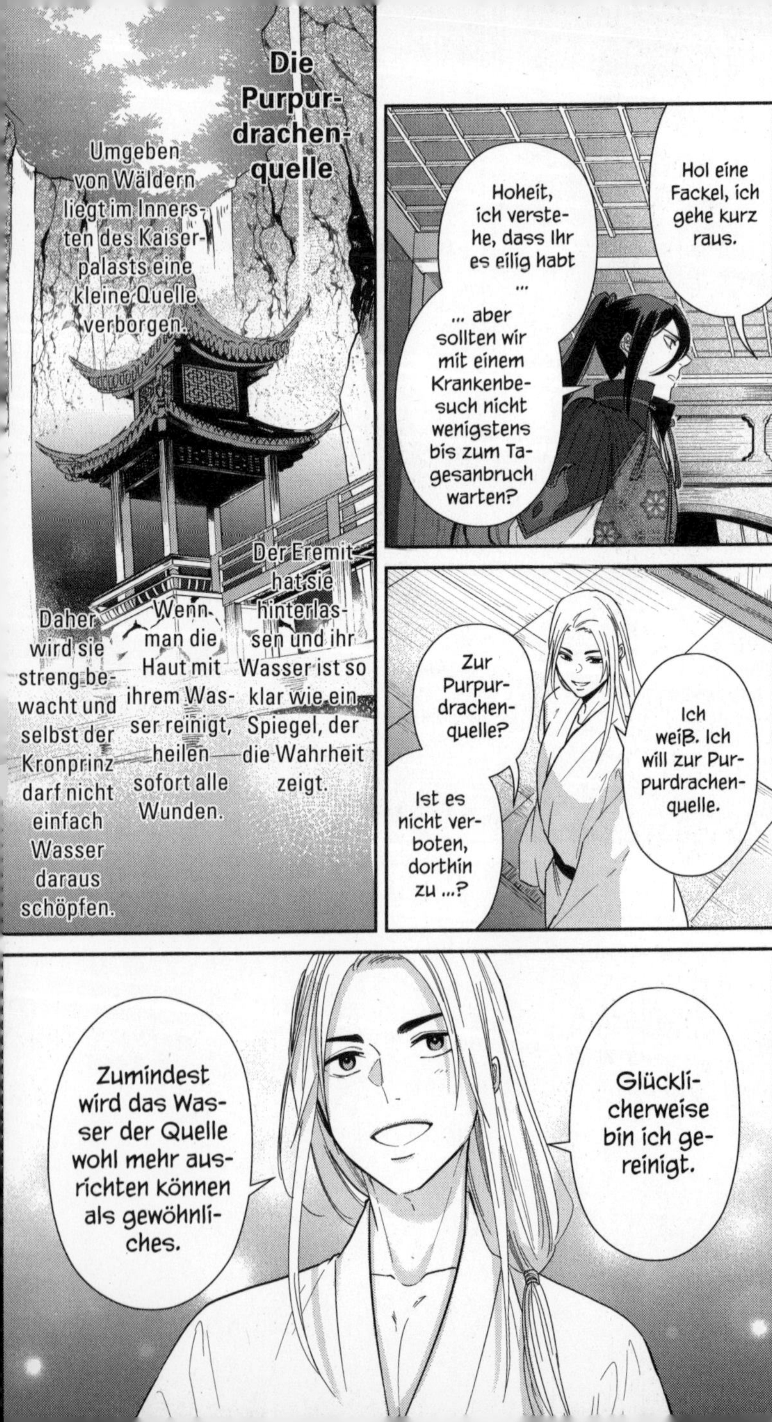

Hol eine Fackel, ich gehe kurz raus.
Hoheit, ich verstehe, dass Ihr es eilig habt ...
... aber sollten wir mit einem Krankenbesuch nicht wenigstens bis zum Tagesanbruch warten?
Ich weiß. Ich will zur Purpurdrachenquelle.
Zur Purpurdrachenquelle?
Ist es nicht verboten, dorthin zu ...?
Die Purpurdrachenquelle
Umgeben von Wäldern liegt im Innersten des Kaiserpalasts eine kleine Quelle verborgen.
Der Eremit hat sie hinterlassen und ihr Wasser ist so klar wie ein Spiegel, der die Wahrheit zeigt.
Wenn man die Haut mit ihrem Wasser reinigt, heilen sofort alle Wunden.
Daher wird sie streng bewacht und selbst der Kronprinz darf nicht einfach Wasser daraus schöpfen.
Glücklicherweise bin ich gereinigt.
Zumindest wird das Wasser der Quelle wohl mehr ausrichten können als gewöhnliches.

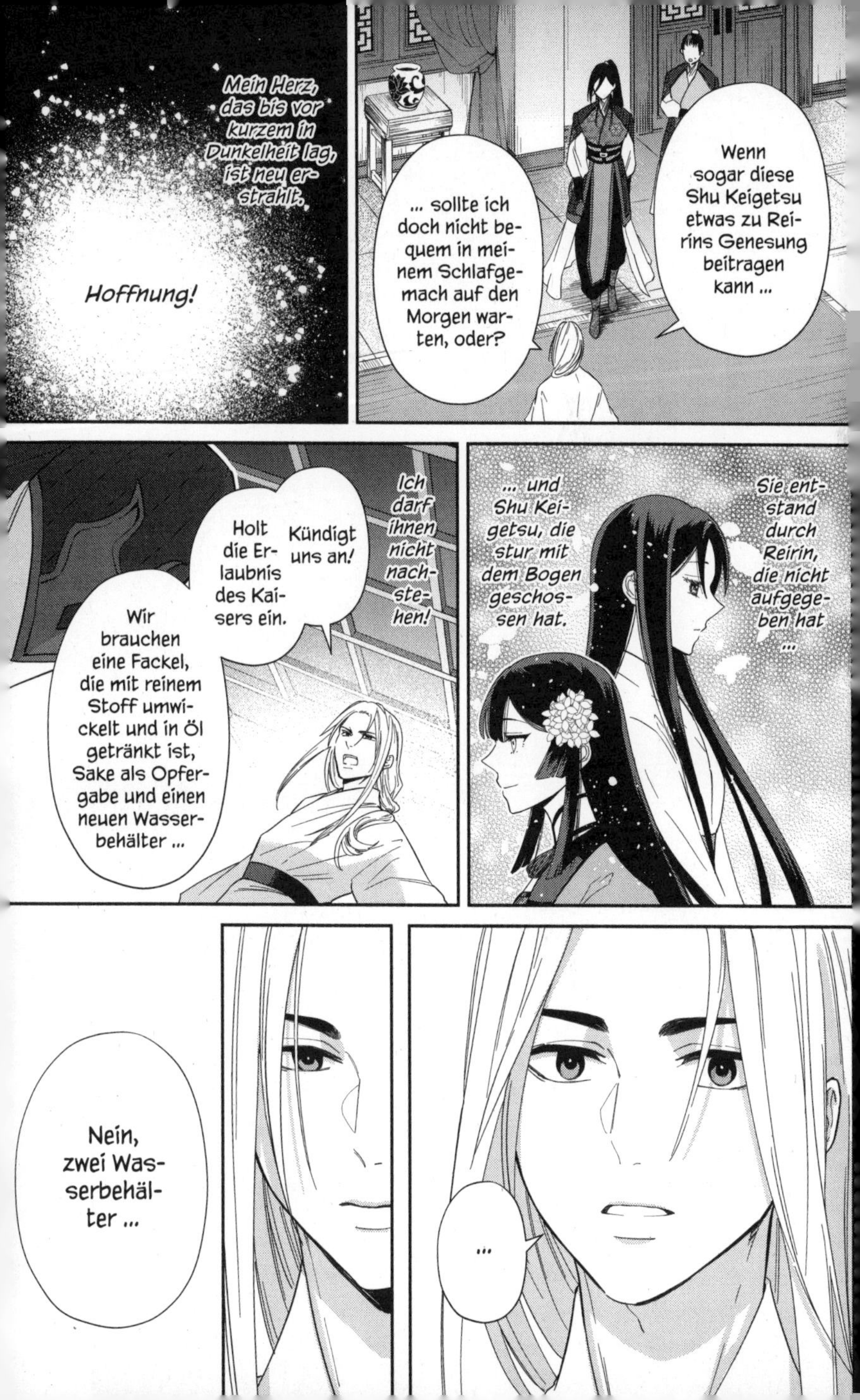
Wenn sogar diese Shu Keigetsu etwas zu Reirins Genesung beitragen kann ...
... sollte ich doch nicht bequem in meinem Schlafgemach auf den Morgen warten, oder?
Mein Herz, das bis vor kurzem in Dunkelheit lag, ist neu erstrahlt.
Hoffnung!
Sie entstand durch Reirin, die nicht aufgegeben hat ...
... und Shu Keigetsu, die stur mit dem Bogen geschossen hat.
Ich darf ihnen nicht nachstehen!
Kündigt uns an!
Holt die Erlaubnis des Kaisers ein.
Wir brauchen eine Fackel, die mit reinem Stoff umwickelt und in Öl getränkt ist, Sake als Opfergabe und einen neuen Wasserbehälter ...
...
Nein, zwei Wasserbehälter ...

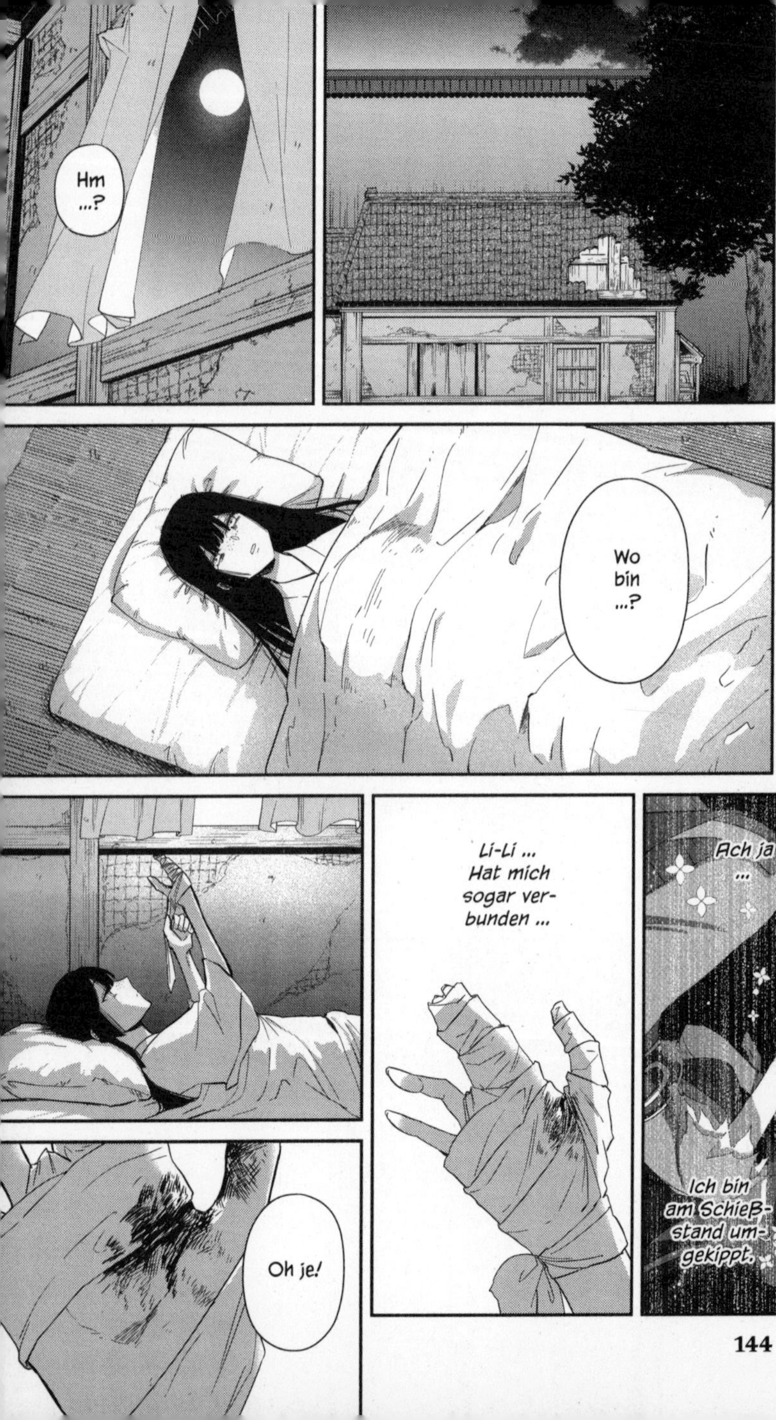
Hm ...?
Wo bin ...?
Ach ja ...
Ich bin am Schieß-stand um-gekippt.
Li-Li ... Hat mich sogar ver-bunden ...
Oh je!

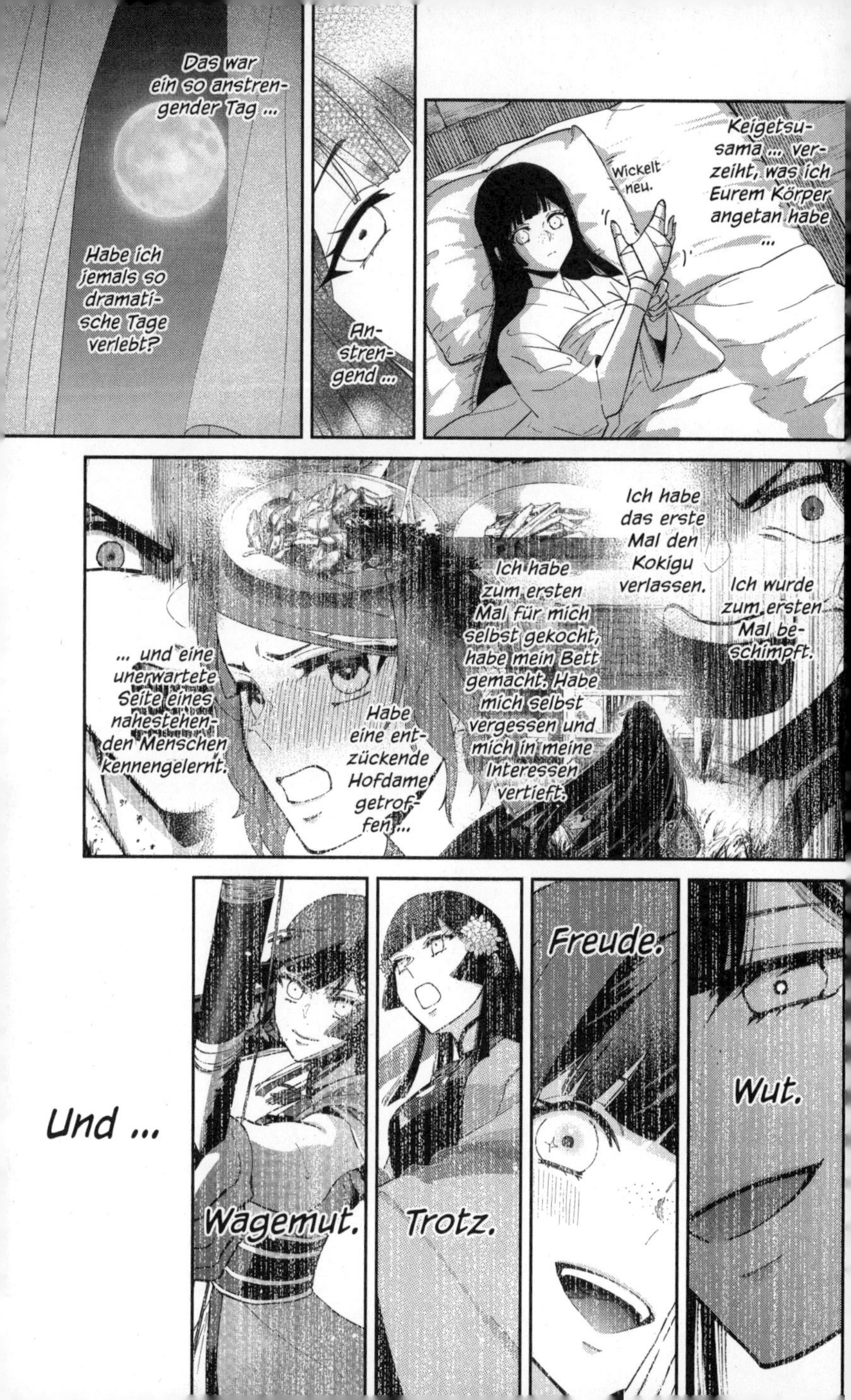
Keigetsu-sama ... verzeiht, was ich Eurem Körper angetan habe ...
Wickelt neu.
Anstrengend ...
Das war ein so anstrengender Tag ...
Habe ich jemals so dramatische Tage verlebt?
Ich wurde zum ersten Mal beschimpft.
Ich habe das erste Mal den Kokigu verlassen.
Ich habe zum ersten Mal für mich selbst gekocht, habe mein Bett gemacht. Habe mich selbst vergessen und mich in meine Interessen vertieft.
Habe eine entzückende Hofdame getroffen ...
... und eine unerwartete Seite eines nahestehenden Menschen kennengelernt.
Wut.
Freude.
Trotz.
Wagemut.
Und ...

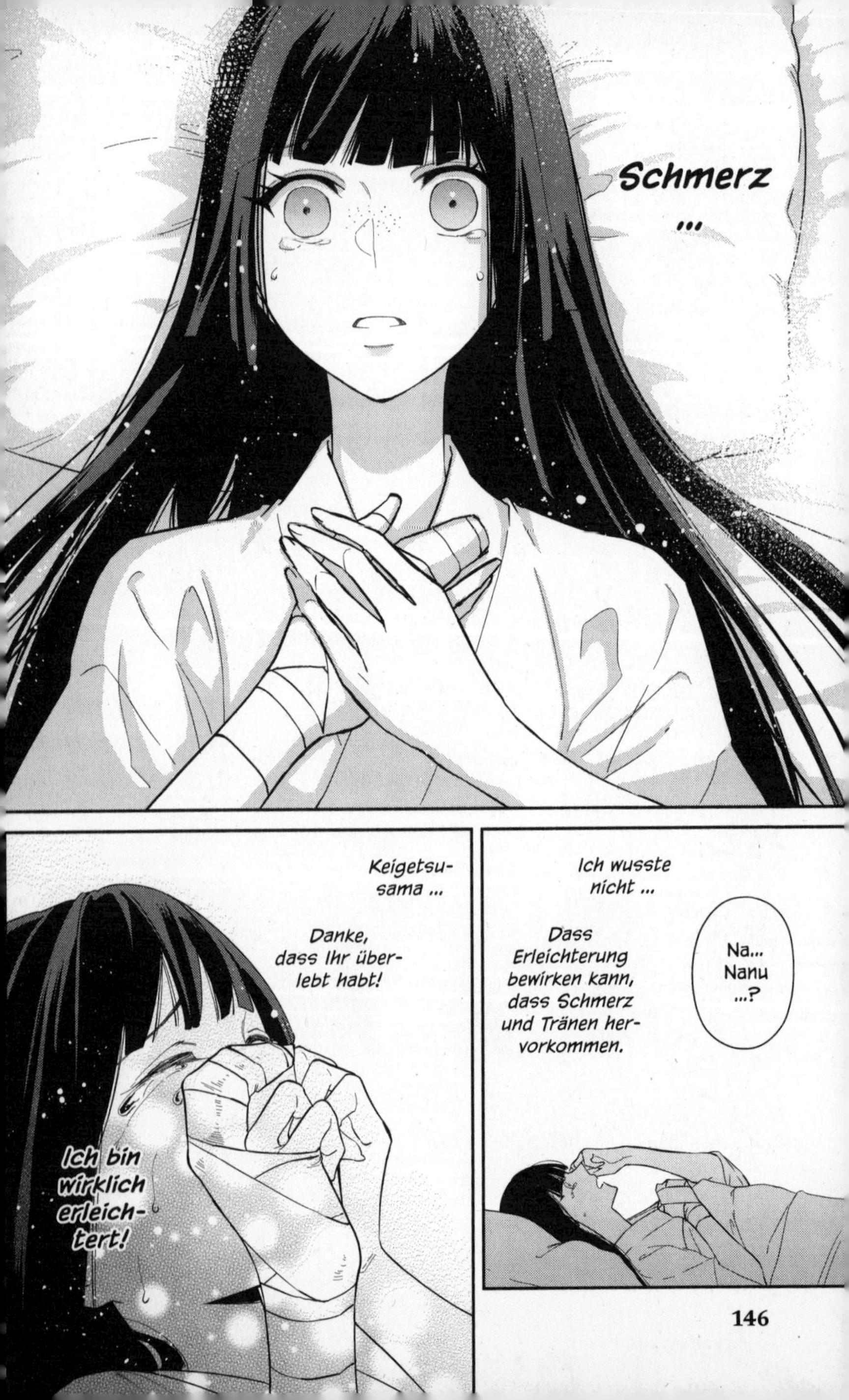
Schmerz ...
Na... Nanu ...?
Ich wusste nicht ...
Dass Erleichterung bewirken kann, dass Schmerz und Tränen hervorkommen.
Keigetsu-sama ...
Danke, dass Ihr überlebt habt!
Ich bin wirklich erleichtert!

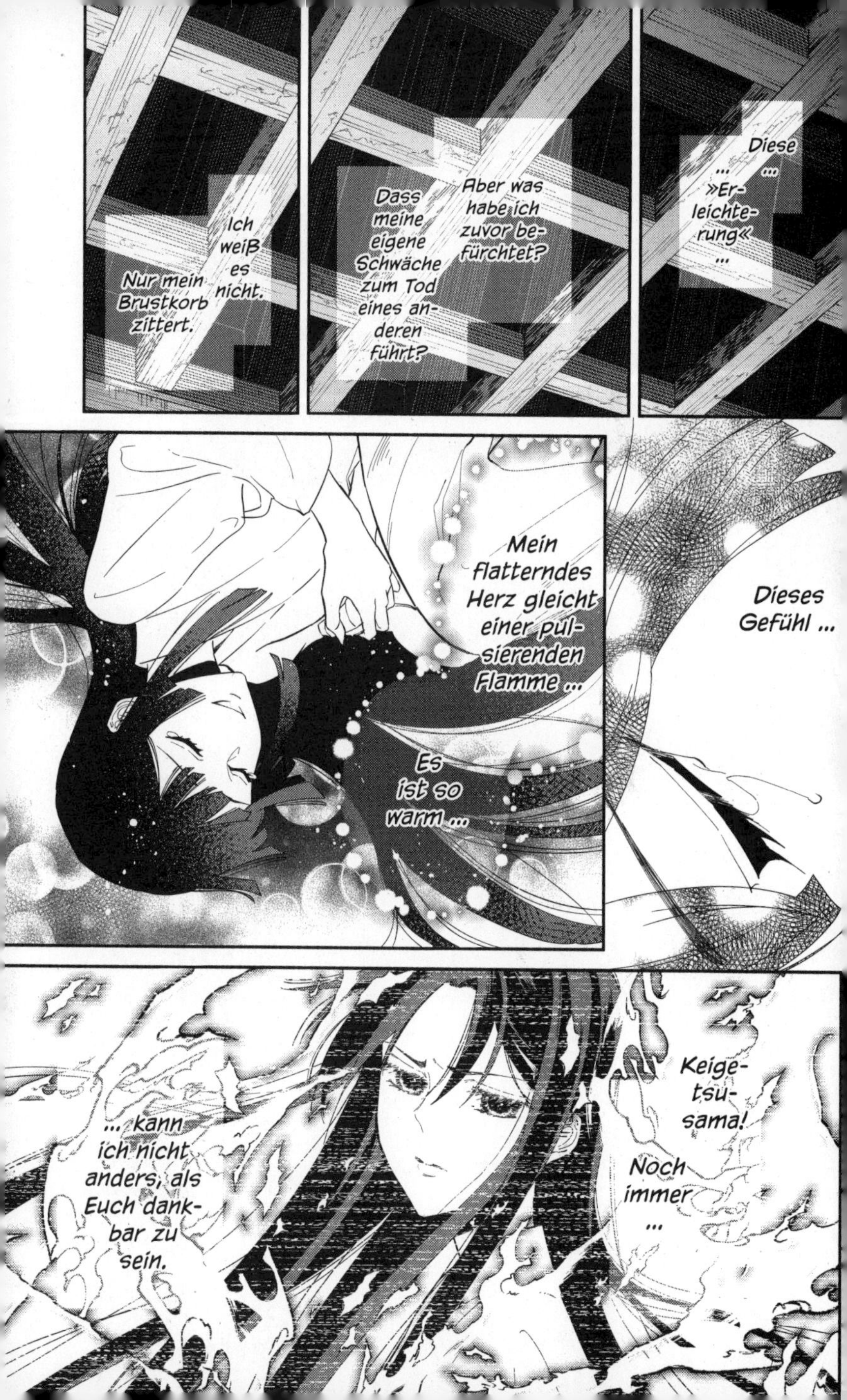
Dieses ... »Erleichterung« ...
Aber was habe ich zuvor befürchtet?
Dass meine eigene Schwäche zum Tod eines anderen führt?
Ich weiß es nicht.
Nur mein Brustkorb zittert.
Dieses Gefühl ...
Mein flatterndes Herz gleicht einer pulsierenden Flamme ...
Es ist so warm ...
Keigetsu-sama!
Noch immer ...
... kann ich nicht anders, als Euch dankbar zu sein.

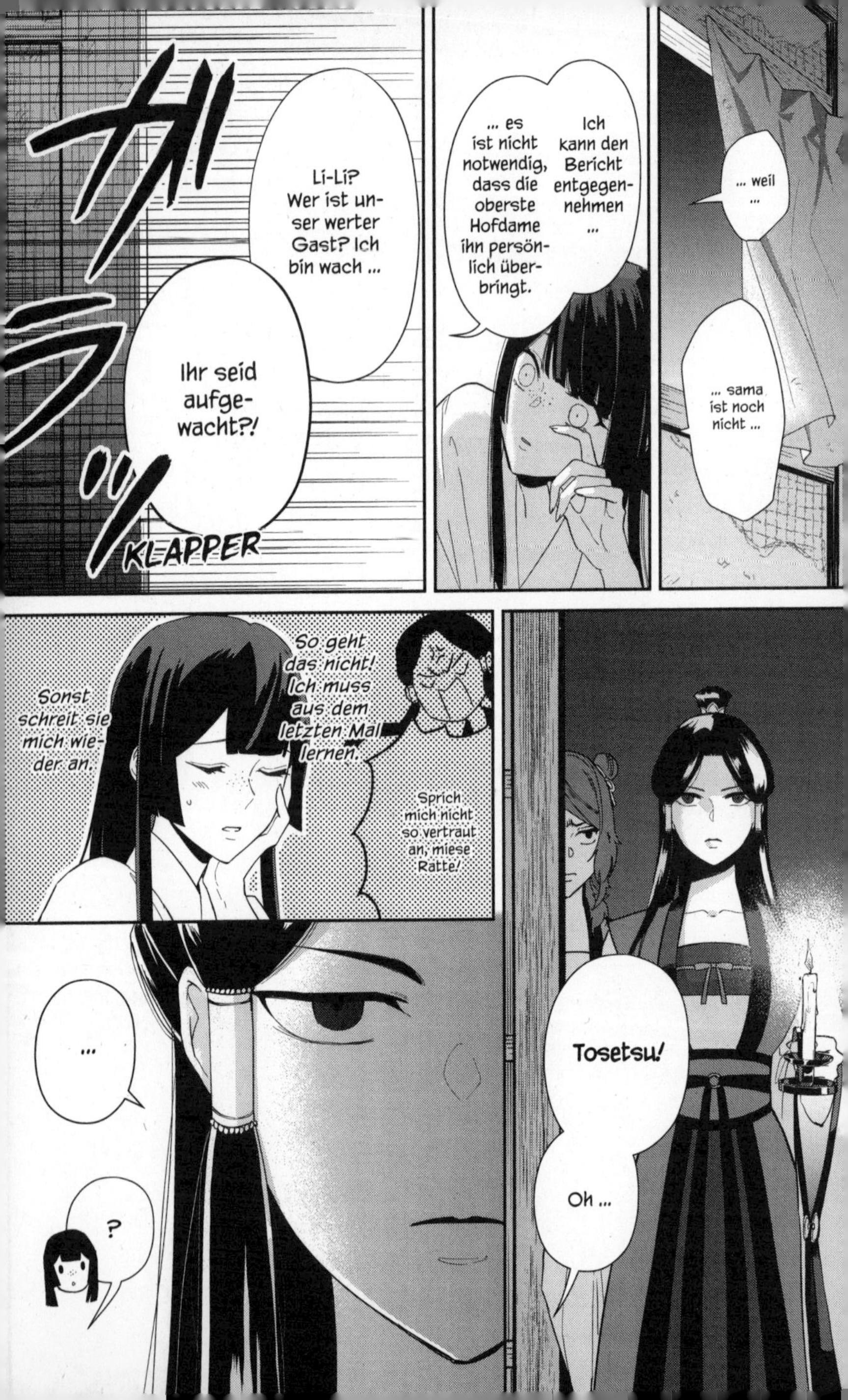
... weil ...
... sama ist noch nicht ...
Ich kann den Bericht entgegennehmen ...
... es ist nicht notwendig, dass die oberste Hofdame ihn persönlich überbringt.
Li-Li? Wer ist unser werter Gast? Ich bin wach ...
Ihr seid aufgewacht?!
KLAPPER
Tosetsu!
Oh ...
So geht das nicht! Ich muss aus dem letzten Mal lernen.
Sonst schreit sie mich wieder an.
Sprich mich nicht so vertraut an, miese Ratte!
...
?

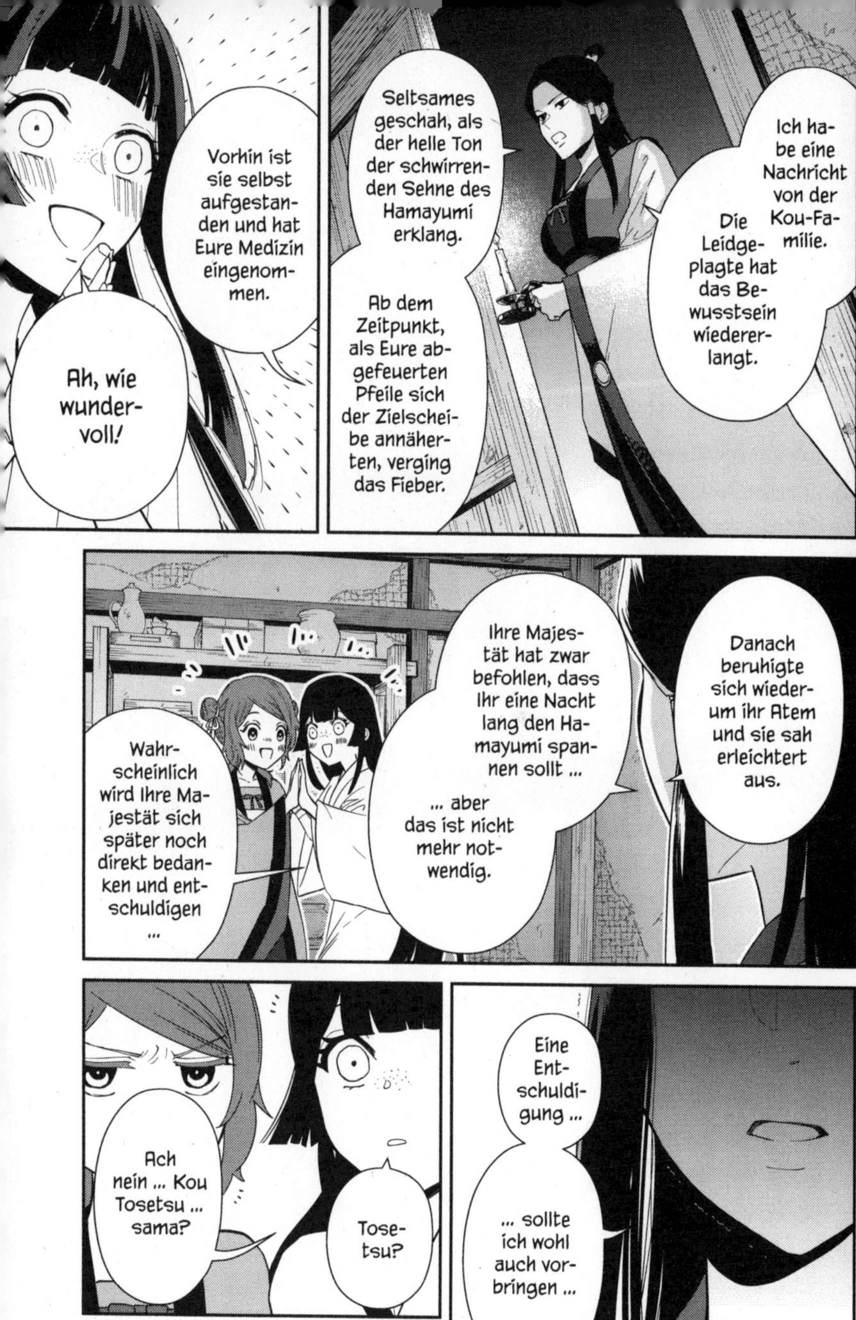
Ich habe eine Nachricht von der Kou-Familie.
Die Leidgeplagte hat das Bewusstsein wiedererlangt.
Seltsames geschah, als der helle Ton der schwirrenden Sehne des Hamayumi erklang.
Ab dem Zeitpunkt, als Eure abgefeuerten Pfeile sich der Zielscheibe annäherten, verging das Fieber.
Vorhin ist sie selbst aufgestanden und hat Eure Medizin eingenommen.
Ah, wie wundervoll!
Danach beruhigte sich wiederum ihr Atem und sie sah erleichtert aus.
Ihre Majestät hat zwar befohlen, dass Ihr eine Nacht lang den Hamayumi spannen sollt ...
... aber das ist nicht mehr notwendig.
Wahrscheinlich wird Ihre Majestät sich später noch direkt bedanken und entschuldigen ...
Eine Entschuldigung ...
... sollte ich wohl auch vorbringen ...
Ach nein ... Kou Tosetsu ... sama?
Tosetsu?

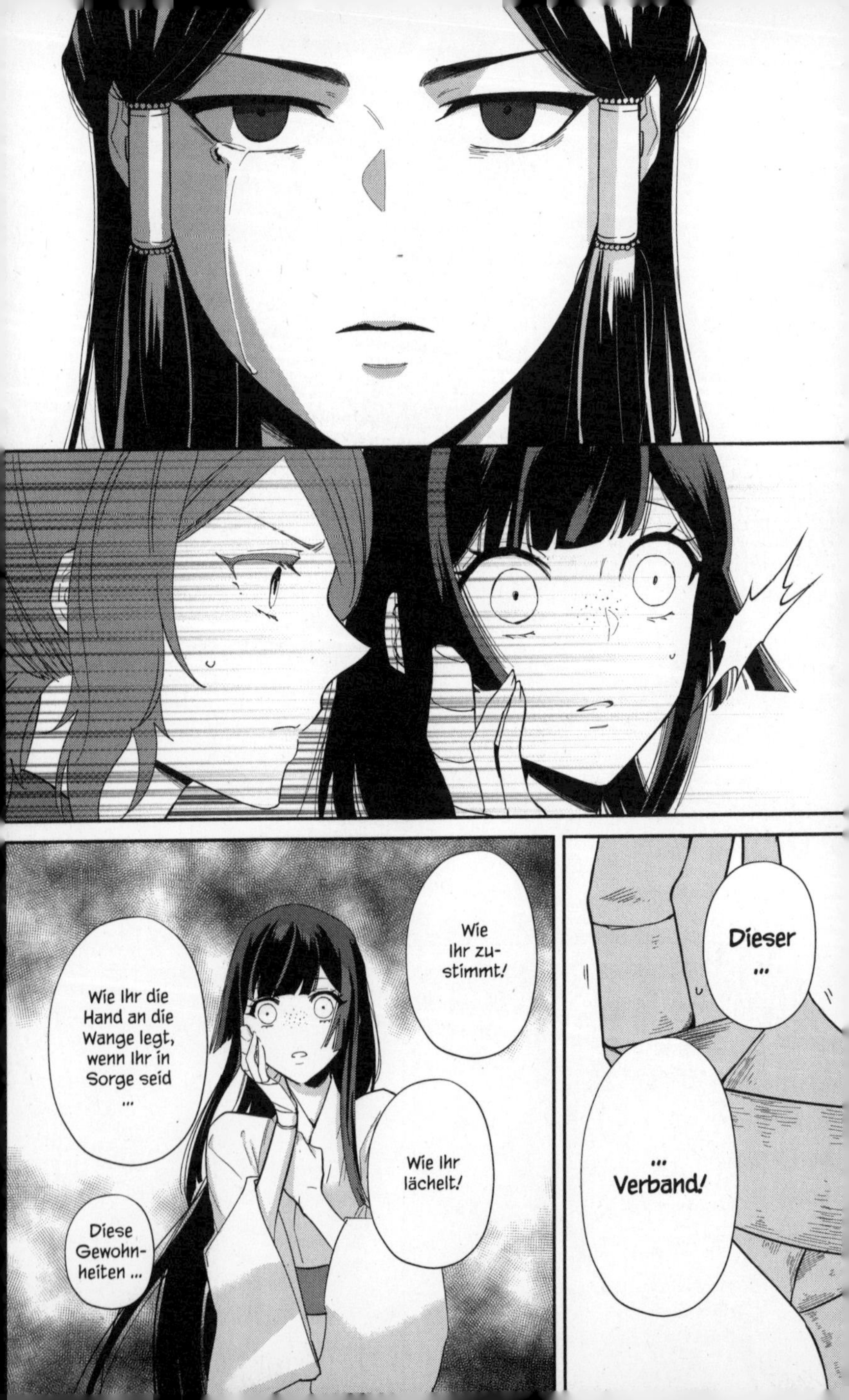

Dieser ...
... Verband!
Wie Ihr zustimmt!
Wie Ihr die Hand an die Wange legt, wenn Ihr in Sorge seid ...
Wie Ihr lächelt!
Diese Gewohnheiten ...

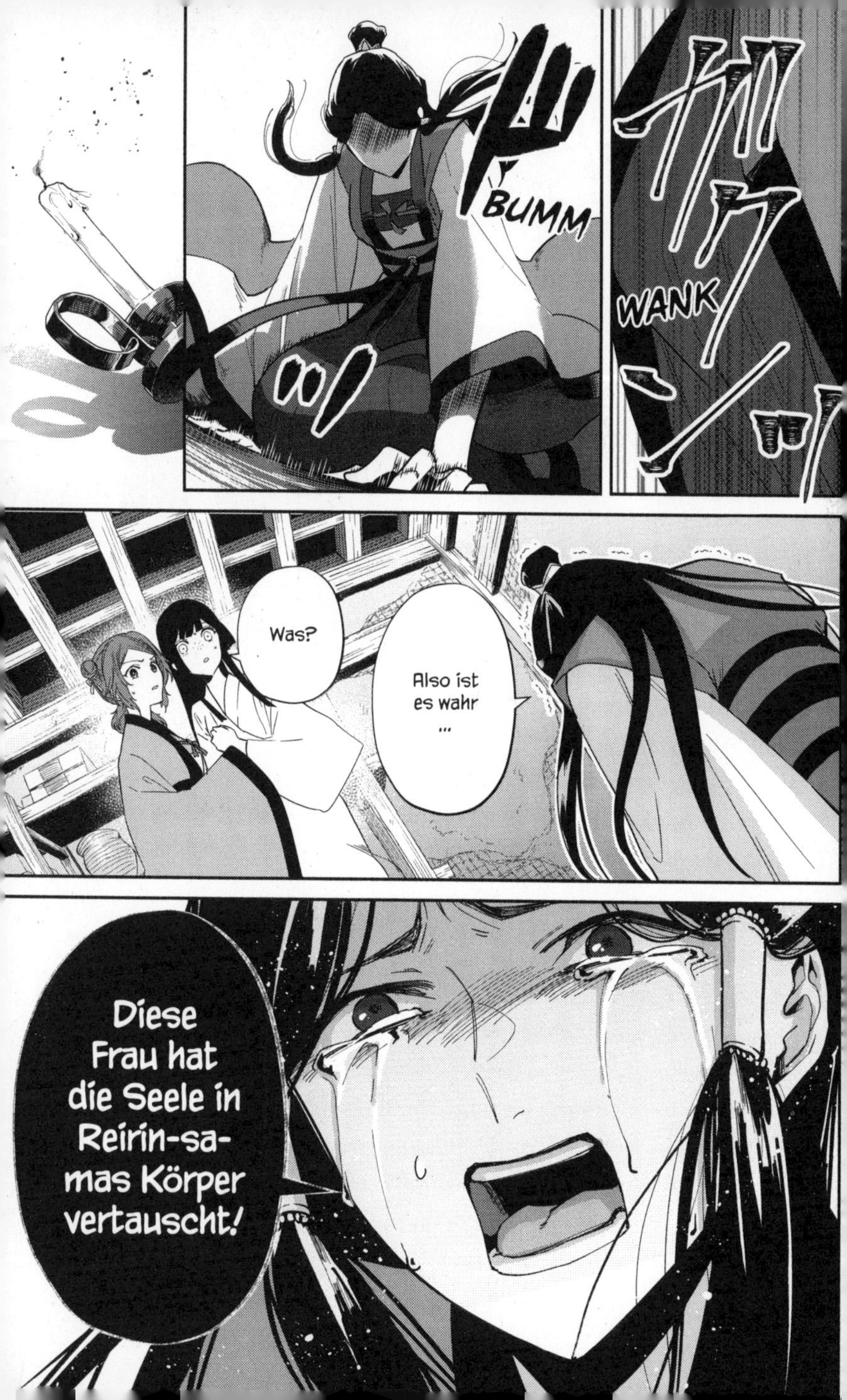
BUMM
WANK
Was?
Also ist es wahr …
Diese Frau hat die Seele in Reirin-samas Körper vertauscht!

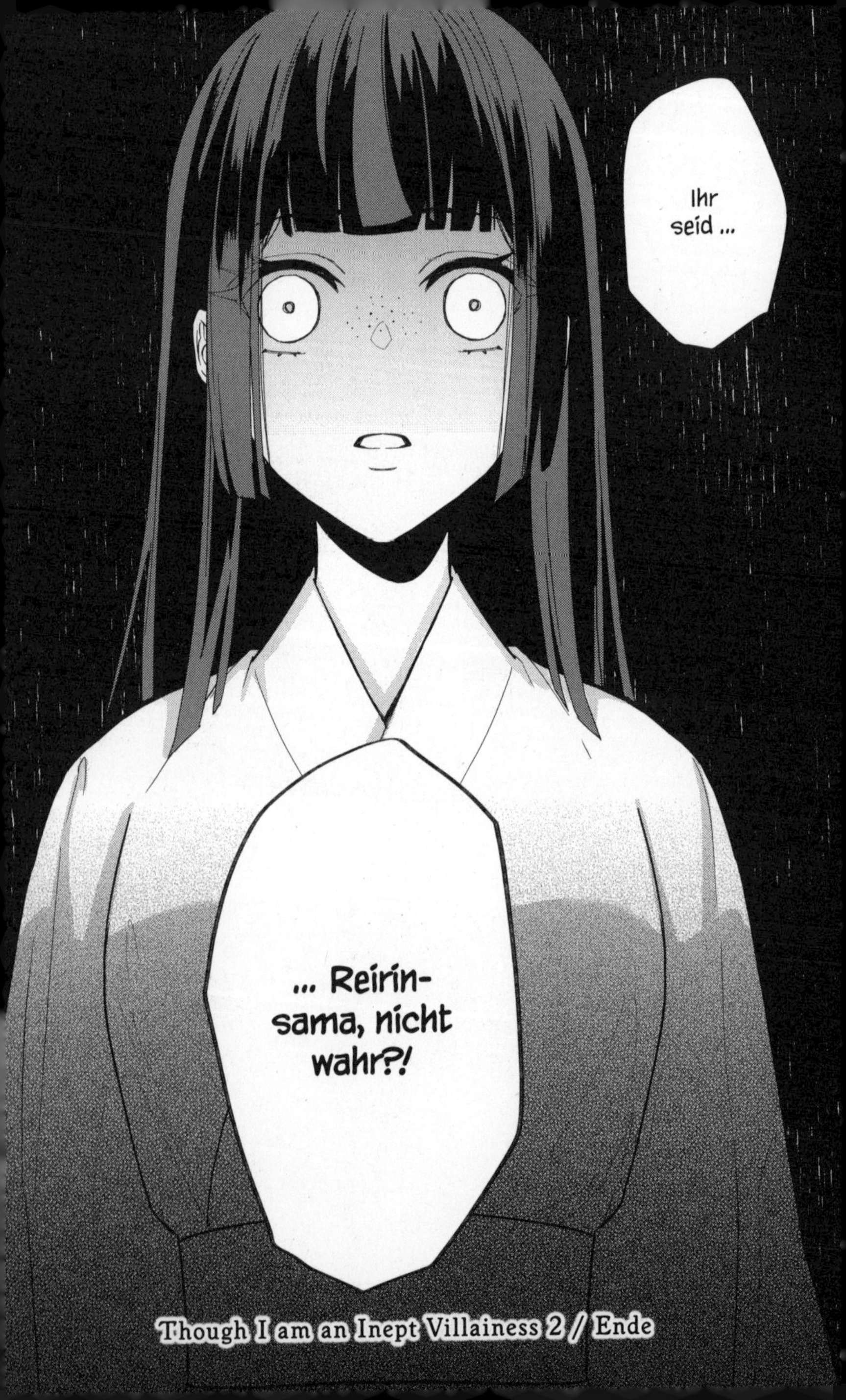
Ihr seid ...
... Reirin-sama, nicht wahr?!
Though I am an Inept Villainess 2 / Ende

Though I am an Inept Villainess

Die fünf Familien

Die Gen-Familie herrscht über den Norden und das Wasser. Sie steht für den »Winter«, »Norden« und die Farbe »Schwarz«. Ihr Element bezwingt Feuer und unterstützt Holz. Viele der Gen-Familie können kaltblütig grausame Taten begehen, sind aber auch loyal. Sie sind in der Kriegskunst geübt.

Die Kin-Familie herrscht über den Westen und das Metall. Sie steht für den »Herbst«, »Westen« und die Farbe »Weiß«. Ihr Element bezwingt Holz und unterstützt Wasser. Die Familie teilt sich in zwei Gruppen: Die praktisch veranlagten Händler und die Künstler. Je stärker ihre Verbindung zur Hauptfamilie, desto mehr schätzen sie Schönheit und Philosophie. Viele leben von ihrer Kunst.

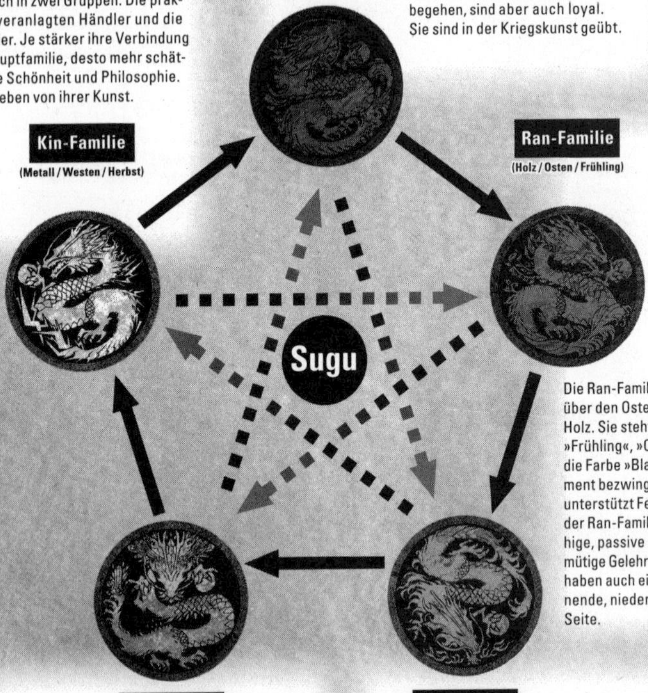

Die Ran-Familie herrscht über den Osten und das Holz. Sie steht für den »Frühling«, »Osten« und die Farbe »Blau«. Ihr Element bezwingt Erde und unterstützt Feuer. Viele der Ran-Familie sind ruhige, passive und sanftmütige Gelehrte, aber sie haben auch eine berechnende, niederträchtige Seite.

Die Kou-Familie herrscht über die zentrale Region und die Erde. Sie steht für den »Wandel«, die »Mitte« und die Farbe »Gelb«. Ihr Element bezwingt Wasser und unterstützt Metall. Die Mitglieder der Kou-Familie sorgen sich aufrichtig und ehrlich um andere. Sie besitzen einen ausgeprägten Pioniergeist und bleiben so gelassen wie die Erde. Selbst Naturkatastrophen meistern sie mit einem stoischen Gemüt.

Die Shu-Familie herrscht über den Süden und das Feuer. Sie steht für den »Sommer«, »Süden« und die Farbe »Rot«. Ihr Element bezwingt Metall und unterstützt Erde. Viele der Shu-Familie haben einen unnachgiebigen Charakter und lieben es aufzufallen. Sie neigen zu heftigen Stimmungsschwankungen und ziehen Gefühle dem Verstand vor. Sie hassen und lieben leidenschaftlich.

In Klammern stehen die Symbole der Familien

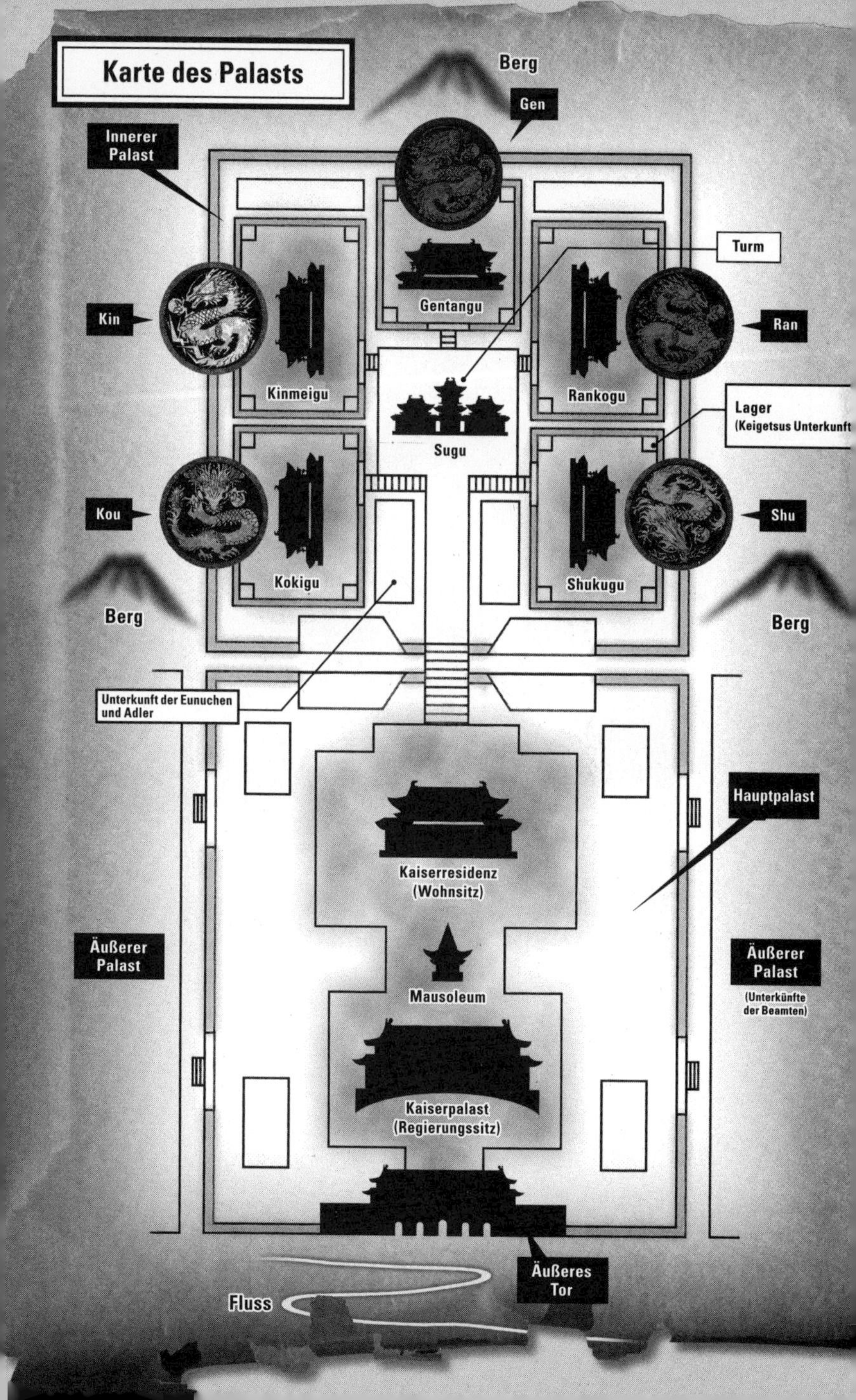

Karte des Palasts
Berg
Gen
Innerer Palast
Turm
Gentangu
Kin
Ran
Kinmeigu
Rankogu
Lager
(Keigetsus Unterkunft
Sugu
Kou
Shu
Kokigu
Shukugu
Berg
Berg
Unterkunft der Eunuchen und Adler
Hauptpalast
Kaiserresidenz (Wohnsitz)
Äußerer Palast
Äußerer Palast
(Unterkünfte der Beamten)
Mausoleum
Kaiserpalast (Regierungssitz)
Äußeres Tor
Fluss

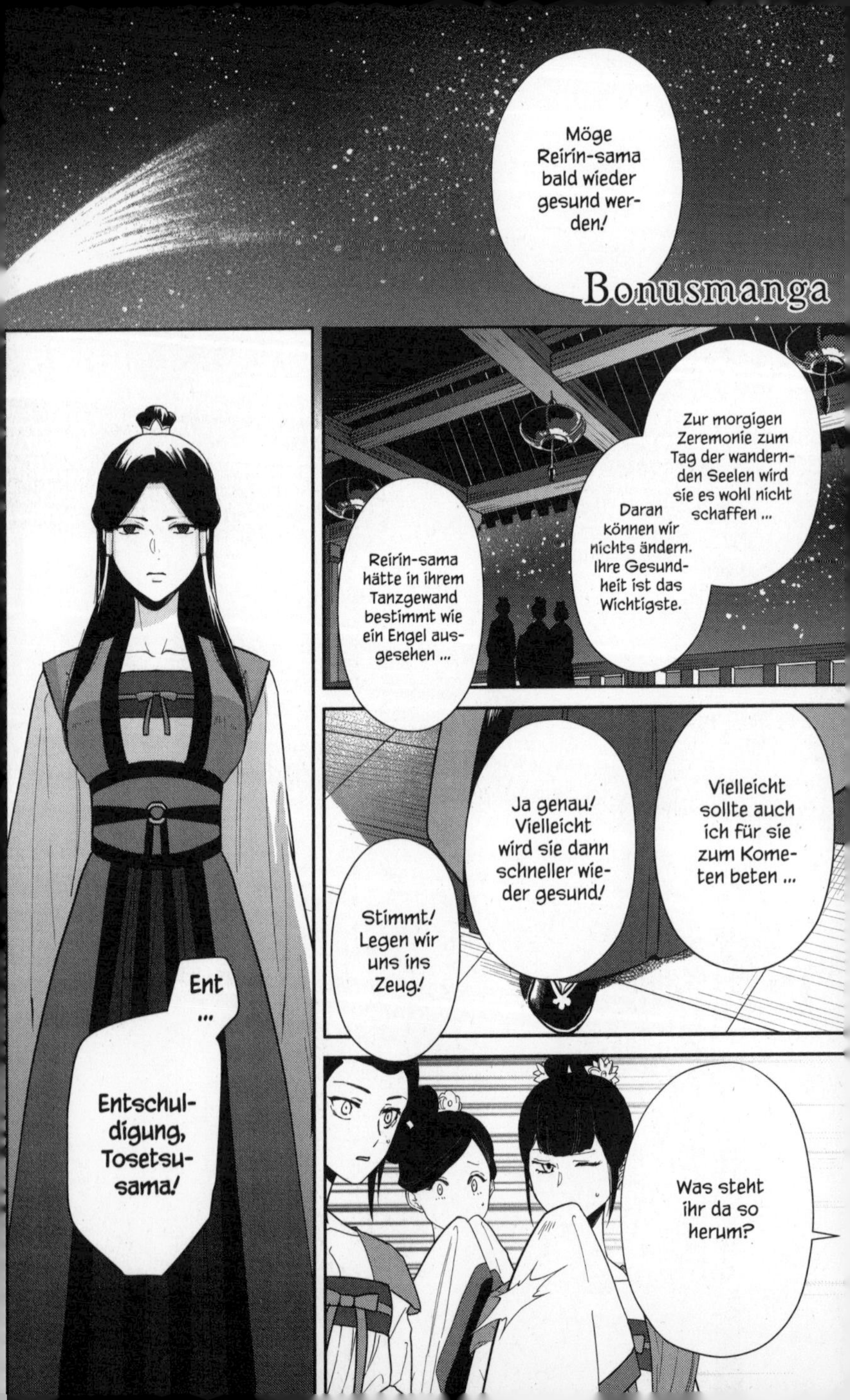
Bonusmanga
Möge Reirin-sama bald wieder gesund werden!
Zur morgigen Zeremonie zum Tag der wandernden Seelen wird sie es wohl nicht schaffen ...
Daran können wir nichts ändern. Ihre Gesundheit ist das Wichtigste.
Reirin-sama hätte in ihrem Tanzgewand bestimmt wie ein Engel ausgesehen ...
Vielleicht sollte auch ich für sie zum Kometen beten ...
Ja genau! Vielleicht wird sie dann schneller wieder gesund!
Stimmt! Legen wir uns ins Zeug!
Was steht ihr da so herum?
Ent ...
Entschuldigung, Tosetsu-sama!

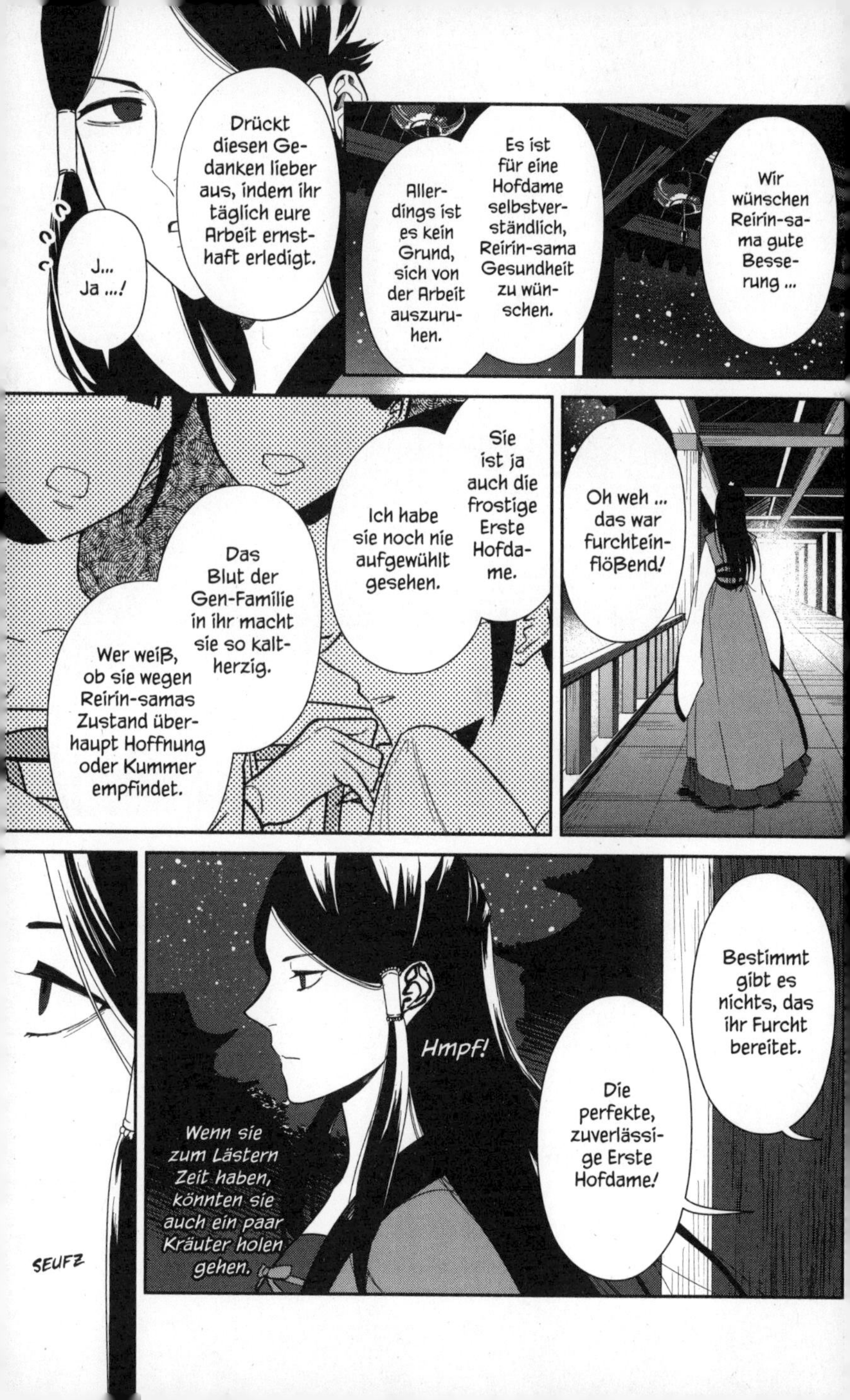
Wir wünschen Reirin-sama gute Besserung ...
Es ist für eine Hofdame selbstverständlich, Reirin-sama Gesundheit zu wünschen.
Allerdings ist es kein Grund, sich von der Arbeit auszuruhen.
Drückt diesen Gedanken lieber aus, indem ihr täglich eure Arbeit ernsthaft erledigt.
J... Ja ...!
Oh weh ... das war furchteinflößend!
Sie ist ja auch die frostige Erste Hofdame.
Ich habe sie noch nie aufgewühlt gesehen.
Das Blut der Gen-Familie in ihr macht sie so kaltherzig.
Wer weiß, ob sie wegen Reirin-samas Zustand überhaupt Hoffnung oder Kummer empfindet.
Bestimmt gibt es nichts, das ihr Furcht bereitet.
Die perfekte, zuverlässige Erste Hofdame!
Hmpf!
Wenn sie zum Lästern Zeit haben, könnten sie auch ein paar Kräuter holen gehen.
SEUFZ

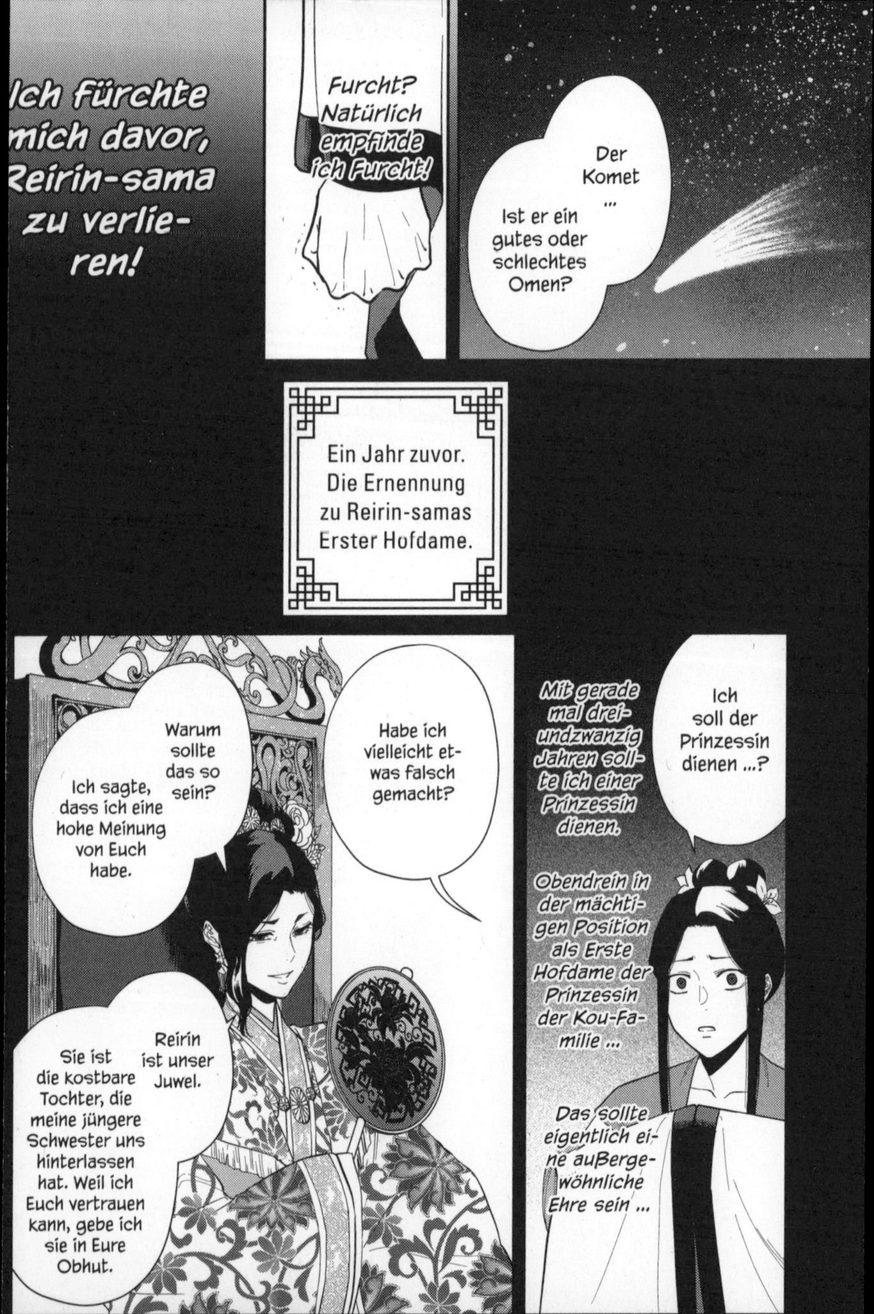

Der Komet ...
Ist er ein gutes oder schlechtes Omen?
Furcht? Natürlich empfinde ich Furcht!
Ich fürchte mich davor, Reirin-sama zu verlieren!
Ein Jahr zuvor. Die Ernennung zu Reirin-samas Erster Hofdame.
Ich soll der Prinzessin dienen ...?
Mit gerade mal dreiundzwanzig Jahren sollte ich einer Prinzessin dienen.
Obendrein in der mächtigen Position als Erste Hofdame der Prinzessin der Kou-Familie ...
Das sollte eigentlich eine außergewöhnliche Ehre sein ...
Habe ich vielleicht etwas falsch gemacht?
Warum sollte das so sein?
Ich sagte, dass ich eine hohe Meinung von Euch habe.
Reirin ist unser Juwel.
Sie ist die kostbare Tochter, die meine jüngere Schwester uns hinterlassen hat. Weil ich Euch vertrauen kann, gebe ich sie in Eure Obhut.

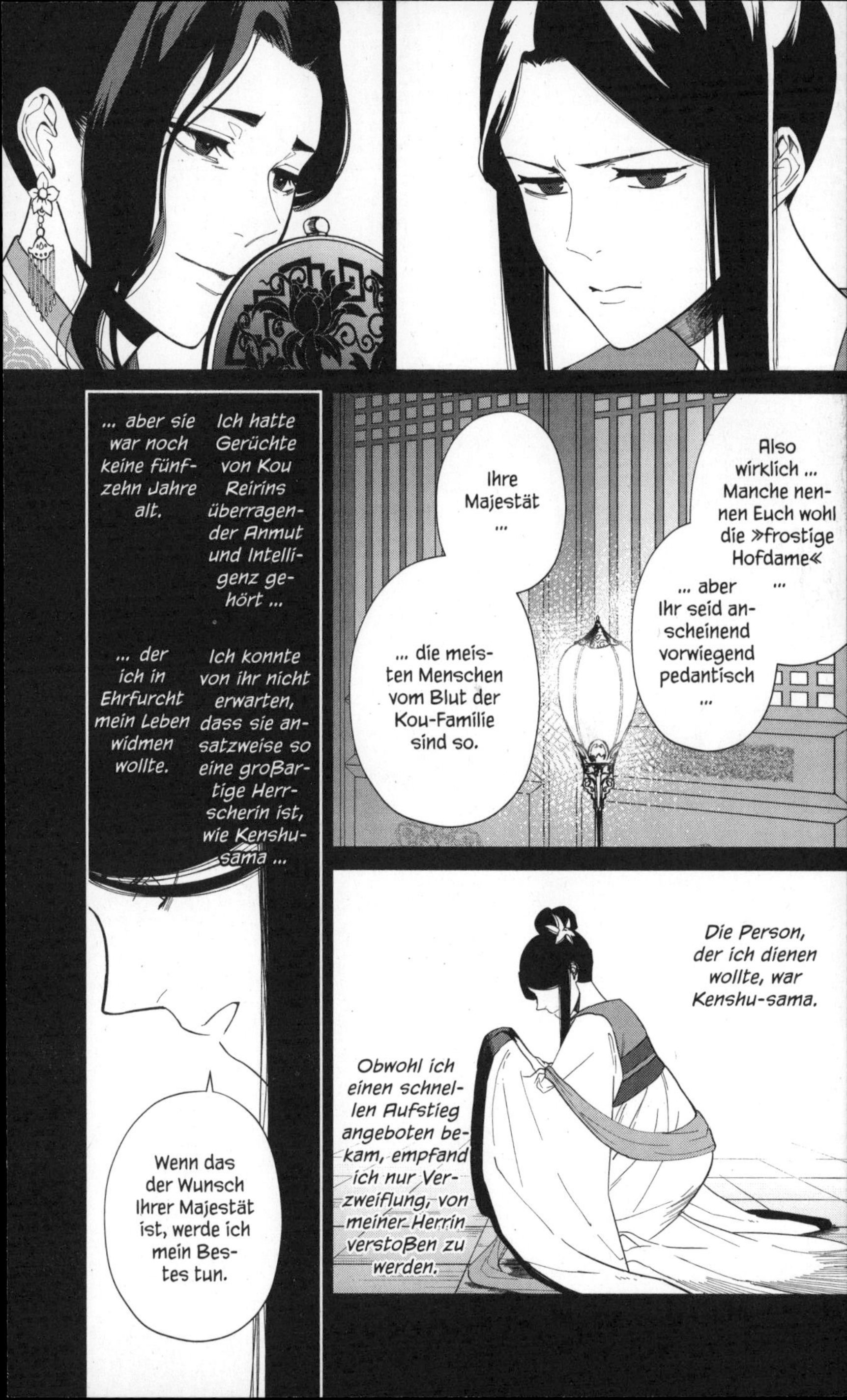
Also wirklich ... Manche nennen Euch wohl die »frostige Hofdame« ...
... aber Ihr seid anscheinend vorwiegend pedantisch ...
Ihre Majestät ...
... die meisten Menschen vom Blut der Kou-Familie sind so.
Ich hatte Gerüchte von Kou Reirins überragender Anmut und Intelligenz gehört ...
... aber sie war noch keine fünfzehn Jahre alt.
Ich konnte von ihr nicht erwarten, dass sie ansatzweise so eine großartige Herrscherin ist, wie Kenshu-sama ...
... der ich in Ehrfurcht mein Leben widmen wollte.
Die Person, der ich dienen wollte, war Kenshu-sama.
Obwohl ich einen schnellen Aufstieg angeboten bekam, empfand ich nur Verzweiflung, von meiner Herrin verstoßen zu werden.
Wenn das der Wunsch Ihrer Majestät ist, werde ich mein Bestes tun.

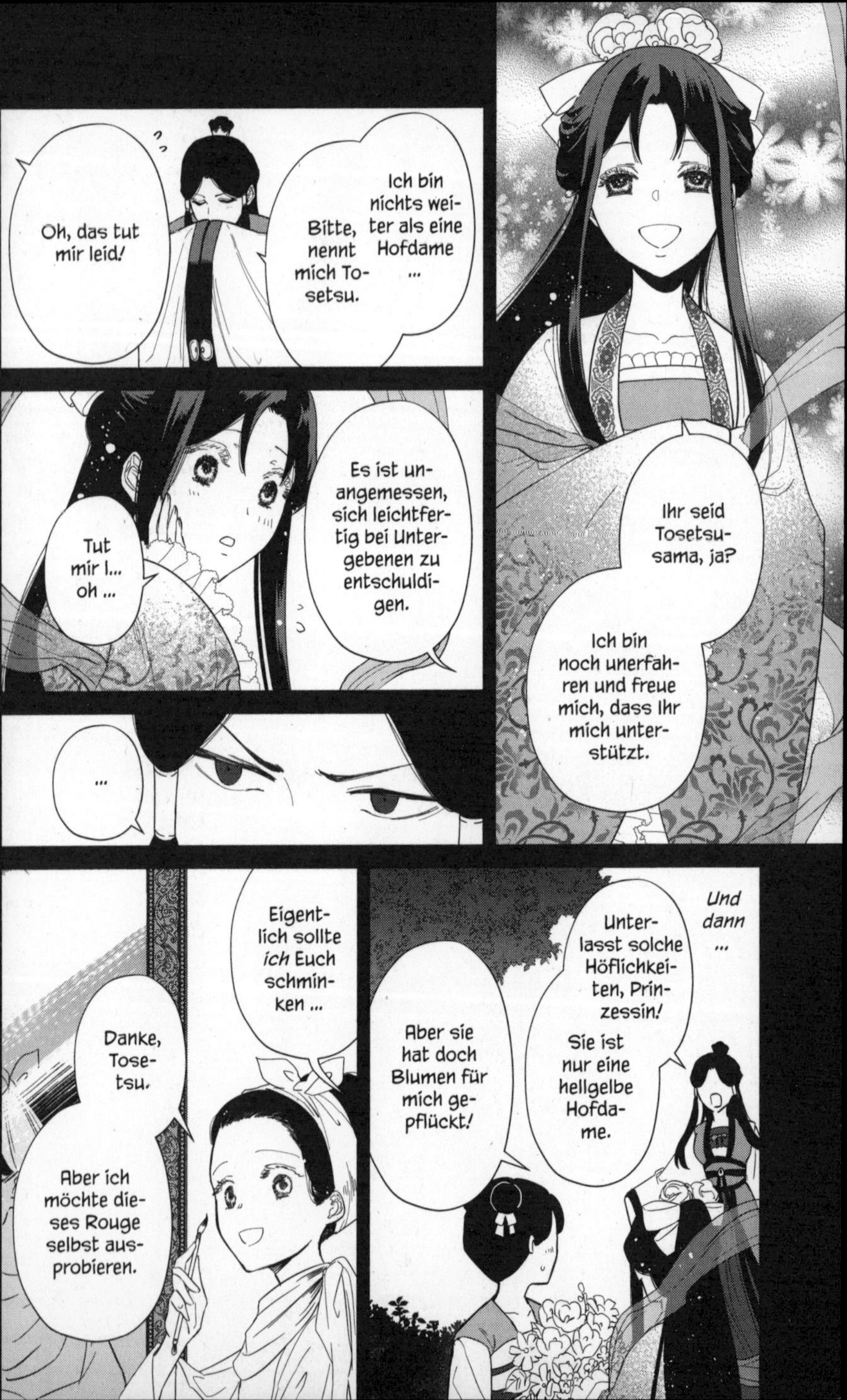
Ihr seid Tosetsu-sama, ja?
Ich bin noch unerfahren und freue mich, dass Ihr mich unterstützt.
Ich bin nichts weiter als eine Hofdame ...
Bitte, nennt mich Tosetsu.
Oh, das tut mir leid!
Es ist unangemessen, sich leichtfertig bei Untergebenen zu entschuldigen.
Tut mir l... oh ...
...
Und dann ...
Unterlasst solche Höflichkeiten, Prinzessin!
Sie ist nur eine hellgelbe Hofdame.
Aber sie hat doch Blumen für mich gepflückt!
Eigentlich sollte *ich* Euch schminken ...
Danke, Tosetsu.
Aber ich möchte dieses Rouge selbst ausprobieren.

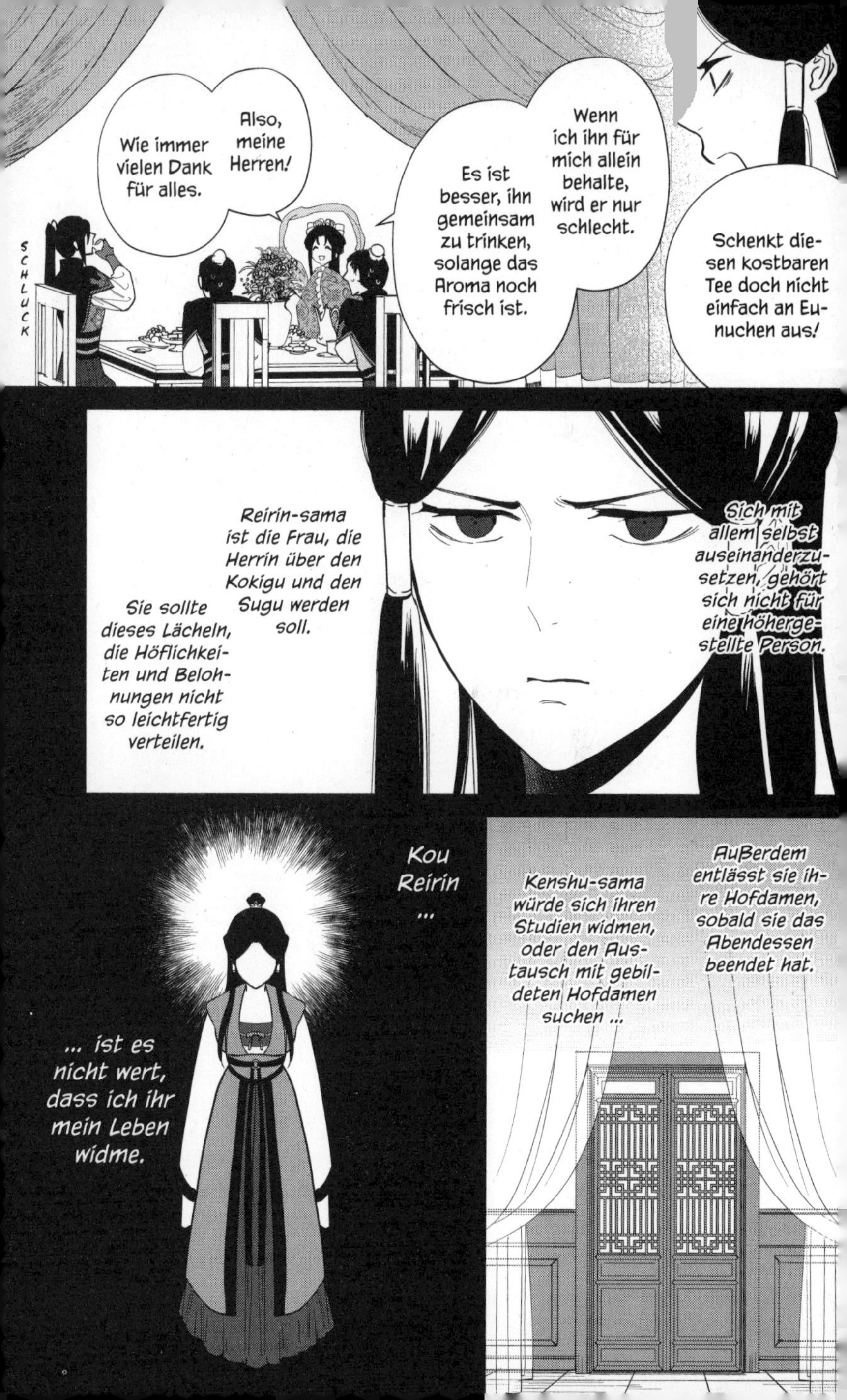
Schenkt diesen kostbaren Tee doch nicht einfach an Eunuchen aus!
Wenn ich ihn für mich allein behalte, wird er nur schlecht.
Es ist besser, ihn gemeinsam zu trinken, solange das Aroma noch frisch ist.
Also, meine Herren!
Wie immer vielen Dank für alles.
SCHLUCK
Sich mit allem selbst auseinanderzusetzen, gehört sich nicht für eine höhergestellte Person.
Reirin-sama ist die Frau, die Herrin über den Kokigu und den Sugu werden soll.
Sie sollte dieses Lächeln, die Höflichkeiten und Belohnungen nicht so leichtfertig verteilen.
Außerdem entlässt sie ihre Hofdamen, sobald sie das Abendessen beendet hat.
Kenshu-sama würde sich ihren Studien widmen, oder den Austausch mit gebildeten Hofdamen suchen ...
Kou Reirin ...
... ist es nicht wert, dass ich ihr mein Leben widme.

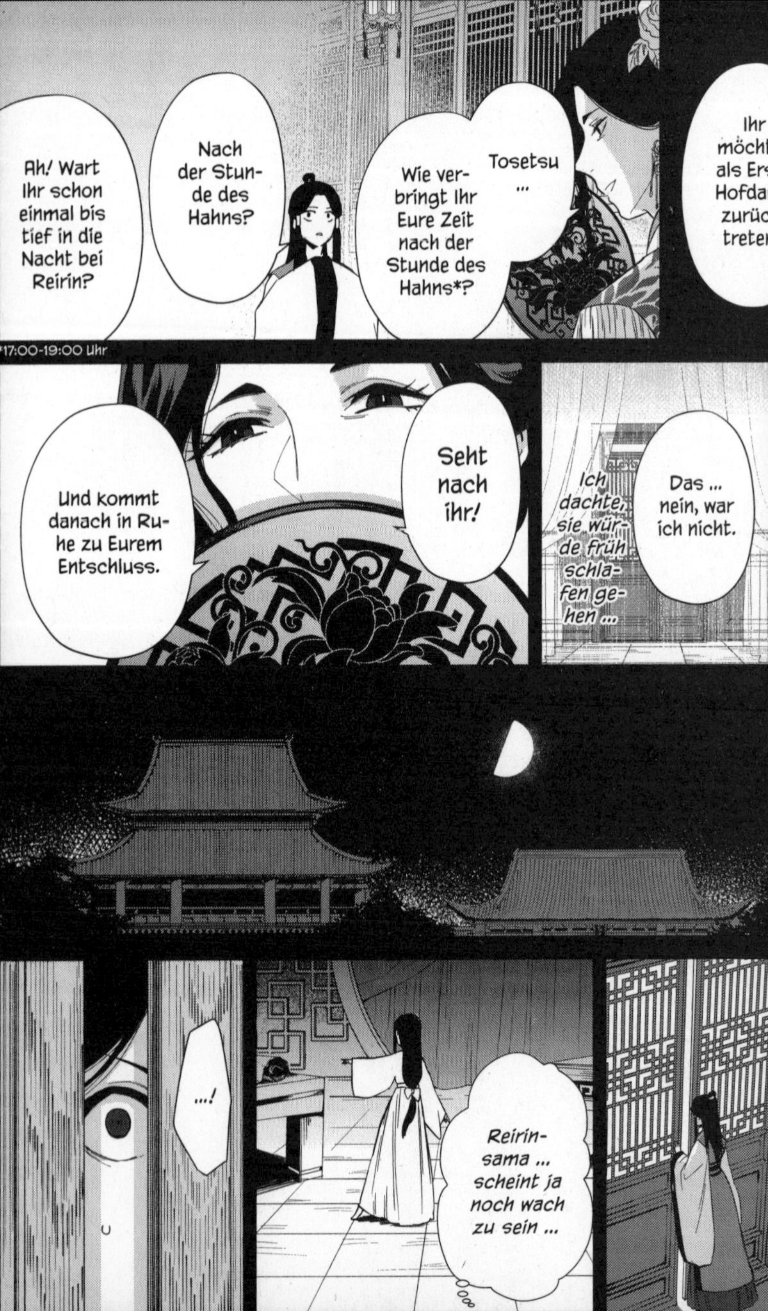

*17:00-19:00 Uhr

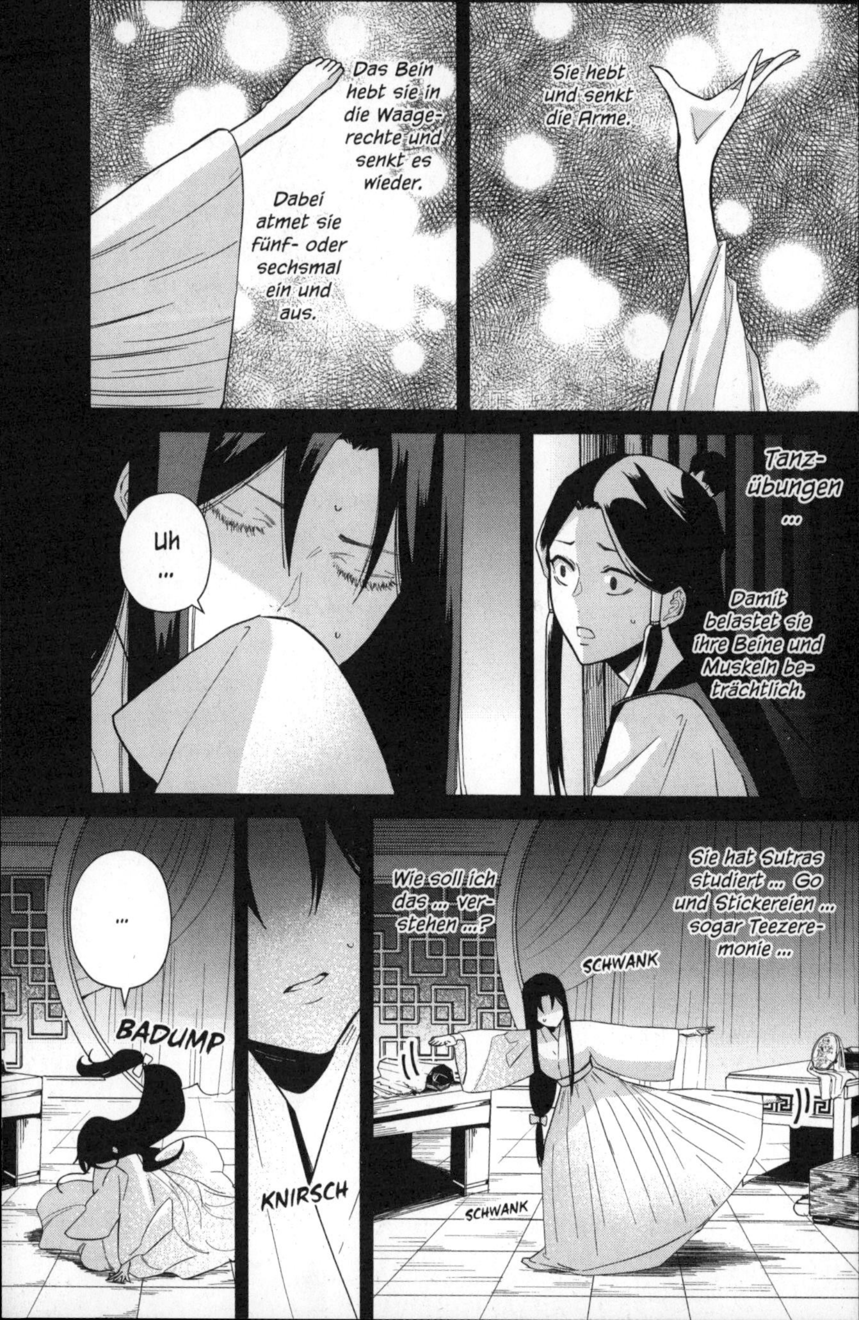
Sie hebt und senkt die Arme.
Das Bein hebt sie in die Waagerechte und senkt es wieder.
Dabei atmet sie fünf- oder sechsmal ein und aus.
Tanzübungen ...
Damit belastet sie ihre Beine und Muskeln beträchtlich.
Uh ...
Sie hat Sutras studiert ... Go und Stickereien ... sogar Teezeremonie ...
SCHWANK
SCHWANK
Wie soll ich das ... verstehen ...?
KNIRSCH
...
BADUMP

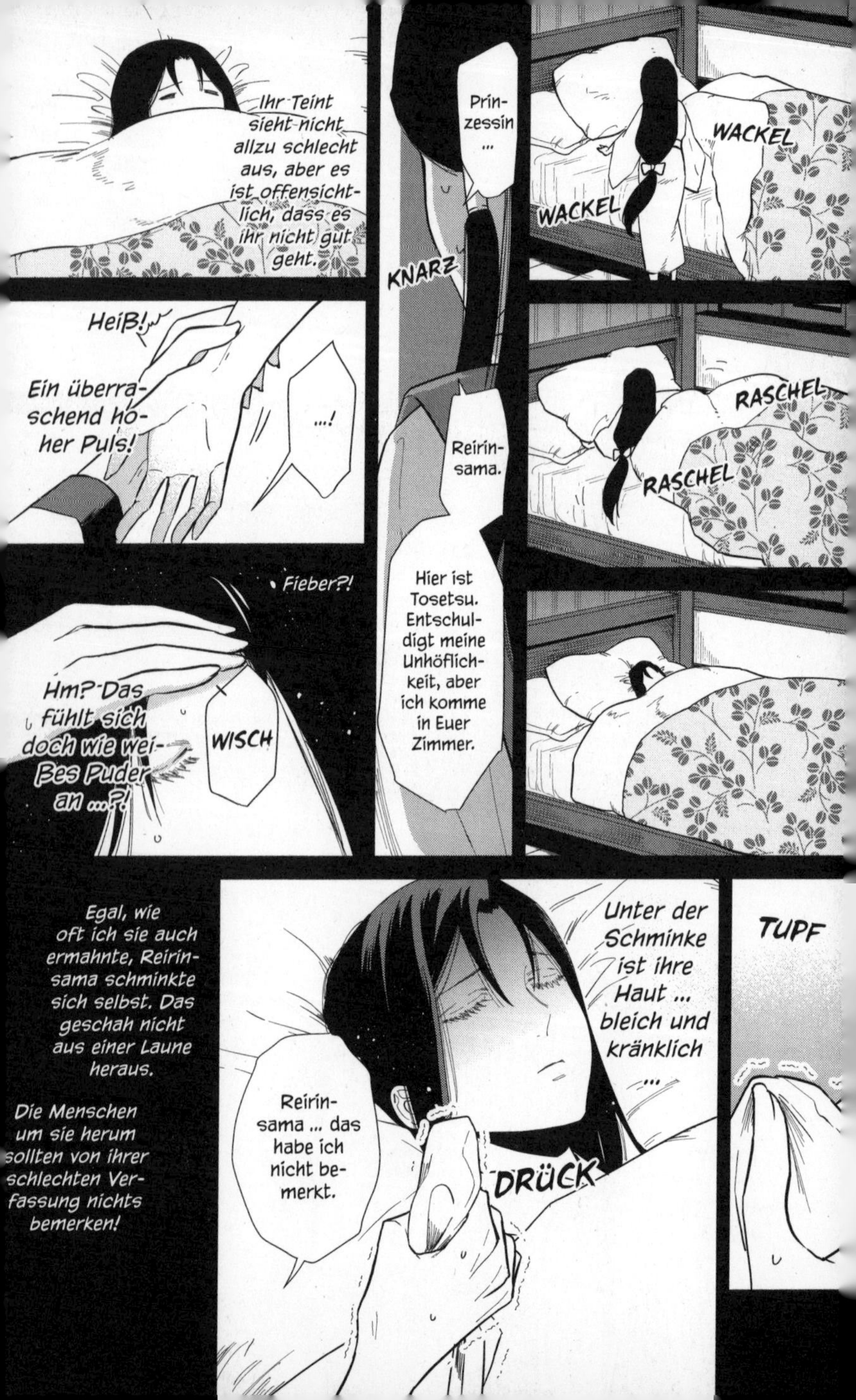

WACKEL
WACKEL
Prinzessin …
KNARZ
Reirin-sama.
Hier ist Tosetsu. Entschuldigt meine Unhöflichkeit, aber ich komme in Euer Zimmer.
RASCHEL
RASCHEL
Ihr Teint sieht nicht allzu schlecht aus, aber es ist offensichtlich, dass es ihr nicht gut geht.
Heiß!
Ein überraschend hoher Puls!
…!
Fieber?!
Hm? Das fühlt sich doch wie weißes Puder an …?!
WISCH
TUPF
Unter der Schminke ist ihre Haut … bleich und kränklich …
DRÜCK
Reirin-sama … das habe ich nicht bemerkt.
Egal, wie oft ich sie auch ermahnte, Reirin-sama schminkte sich selbst. Das geschah nicht aus einer Laune heraus.
Die Menschen um sie herum sollten von ihrer schlechten Verfassung nichts bemerken!

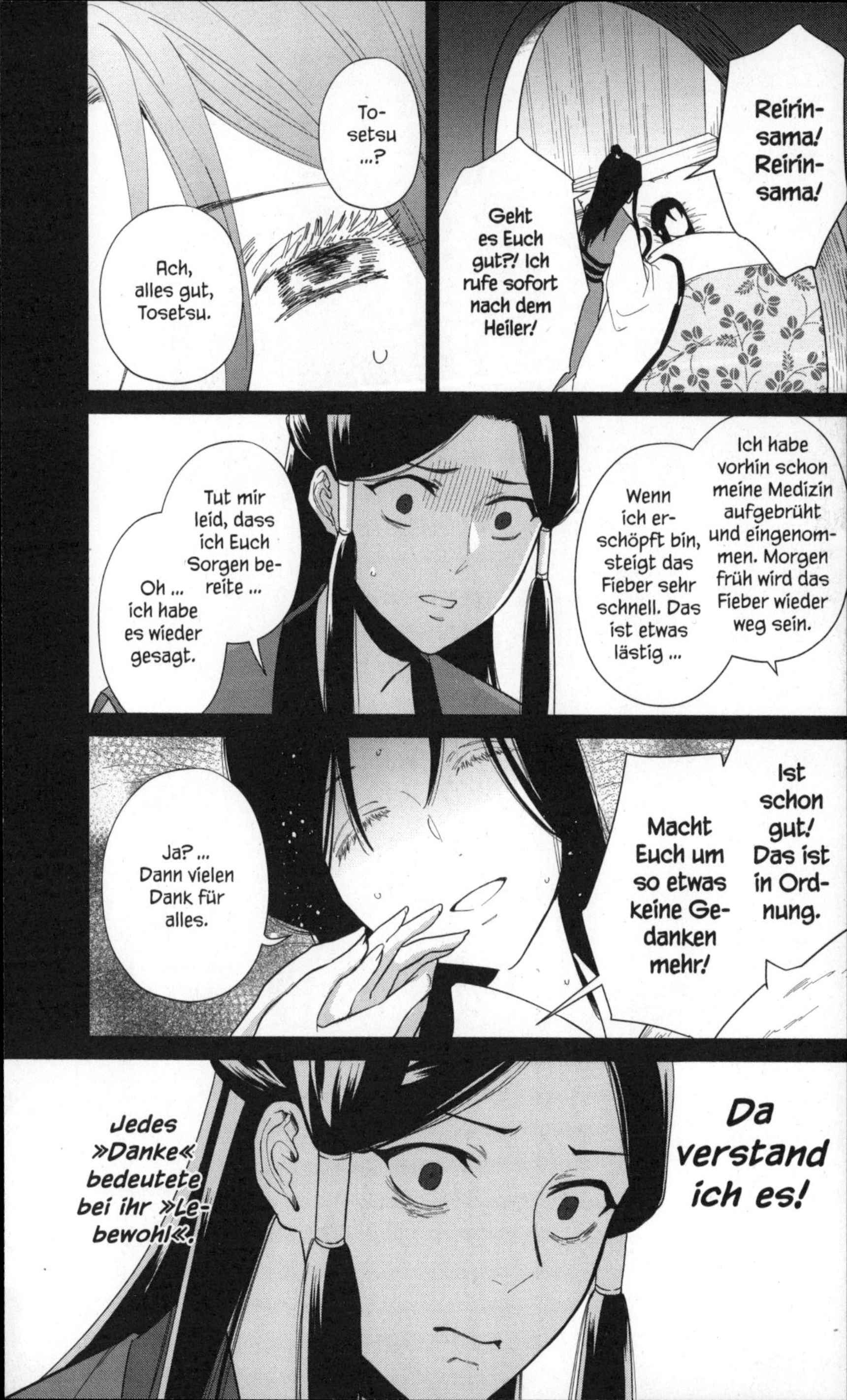

Reirin-sama! Reirin-sama!
Geht es Euch gut?! Ich rufe sofort nach dem Heiler!
Tosetsu ...?
Ach, alles gut, Tosetsu.
Ich habe vorhin schon meine Medizin aufgebrüht und eingenommen. Morgen früh wird das Fieber wieder weg sein.
Wenn ich erschöpft bin, steigt das Fieber sehr schnell. Das ist etwas lästig ...
Tut mir leid, dass ich Euch Sorgen bereite ...
Oh ... ich habe es wieder gesagt.
Ist schon gut! Das ist in Ordnung.
Macht Euch um so etwas keine Gedanken mehr!
Ja? ... Dann vielen Dank für alles.
Da verstand ich es!
Jedes »Danke« bedeutete bei ihr »Lebewohl«.

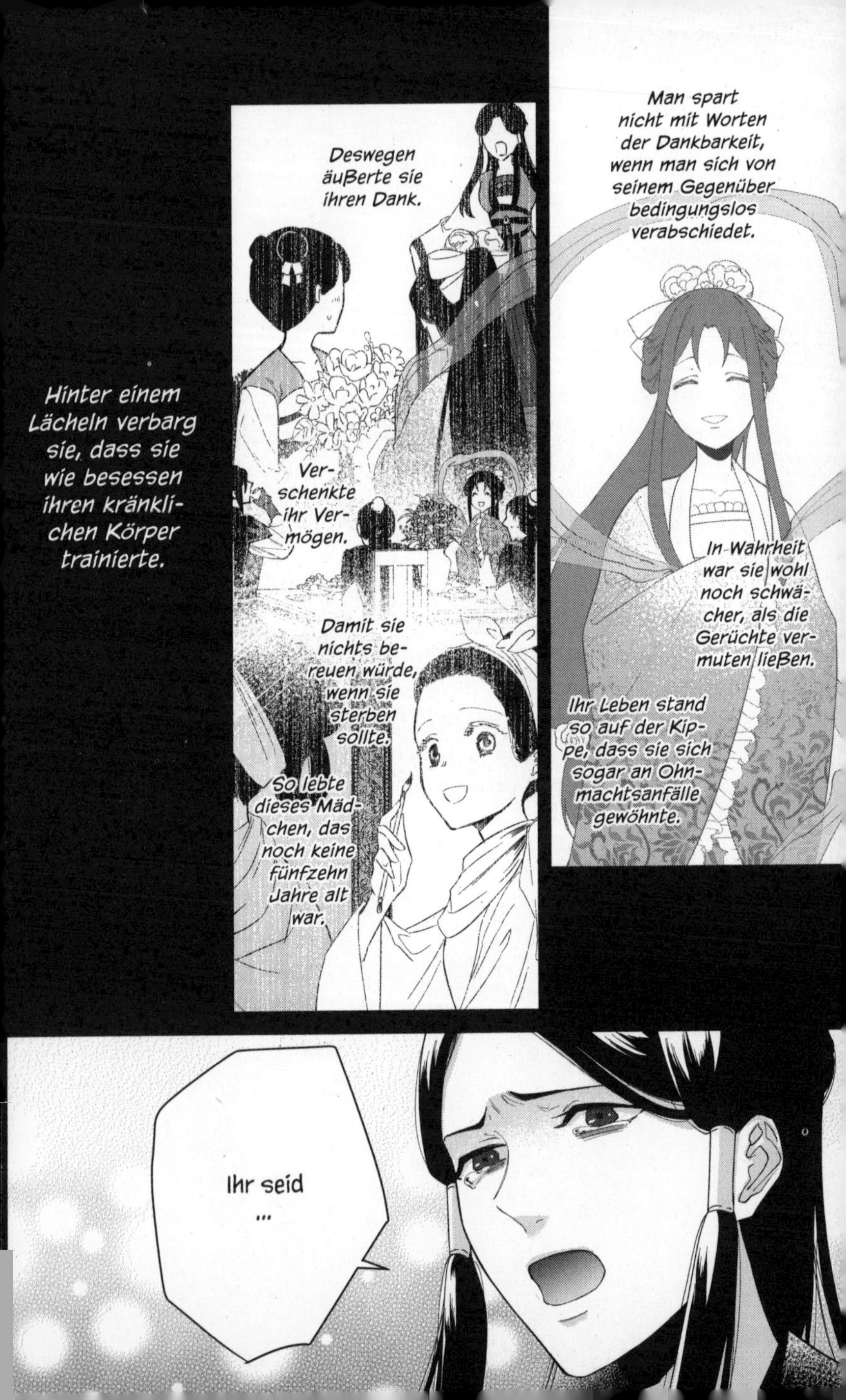
Man spart nicht mit Worten der Dankbarkeit, wenn man sich von seinem Gegenüber bedingungslos verabschiedet.
In Wahrheit war sie wohl noch schwächer, als die Gerüchte vermuten ließen.
Ihr Leben stand so auf der Kippe, dass sie sich sogar an Ohnmachtsanfälle gewöhnte.
Deswegen äußerte sie ihren Dank.
Verschenkte ihr Vermögen.
Damit sie nichts bereuen würde, wenn sie sterben sollte.
So lebte dieses Mädchen, das noch keine fünfzehn Jahre alt war.
Hinter einem Lächeln verbarg sie, dass sie wie besessen ihren kränklichen Körper trainierte.
Ihr seid …

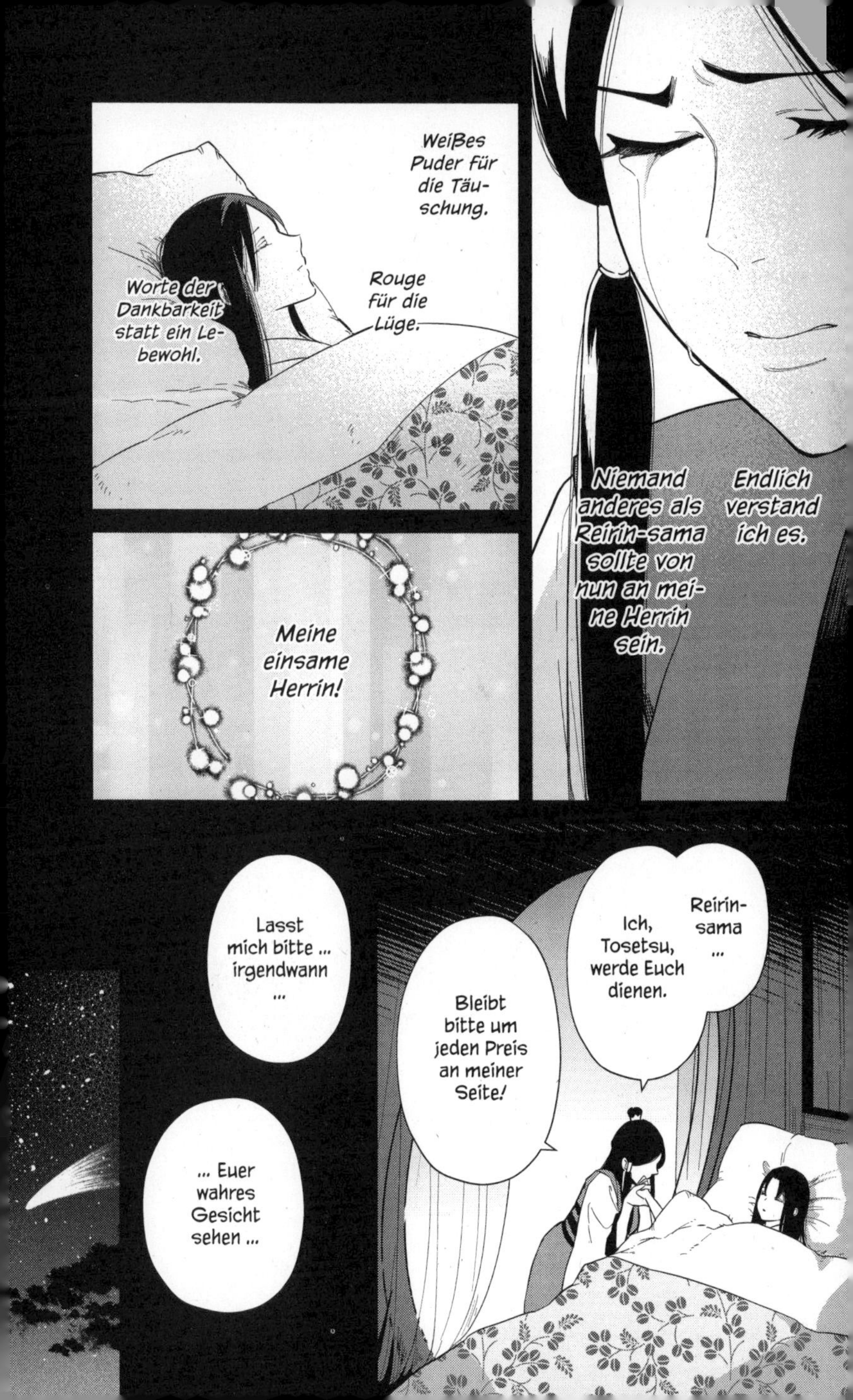
Endlich verstand ich es.
Niemand anderes als Reirin-sama sollte von nun an meine Herrin sein.
Weißes Puder für die Täuschung.
Rouge für die Lüge.
Worte der Dankbarkeit statt ein Lebewohl.
Meine einsame Herrin!
Reirin-sama ...
Ich, Tosetsu, werde Euch dienen.
Bleibt bitte um jeden Preis an meiner Seite!
Lasst mich bitte ... irgendwann ...
... Euer wahres Gesicht sehen ...

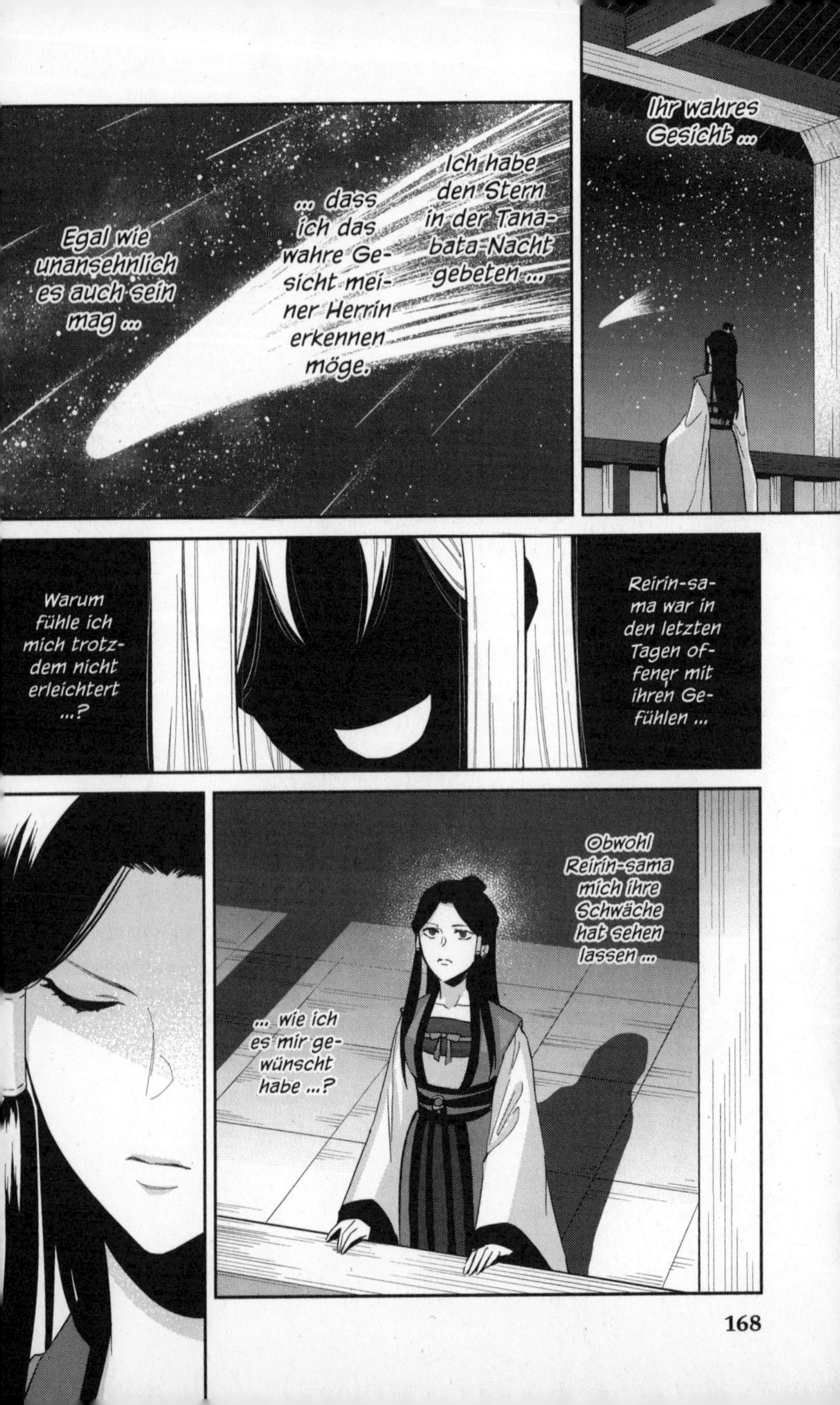

Ihr wahres Gesicht ...
Ich habe den Stern in der Tanabata-Nacht gebeten ...
... dass ich das wahre Gesicht meiner Herrin erkennen möge.
Egal wie unansehnlich es auch sein mag ...
Reirin-sama war in den letzten Tagen offener mit ihren Gefühlen ...
Warum fühle ich mich trotzdem nicht erleichtert ...?
Obwohl Reirin-sama mich ihre Schwäche hat sehen lassen ...
... wie ich es mir gewünscht habe ...?

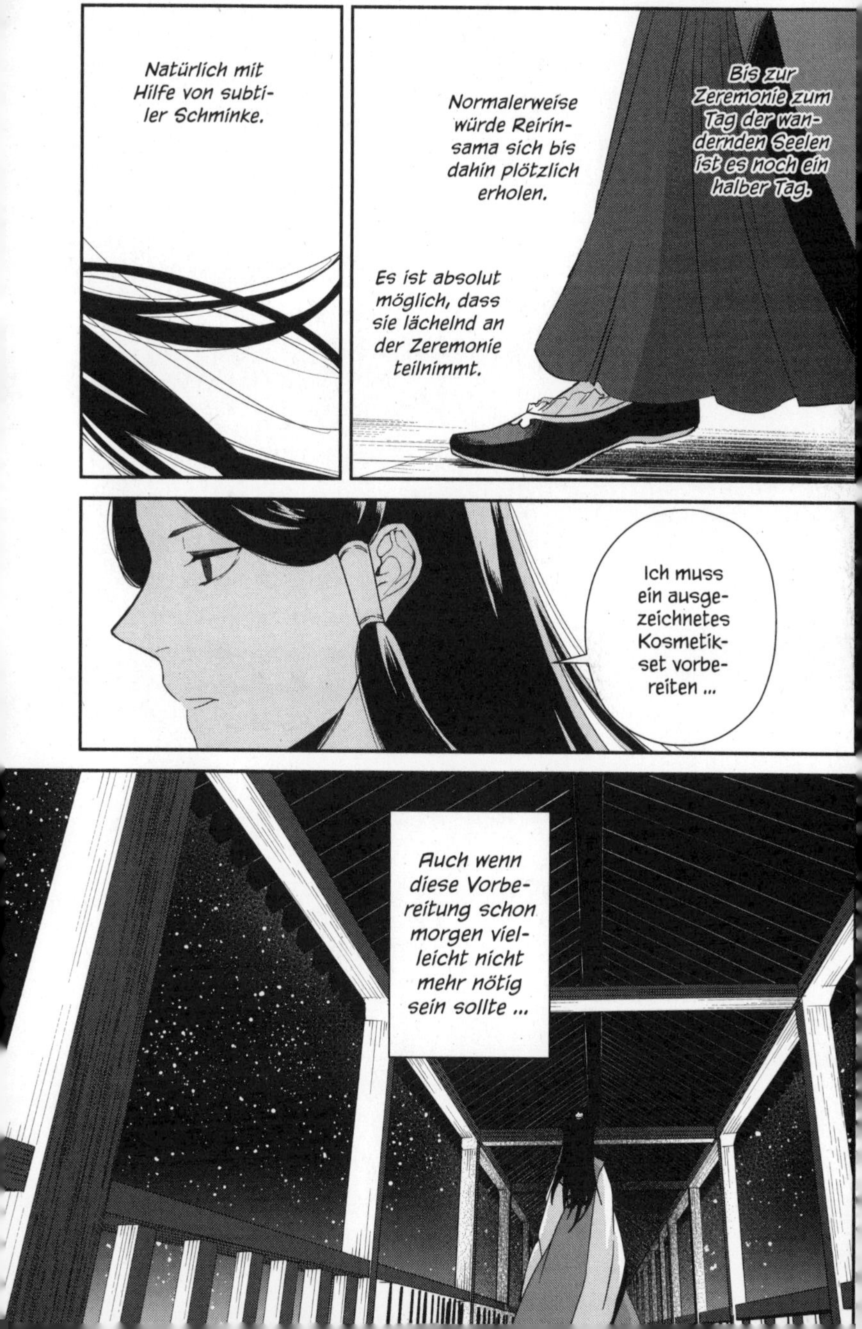
Bis zur Zeremonie zum Tag der wandernden Seelen ist es noch ein halber Tag.
Normalerweise würde Reirin-sama sich bis dahin plötzlich erholen.
Es ist absolut möglich, dass sie lächelnd an der Zeremonie teilnimmt.
Natürlich mit Hilfe von subtiler Schminke.
Ich muss ein ausgezeichnetes Kosmetikset vorbereiten ...
Auch wenn diese Vorbereitung schon morgen vielleicht nicht mehr nötig sein sollte ...

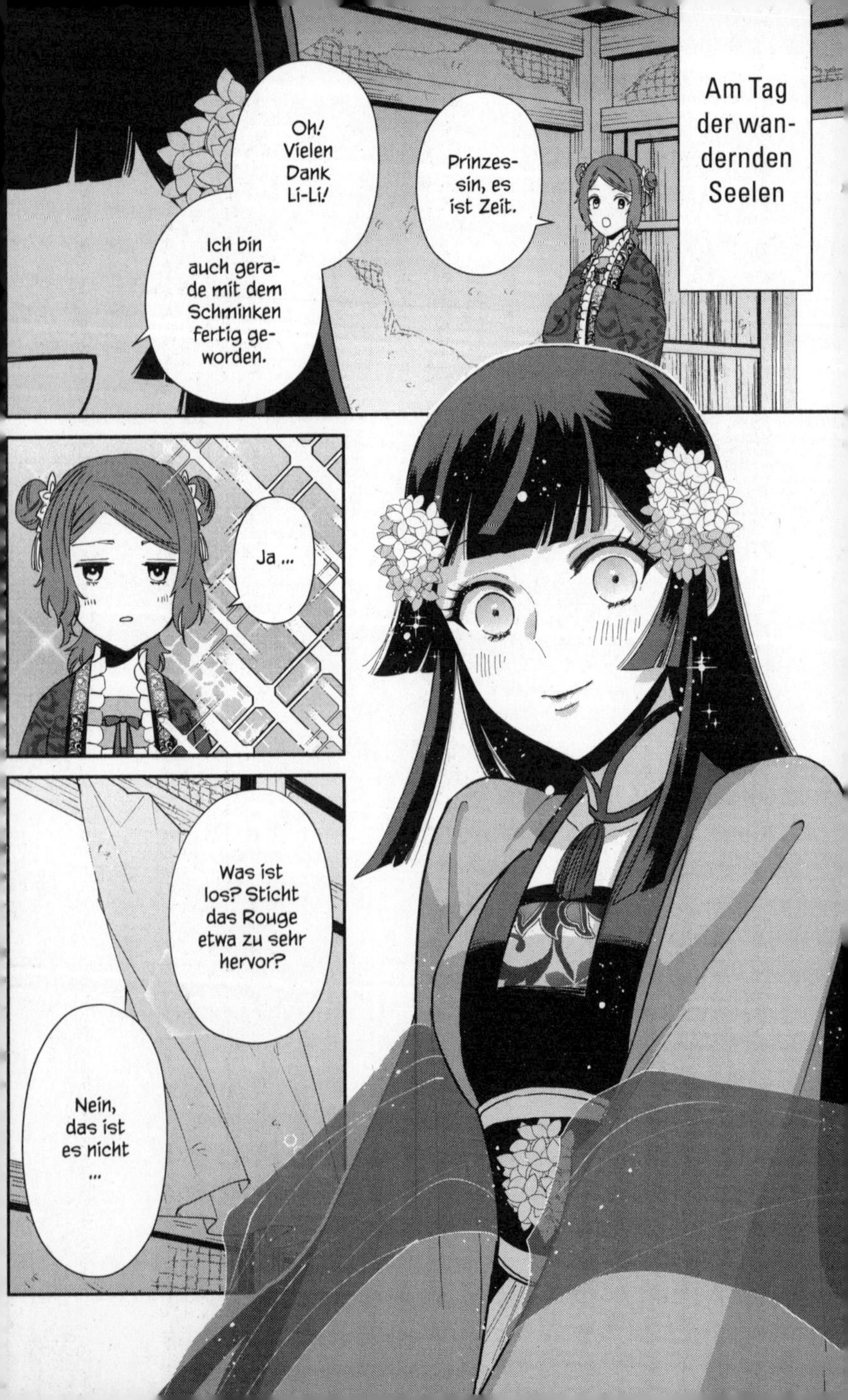
Am Tag der wandernden Seelen
Prinzessin, es ist Zeit.
Oh! Vielen Dank Li-Li!
Ich bin auch gerade mit dem Schminken fertig geworden.
Ja ...
Was ist los? Sticht das Rouge etwa zu sehr hervor?
Nein, das ist es nicht ...

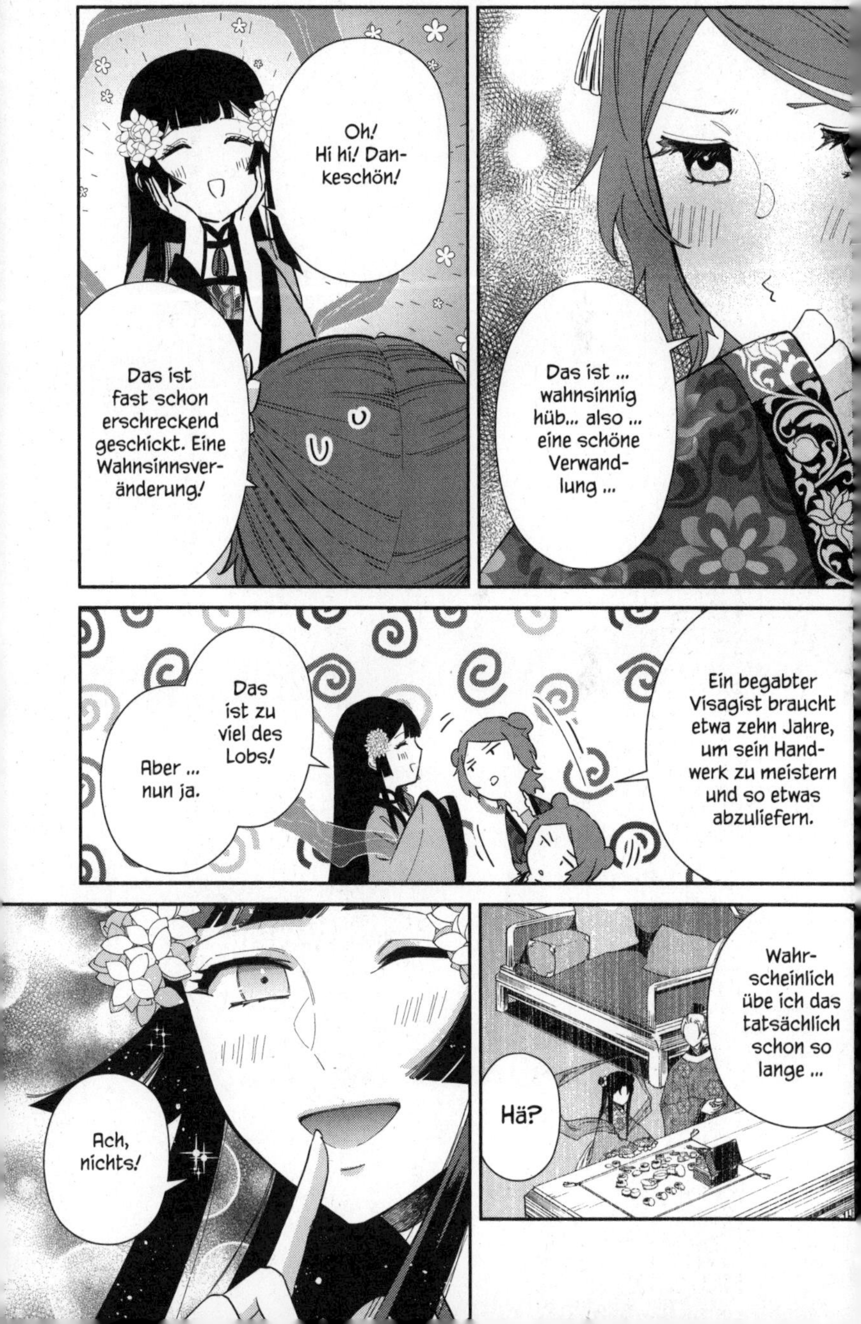
Das ist ... wahnsinnig hüb... also ... eine schöne Verwandlung ...
Das ist fast schon erschreckend geschickt. Eine Wahnsinnsveränderung!
Oh! Hi hi! Dankeschön!
Ein begabter Visagist braucht etwa zehn Jahre, um sein Handwerk zu meistern und so etwas abzuliefern.
Das ist zu viel des Lobs!
Aber ... nun ja.
Wahrscheinlich übe ich das tatsächlich schon so lange ...
Hä?
Ach, nichts!

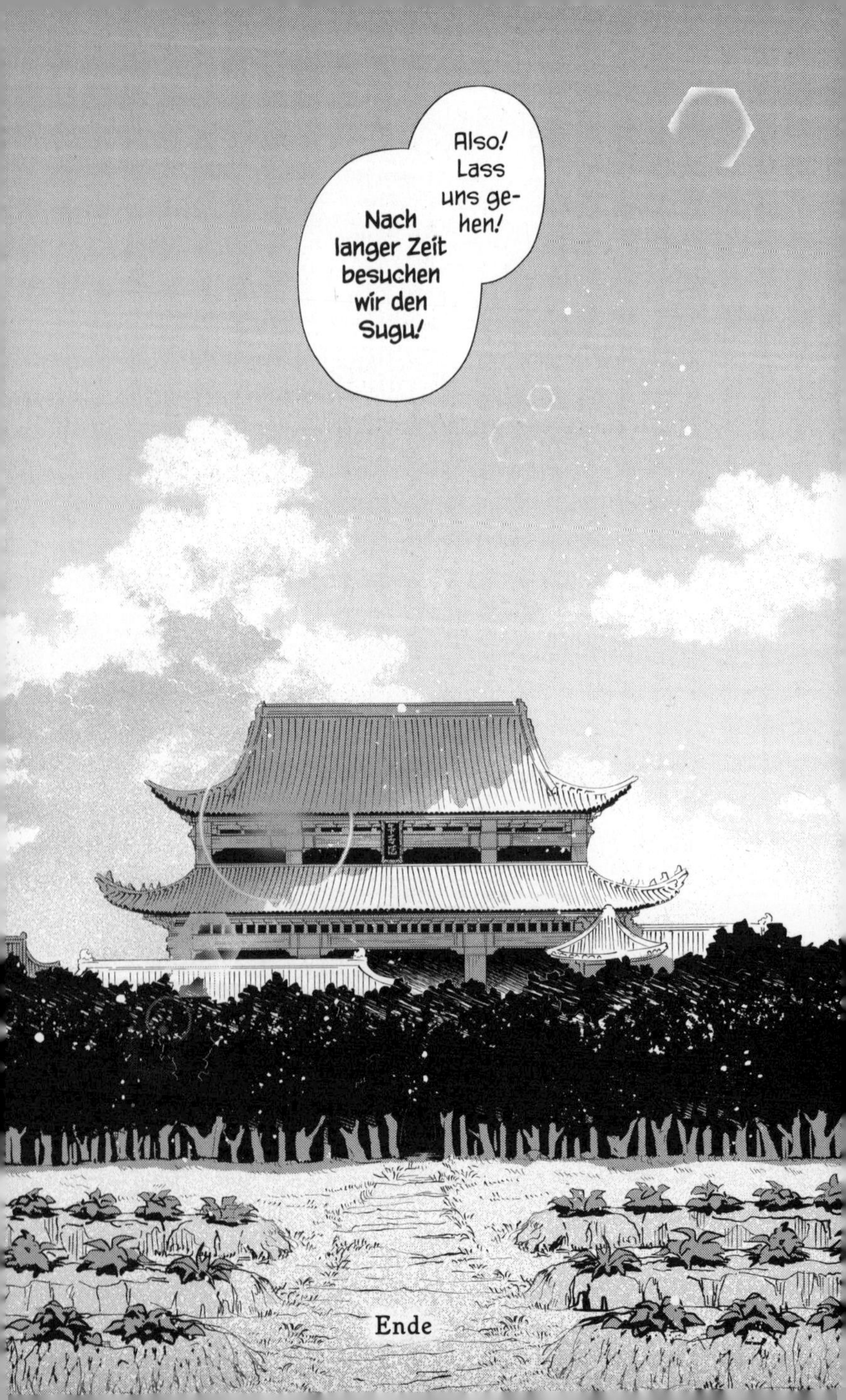
Also! Lass uns gehen!
Nach langer Zeit besuchen wir den Sugu!
Ende

Though I am an Inept Villainess

Kurzgeschichte: Der Beweis

Satsuki Nakamura

»Solche Dinge brauche ich nicht.« Das pflegte Li-Lis Mutter immer zu sagen.

Ihre Mutter hatte als reisende Tänzerin weder Zuhause noch Familie und ging dorthin, wohin sie wollte. Im Land der Poesie verliebte sie sich schlussendlich in einen Mann der Shu-Familie und starb fern ihrer Heimat als einfache Konkubine.

Sie erhielt nie den Rang einer »Ehefrau«. Sie hatte auch kein prächtiges Anwesen wie das, mit dem sich die offizielle Ehefrau brüsten konnte. Sie hatte keine Dienerschaft und kaum Gewänder oder anderen Hausrat. Das Haus in der Unterstadt enthielt nur das Nötigste.

Trotzdem lächelte sie die kleine Li-Li an.

»Solche Dinge brauche ich nicht.

Das einzig Wichtige sind mein Körper und … du.«

Vor dem Schlafengehen betrachtete ihre Mutter oft ihre eigenen Arme und Beine.

»Diese Handbewegungen, mit denen ich den Stoff lenke, weißt du, die hat mir meine Oma beigebracht. Die Art, meinen Körper gut zu stützen, lehrte mich meine strenge ältere Schwester.«

Nachdem sie zur Entspannung und in Gedanken schwelgend ihren Körper massiert hatte, streichelte sie Li-Lis Arme und Beine.

»Und deshalb, Li-Li, werden diese Arme und Beine meinen eines Tages nachfolgen.«

Alles war verbunden. Alles wird weitergegeben. Und daher war alles in Ordnung. Und ihre Mutter glaubte bis zu ihrem Ende daran. Aber einige Jahre später, nachdem Li-Li allein zurückgeblieben war, wollte sie herausschreien, dass alles eine Lüge gewesen war.

Denn nichts war übriggeblieben.

Das Haus in der Unterstadt nahm sich die abscheuliche Ehefrau und Li-Lis Mutter erhielt als Konkubine nicht einmal ein Grab. Es blieben keine Erinnerungsstücke, kein Hab und Gut, nichts, dass man als Andenken hätte bezeichnen können.

Obwohl ihr eigener Körper dem ihrer Mutter sehr ähnelte, verdiente sie ihren Lebensunterhalt nur mit Mühe und fand kaum Freude am Tanzen. Im Inneren Palast, der voll von Rivalinnen war, war es ihr fremd, sich mit ausgestreckter Brust zu drehen, und sie sank in sich zusammen.

Meine Mutter hat mir nichts zurückgelassen.

Und ich habe nichts von ihr geerbt …

Ach …

Jedoch …

Li-Lis Augen füllten sich mit Tränen, als sie das Schultertuch sanft vor sich flattern sah.

Die Bühne, die im Sugu zur Zeremonie am Tag der wandernden Seelen errichtet worden war, erstrahlte hell. Das Licht sammelte sich in der großen, leeren Halle dort, wo eine Prinzessin kreisend tanzte.

Sie streckte ihre Arme geschmeidig aus und ihre Beine malten anmutige Bögen.

Darin erkannte Li-Li in diesem Moment die Gestalt ihrer Mutter.

»Diese Handbewegungen, mit denen ich den Stoff lenke, weißt du, die hat mir meine Oma beigebracht.«

Das vom Wind geblähte Schultertuch schwang einladend.
»Die Art, meinen Körper gut zu stützen, lehrte mich meine strenge ältere Schwester.«
Sie bewegte sich, als verliefe ein Faden von ihrem Rücken bis zum Bein und sie ließ sich keine Unsicherheit anmerken, egal wie viele Umdrehungen sie auch machte.
Alles, was Li-Li aus der Erinnerung zu diesem Tanz zusammenkratzen konnte, hatte sie der Prinzessin, Shu Keigetsu, beigebracht.
Als hervorragende Tänzerin konnte sie jeden unsicheren Hinweis, der von einem »So müsste es gewesen sein« begleitet wurde, zu einem Gesamtbild verbinden und problemlos den sogdischen Wirbeltanz wiederaufleben lassen.
Mutter …
Sie reckte stolz ihre Brust, ihr Blick war würdevoll. Ihr Gesicht, ihre Hautfarbe und ihr Körperbau unterschieden sich, aber sie konnte nicht anders, als in der flink tanzenden Prinzessin ihre Mutter zu erkennen.
Sie ist hier.
Sie ist wirklich noch hier!
Obwohl es kein Andenken gab. Nichts Offizielles, das ihre Existenz beweisen würde. Nichts von Bestand.
Ihre Mutter wurde von einer ihr nahestehenden Person in diesen Tanz eingeweiht, sie gab ihr Wissen an Li-Li weiter und Li-Li vertraute ihn der Frau vor ihr an. Es war eine Überzeugung. Eine Überlieferung.
Ihre Mutter lebte in dem weiter, was sie durch ihren Körper und ihre Kunst vermittelt hatte.
Sie waren verbunden.
»Solche Dinge brauche ich nicht.«
Li-Li begriff endlich, dass die Worte ihrer Mutter absolut keine leeren Worte waren.
»Das einzig Wichtige sind mein Körper und … du.«
Plötzlich erinnerte sie sich an den Geruch ihrer Mutter, die ihre Hand an ihre Wangen legte und sie liebevoll küsste. Tränen flossen aus ihren bernsteinfarbenen Augen.
Ja, richtig … Ja, Mutter, so ist es!
Ich werde geliebt. Und ich liebe. Ich folge ihr nach und ich bin mit ihr verbunden. Nur das allein ist wichtig, alles andere nicht.
Nachdem die Prinzessin den Tanz beendet hatte, brach tosender Beifall aus.
Es herrschte ohrenbetäubender Jubel, dröhnender Applaus und die Augen der Menschen waren erfüllt von Aufregung und Begeisterung. »Shu Keigetsu« nahm es gelassen an. Die Herrin, der Li-Li diente.
Mit einem Schniefen wischte sich Li-Li schnell die Tränen mit dem Ärmel weg.
Ich werde ihr weiter dienen.
Das schwöre ich aus tiefstem Herzen!
Ich werde ihr dienen, auch wenn ich dafür in einem heruntergekommenen Lagerhaus lebe und es keine angemessene Entlohnung gibt! Selbst, wenn es keine stichhaltigen Beweise für ihren wahren Charakter geben sollte.
»Solche Dinge brauche ich nicht.«
Li-Li, die glaubte, die Stimme ihrer Mutter zu hören, verdrückte sich die Tränen, hob dann den Kopf und begann, begeistert zu applaudieren.

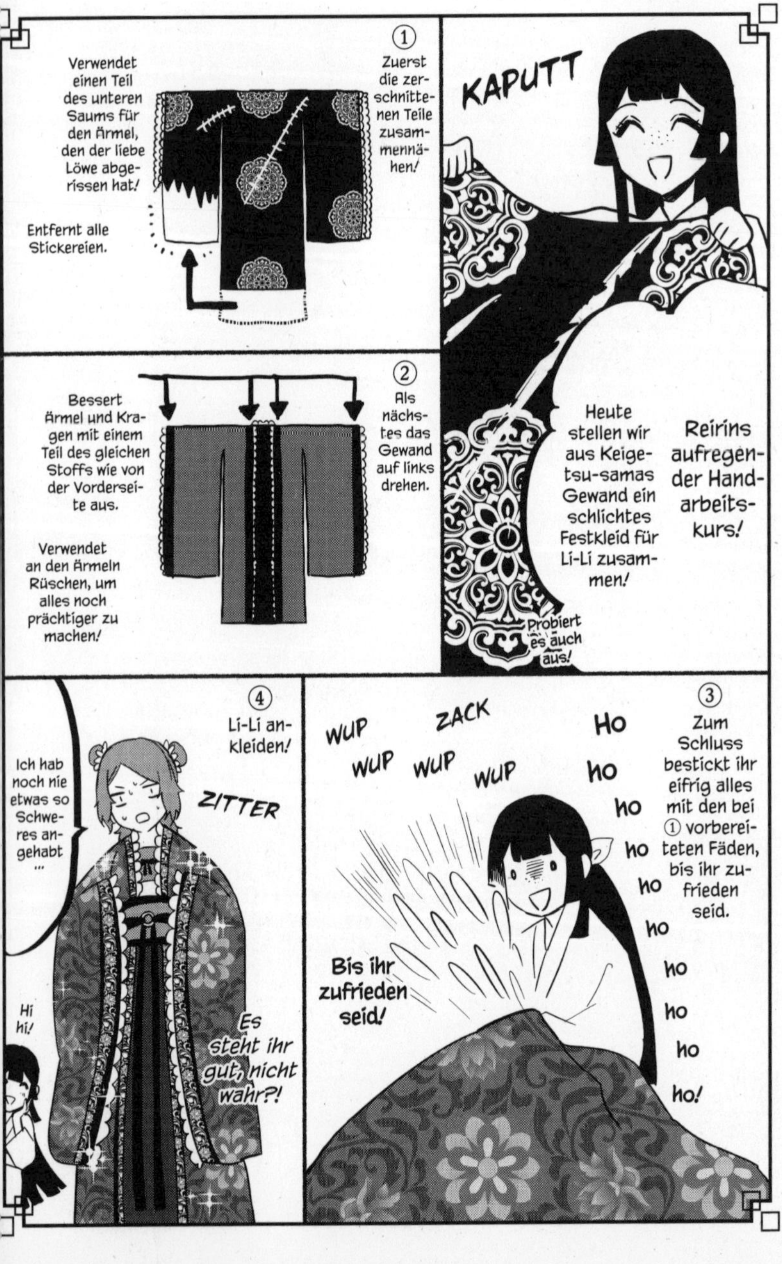
KAPUTT
Reirins aufregender Handarbeitskurs!
Heute stellen wir aus Keigetsu-samas Gewand ein schlichtes Festkleid für Li-Li zusammen!
Probiert es auch aus!
① Zuerst die zerschnittenen Teile zusammennähen!
Verwendet einen Teil des unteren Saums für den Ärmel, den der liebe Löwe abgerissen hat!
Entfernt alle Stickereien.
② Als nächstes das Gewand auf links drehen.
Bessert Ärmel und Kragen mit einem Teil des gleichen Stoffs wie von der Vorderseite aus.
Verwendet an den Ärmeln Rüschen, um alles noch prächtiger zu machen!
③ Zum Schluss bestickt ihr eifrig alles mit den bei ① vorbereiteten Fäden, bis ihr zufrieden seid.
Ho ho ho ho ho ho ho ho ho ho!
ZACK
WUP WUP WUP WUP
Bis ihr zufrieden seid!
④ Li-Li ankleiden!
Ich hab noch nie etwas so Schweres angehabt …
ZITTER
Es steht ihr gut, nicht wahr?!
Hi hi!

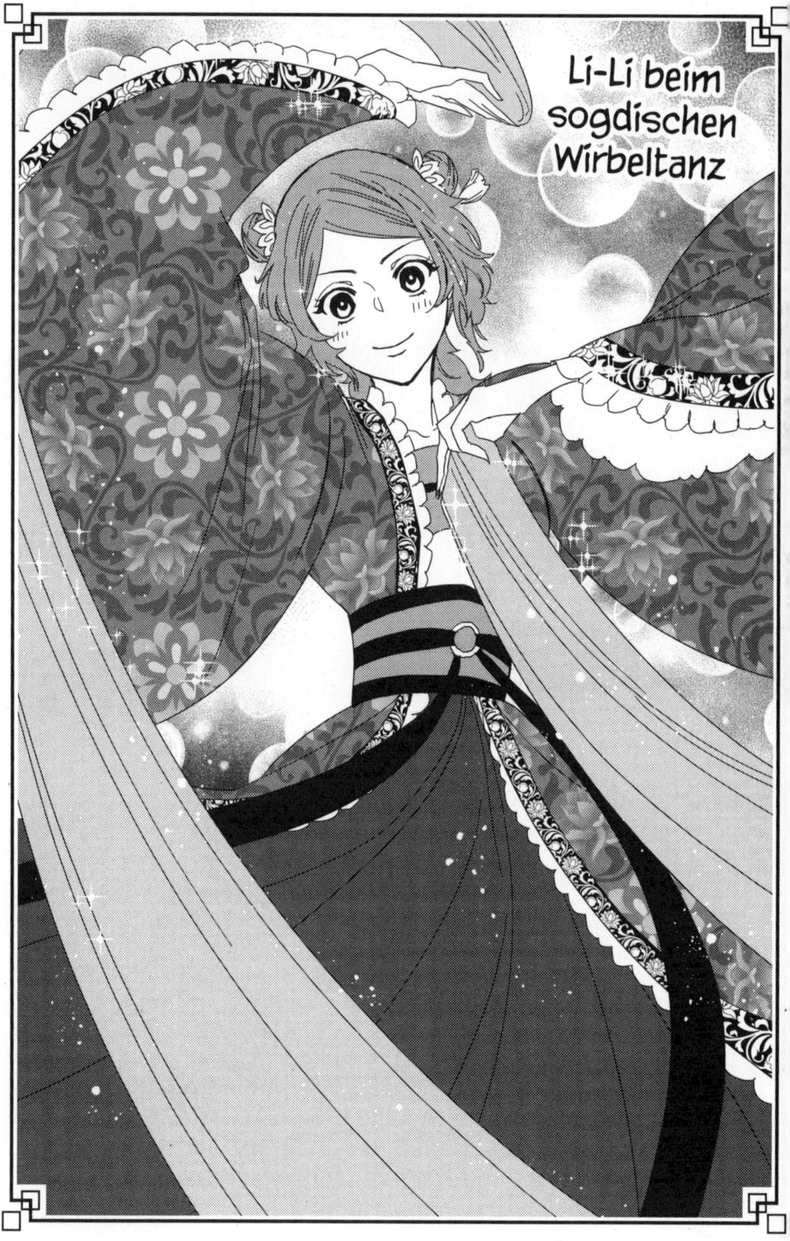
Li-Li beim
sogdischen
Wirbeltanz

Ei Ohitsuji

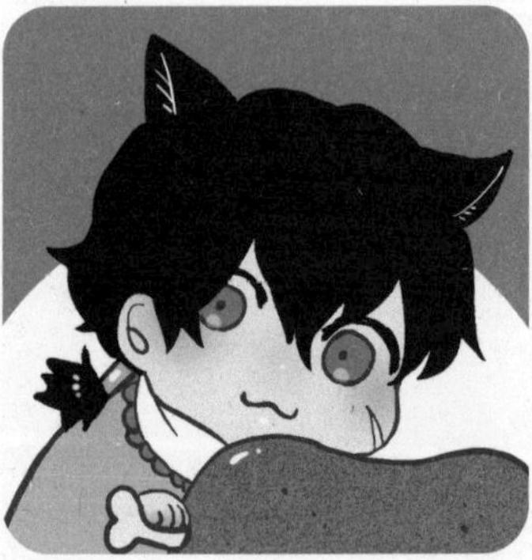

Vielen Dank, dass ihr Band 2 gekauft habt! Dieser Band schließt an genau der gleichen Stelle ab, wie Band 1 der Light Novel. Auch diesmal haben wir einige Höhepunkte zu sehen bekommen und Reirin hatte viel zu tun! Ich hoffe, dass ihr beim Lesen viel Spaß hattet!

Though I am an Inept Villainess

TOKYOPOP GmbH
Hamburg

TOKYOPOP
1. Auflage, 2024
Deutsche Ausgabe/German Edition

Aus dem Japanischen von Katharina Leonhardt

First published in Japan in 2022 by Ichijinsha Inc., Tokyo.
Publication rights for this German edition arranged through Kodansha Ltd., Tokyo.

Redaktion: Nora Hoos
Lettering: Vibrant Publishing Studio
Herstellung: Rita Geers, Nils Bornemann
Druck und buchbinderische Verarbeitung:
CPI – Clausen & Bosse GmbH, Leck
Printed in Germany

MIX Papier FSC® C083411

Wir achten auf die Umwelt.
Dieses Produkt besteht aus FSC®-zertifizierten und anderen kontrollierten Materialien.

ISBN 978-3-8420-9737-7

www.tokyopop.de

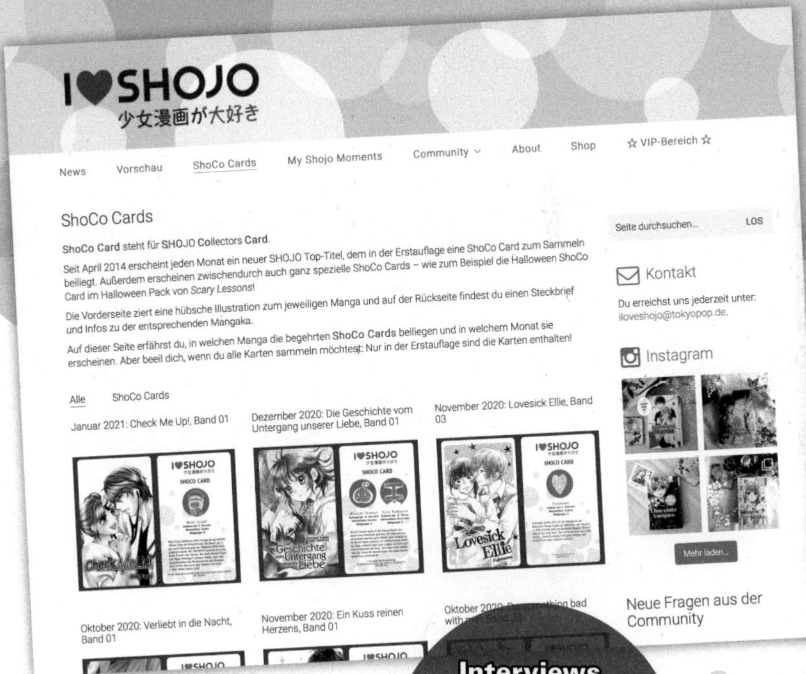

I♥SHOJO
少女漫画が大好き
News
Vorschau
ShoCo Cards
My Shojo Moments
Community
About
Shop
☆ VIP-Bereich ☆
ShoCo Cards
ShoCo Card steht für SHOJO Collectors Card.
Seit April 2014 erscheint jeden Monat ein neuer SHOJO Top-Titel, dem in der Erstauflage eine ShoCo Card zum Sammeln beiliegt. Außerdem erscheinen zwischendurch auch ganz spezielle ShoCo Cards – wie zum Beispiel die Halloween ShoCo Card im Halloween Pack von Scary Lessons!
Die Vorderseite ziert eine hübsche Illustration zum jeweiligen Manga und auf der Rückseite findest du einen Steckbrief und Infos zu der entsprechenden Mangaka.
Auf dieser Seite erfährst du, in welchen Manga die begehrten ShoCo Cards beiliegen und in welchem Monat sie erscheinen. Aber beeil dich, wenn du alle Karten sammeln möchtest: Nur in der Erstauflage sind die Karten enthalten!
Alle
ShoCo Cards
Januar 2021: Check Me Up!, Band 01
Dezember 2020: Die Geschichte vom Untergang unserer Liebe, Band 01
November 2020: Lovesick Ellie, Band 03
Oktober 2020: Verliebt in die Nacht, Band 01
November 2020: Ein Kuss reinen Herzens, Band 01
Seite durchsuchen...
LOS
Kontakt
Du erreichst uns jederzeit unter: iloveshojo@tokyopop.de.
Instagram
Mehr laden...
Neue Fragen aus der Community

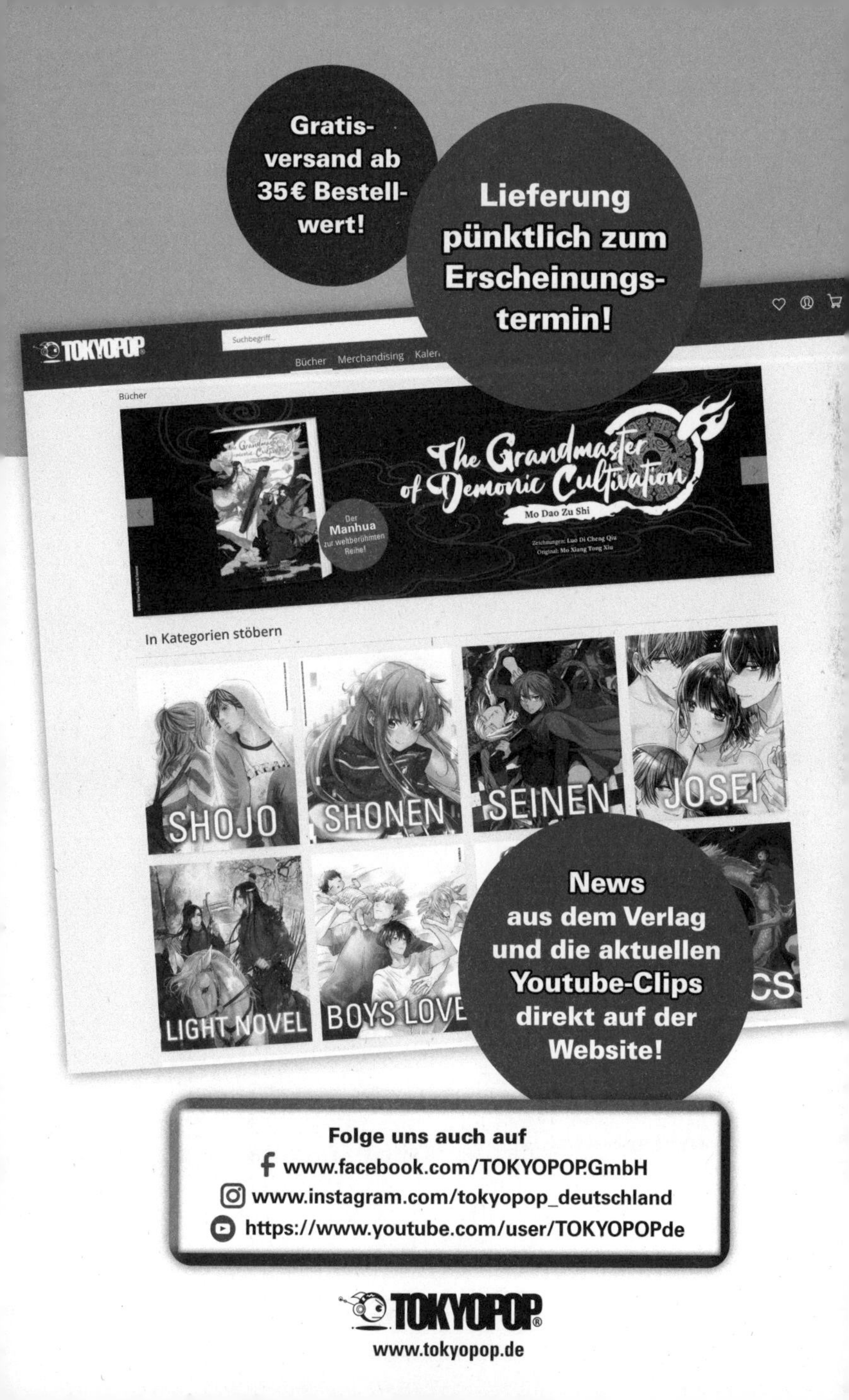
Gratis-versand ab 35€ Bestell-wert!
Lieferung pünktlich zum Erscheinungs-termin!
TOKYOPOP
Suchbegriff...
Bücher
Merchandising
Bücher
The Grandmaster of Demonic Cultivation
Mo Dao Zu Shi
Der Manhua zur weltberühmten Reihe!
In Kategorien stöbern
SHOJO
SHONEN
SEINEN
JOSEI
LIGHT NOVEL
BOYS LOVE
News aus dem Verlag und die aktuellen Youtube-Clips direkt auf der Website!
Folge uns auch auf
www.facebook.com/TOKYOPOP.GmbH
www.instagram.com/tokyopop_deutschland
https://www.youtube.com/user/TOKYOPOPde
TOKYOPOP®
www.tokyopop.de

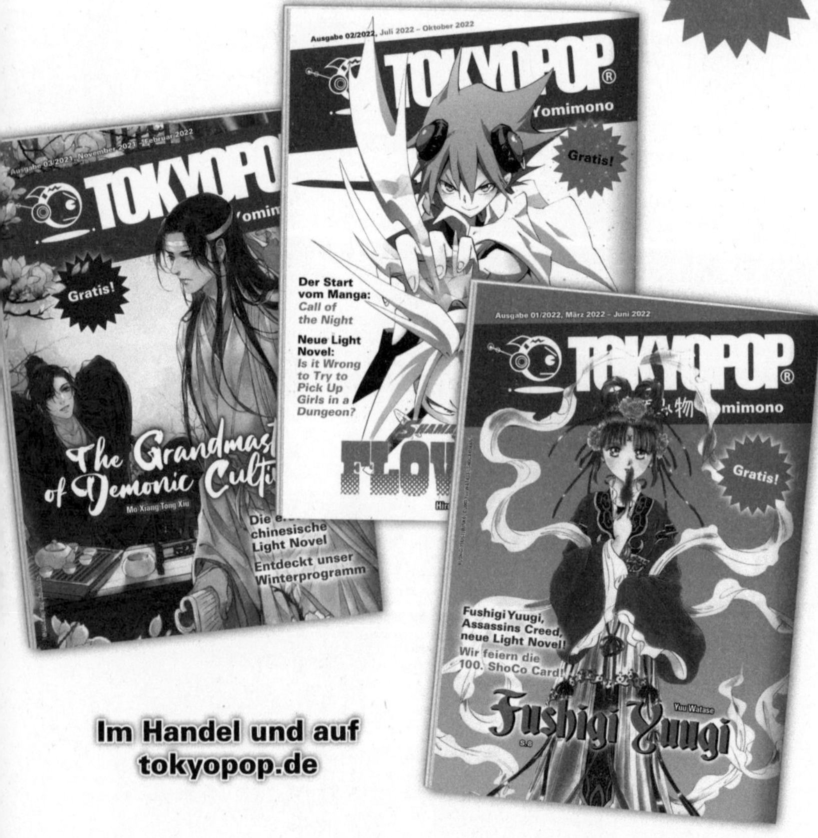
Ausgabe 03/2021, November 2021 – Februar 2022
TOKYOPOP
Gratis!
The Grandmast
of Demonic Culti
Mo Xiang Tong Xiu
chinesische
Light Novel
Entdeckt unser
Winterprogramm
Ausgabe 02/2022, Juli 2022 – Oktober 2022
TOKYOPOP
Yomimono
Gratis!
Der Start
vom Manga:
Call of
the Night
Neue Light
Novel:
Is it Wrong
to Try to
Pick Up
Girls in a
Dungeon?
Ausgabe 01/2022, März 2022 – Juni 2022
TOKYOPOP
Yomimono
Gratis!
Fushigi Yuugi,
Assassins Creed,
neue Light Novel!
Wir feiern die
100. ShoCo Card!
Yuu Watase
Fushigi Yuugi

THE SAINT'S MAGIC POWER IS OMNIPOTENT – THE OTHER SAINT

Agu Ao / Yuka Tachibana / Yasuyuki Syuri

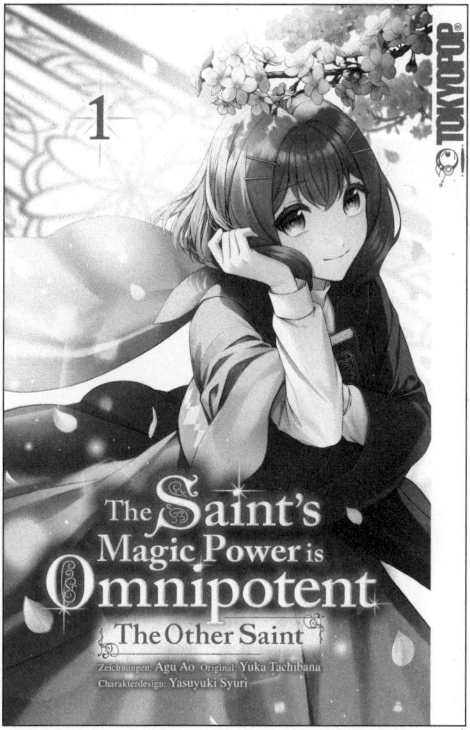

»Ich soll dieses Land retten?«

Als die Highschool-Schülerin Aira Misono eines Abends noch kurz zum Supermarkt will, wird sie von einem grellen Licht umhüllt und findet sich plötzlich in einer Parallelwelt wieder. Dort wird sie prompt zur Heiligen Maid erklärt, die die in diese Welt einfallenden Monster auslöschen soll. Aira versucht, sich mit ihrer Situation anzufreunden. Unterstützung erhält sie dabei vom Kronprinzen des Reiches, Kyle Slantania. Doch ist Aira wirklich die Heilige Maid? Denn an jenem Abend ist noch eine weitere junge Frau erschienen – Sei Takanashi. Was hat es damit auf sich?

FUSHIGI YUUGI 2IN1

Yuu Watase

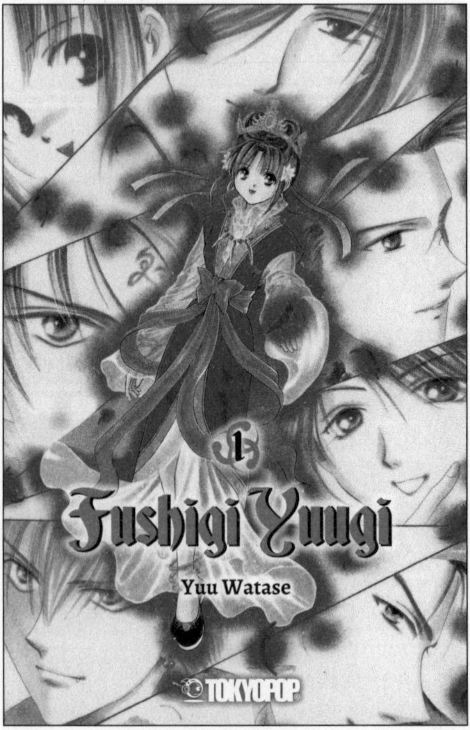

Die Neuauflage des zeitlosen Shojo-Klassikers!

Die Freundinnen Miaka und Yui entdecken in der Stadtbibliothek ein altes chinesisches Buch. Neugierig lesen sie die ersten Zeilen und erfahren von den Abenteuern eines jungen Mädchens im sagenhaften Land Kounan. Als sie umblättern wollen, fängt plötzlich die Erde an zu beben. Wie von Zauberhand werden die beiden in den verstaubten Schmöker gesogen ...

STOPP!

**Dies ist die letzte Seite des Buches!
Du willst dir doch nicht den Spaß verderben
und das Ende zuerst lesen, oder?**

Um die Geschichte unverfälscht und original-getreu mitverfolgen zu können, musst du es wie die Japaner machen und von rechts nach links lesen. Deshalb schnell das Buch umdrehen und loslegen!

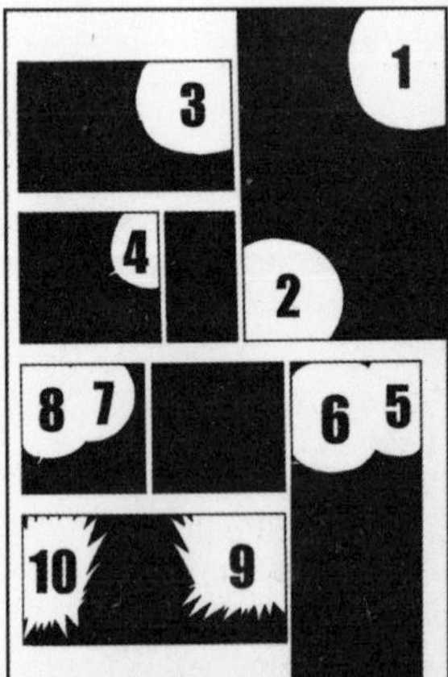

So geht's:

Wenn dies das erste Mal sein sollte, dass du einen Manga in den Händen hältst, kann dir die Grafik helfen, dich zurechtzufinden: Fang einfach oben rechts an zu lesen und arbeite dich nach unten links vor. Viel Spaß dabei wünscht dir TOKYOPOP®!